Qu'elle est bleue ma vallée

Jean Gill

*Traduit de l'anglais
par Laure Valentin*

Ils parlent de *Qu'elle est bleue ma vallée*

« *Un éclat de rire… un tel portrait des champs de lavande, des tournesols et des oliviers qu'on se croirait presque là-bas avec elle.* » France Magazine

« *L'humour piquant de Jean Gill vous donne l'impression d'être pris dans un fil de fer barbelé et d'en sourire malgré tout.* » Mike Sharpe, Haverfordwest Journalist

« *… l'humour a fréquemment pour effet de mettre l'accent sur la dure réalité qu'elle décrit.* » Ted Griffin, Pause Magazine

« *J'ai tellement ri en lisant les aventures de l'auteure Jean Gill… Ayant moi-même immigré dans un pays où l'on ne parle pas ma langue maternelle, je connais personnellement ce genre de problèmes.* » Gisela Hausmann, série The Naked No-Fluff

« *L'agréable récit d'une expérience de vie entre Pays de Galles et Provence, où la vie peut présenter des défis et des plaisirs inattendus. Ces mémoires, sous forme de monologue intérieur plein d'esprit, sont absolument captivants et très drôles par moments. C'est un livre qui donne au lecteur un aperçu réel et saisissant de la région et présente les aléas d'un déménagement dans un autre pays et une autre culture. Chaudement recommandé.* » Kristin Gleeson, the Celtic Knot Series

© 2017 Jean Gill
The 13th Sign
ISBN 979-10-96459-05-6

How Blue is My Valley publié en 2016 chez The 13th Sign

Conception graphique de la couverture par Jessica Bell
Photographies de la couverture par Jean Gill

Publié par Jean Gill

Romans
Someone to Look Up To *(The 13th Sign)* 2016
A dog's search for love and understanding

The Troubadours Quartet
Book 3 Plaint for Provence *(The 13th Sign)* 2015
Book 2 Bladesong *(The 13th Sign)* 2012
Book 1 Song at Dawn *(The 13th Sign)* 2011

Love Heals
Book 2 More than One Kind *(The 13th Sign)* 2016
Book 1 No Bed of Roses *(The 13th Sign)* 2016

Jamie and Ryan Books (middle grade)
Book 2 Crystal Balls *(lulu)* 2010
Book 1 On the Other Hand *(Dinas)* 2005

Nouvelles
One Sixth of a Gill *(The 13th Sign)* 2014

Non-fiction
A Small Cheese in Provence *(lThe 13th Sign)* 2016
Faithful through Hard Times *(lulu)* 2008
4.5 Years - war memoir by David Taylor *(lulu)* 2008

Poésie
From Bed-time On *(National Poetry Foundation)* 1996
With Double Blade *(National Poetry Foundation)* 1988

Traductions (du français à l'anglais)
The Last Love of Edith Piaf - Christie Laume *(Archipel)* 2014
A Pup in Your Life - Michel Hasbrouck 2008
Gentle Dog Training - Michel Hasbrouck *(Souvenir Press)* 2007

À Clare, ma belle-fille

qui peut témoigner que le contenu de ce livre est vrai,
ce n'est peut-être pas toute la vérité,
mais ce n'est rien que la vérité.

1.

Coup de foudre

Tous les dimanches, nous nourrissons nos toilettes ou, plus précisément, nous faisons une offrande par le biais de la cuvette à la Bonne Bactérie qui, nous l'espérons, habite notre fosse septique. L'offrande hebdomadaire ressemble à s'y méprendre à du mélange à béton et est vendue dans un sachet sans étiquette par une société qui ne souhaite pas divulguer les ingrédients de sa potion magique, mais qui assure néanmoins qu'elle empêche la boue de se former dans votre fosse. Pour plus de sécurité je régale occasionnellement mes toilettes, et la fosse au-delà, d'un yaourt de préférence « actif ».

Avez-vous déjà passé en revue les rayons du supermarché à la recherche de yaourts actifs ? Par opposition aux variétés passives, je présume... Tous ne sont-ils pas actifs ? J'ai jeté mon dévolu sur un yaourt nature bon marché, décrétant que mes toilettes ne méritaient pas une offrande à la cerise ou à la fraise, ni même au citron.

Grâce aux précieux conseils de la communauté agricole que j'ai abandonnée au Pays de Galles, j'ai toujours quelques tours dans mon sac au cas où nous nous retrouverions dans la situation de l'une de ces publicités très évocatrices diffusées à la télévision française. La scène se déroule lors d'une joyeuse fête de famille en extérieur, sous les arbres, à l'occasion d'un anniversaire. Un garçon de dix ans souffle les bougies sur son gâteau quand soudain, comble de l'horreur, chaque membre de la famille est submergé par la puanteur de la fosse septique qu'ils avaient malencontreusement négligée, si bien que le gamin vomit sur son gâteau. Nul besoin de préciser qu'il s'agit d'une publicité pour potion magique et que, si nous avons ri aux éclats la première fois que nous l'avons vue, nous nous sommes empressés de stocker cette précieuse substance grise dès que nous sommes devenus les fiers propriétaires d'une fosse septique et de la maison qui l'accompagnait.

Nous n'avions pas attendu d'emménager en France pour en apprendre davantage sur les aspects pratiques de la vie courante, auprès de nos amis et voisins. Notre ancienne ville, dans le Carmarthenshire au sud du Pays de Galles, est l'endroit idéal pour glaner des conseils sur à peu près tout. Le sujet des fosses septiques y a d'ailleurs suscité autant d'enthousiasme que toutes les autres questions qu'il m'était arrivé de poser au cours de mes vingt-cinq ans de vie au Pays de Galles. J'avais fait de ce pays le mien sans trop me demander si lui m'avait également adoptée.

Il est primordial de faire vider sa fosse par des professionnels. Ce procédé requiert un camion-citerne et un humain à l'odorat manifestement neutralisé, doté d'un talent inverse à celui qui permet aux grands nez français de créer de nouveaux vins et parfums. Pour se servir à bon escient de son tuyau d'aspiration, l'employé talentueux – il s'agit invariablement d'un homme – doit d'abord savoir où se situe ladite fosse.

Si vous avez omis de vérifier cette information lorsque vous avez acheté votre maison de campagne, vous allez devoir vous mettre en quête d'indices. Au-dessus de la fosse septique, l'herbe est plus verte et l'odeur est plus forte (quand on n'a pas suivi les conseils). Si l'employé talentueux susmentionné tâte le terrain, il décèlera les limites des portions de terre habitées par « le produit ».

Pour tenter de faire repartir vous-même une fosse stagnante avec un peu d'huile de coude, vous aurez besoin d'un poulet mort, que vous insérerez dans la fosse septique – seul un imbécile essaierait de l'enfoncer directement dans les toilettes. Grâce à la Bonne Bactérie diffusée par le poulet en question, le ragoût se remettra vite à mijoter. C'est un ami vétérinaire qui m'a donné cette astuce, me promettant également de m'offrir comme cadeau de départ de longs gants chirurgicaux. En effet, m'a-t-il dit, si je venais à boucher le conduit de ventilation de la fosse à cause d'un excès de graisse de friture, je pourrais ainsi y fourrer le bras aussi profondément que dans le canal utérin d'une vache pour déboucher le système.

Il a oublié de me les donner le moment venu et je ne lui en tiens pas rigueur ; j'aime autant ne pas avoir à expliquer aux voisins pourquoi nous conservons plusieurs paquets de gants chirurgicaux ni à les convaincre qu'il ne s'agit en aucune façon d'un accessoire nécessaire aux habitudes sexuelles des Anglais, ni même à leurs extravagances.

Vous vous demandez à quelle fréquence il convient de vider sa fosse septique ? Les conseils à ce sujet sont très clairs. Certains répondent tous les deux ans, d'autres tous les cinq ans, ou encore tous les dix ans. Les plus laxistes vous recommanderont d'attendre les mauvaises odeurs, là où d'autres vous diront : « Jamais, si on l'entretient ». Évidemment, le conseil est clair pourvu que vous n'écoutiez qu'une seule personne. Dans ce domaine, chacun est passionnément convaincu d'avoir raison – et encore une fois, ce sont souvent des hommes. Malheureusement, le sujet soulève toujours plus de questions que de réponses. Pourquoi, par exemple, devez-vous doubler la dose de potion magique quand vous vous absentez pour les vacances ou quand vous recevez des invités pendant plusieurs jours ? En toute logique, si un nombre limité d'usagers rend votre fosse septique heureuse, sans le moindre usager elle devrait être au comble du bonheur, n'est-ce pas ? Ce qui nous ramène à nos mesures pour tenter de limiter les risques : yaourt (variante végétarienne du poulet mort) et potion magique ; liste de substances interdites (javel, javel et javel), et puits sec à l'extérieur pour nettoyer les pinceaux et les rôtissoires. Jusque-là, tout va bien.

Nous avons enfin pris le coup de main et sommes fiers de nos choix écolos quand de terribles rumeurs nous parviennent. Pour se conformer à de nouvelles lois, la commune étendrait progressivement son réseau d'égouts qui ne tarderait pas à nous inclure. Nous aurions alors une maison « tout-à-l'égout », une expression française que ma sœur Anne et moi avons mis du temps à comprendre. Lors de nos recherches immobilières dans le sud de la France, région d'autant plus éloignée que nous vivions encore en Grande-Bretagne à l'époque, nous interprétions cette caractéristique figurant dans de nombreuses annonces comme :

« tout à votre goût ». En fin de compte, nous n'étions pas si loin de la vérité.

Si les dimanches du mois d'octobre sont pour nous la journée des toilettes, ce sont aussi des jours invariablement pluvieux. Mais je suis la première à accepter une journée de pluie par semaine, sachant que tous les guides touristiques m'ont promis 300 jours ensoleillés par an à Dieulefit, où nous bénéficions d'un microclimat. Depuis le temps, j'ai compris que si l'on se fie aux guides touristiques locaux, toutes les régions de France et de Navarre bénéficient d'un microclimat et de ces fameux 300 jours d'ensoleillement, depuis les Alpes jusqu'à la Côte d'Azur.

Mes amis gallois ont essayé de m'avertir : je ne dois pas prendre la météo de manière personnelle, mais c'est plus fort que moi. Je suis persuadée que je ne suis pas faite pour subir la pluie plusieurs mois d'affilée, été comme hiver. Peut-être ai-je gardé de mon enfance nomade, trois ans à Hong Kong suivis de trois ans à Berlin, le souvenir de pays où il ne pleut pas en permanence.

Dans une tentative perdue d'avance pour me remonter le moral, mon primeur gallois, qui passait chaque semaine en fourgonnette, a comparé notre météo à celle de la France : au moins, nous n'avions pas leur climat excessif. Dès ce moment, une nouvelle conviction a vu le jour dans mon esprit : en fait de météo extrême, la pluie incessante remportait la palme.

Et en parlant de voir le jour… j'ai souvent connu des extases littéraires en lisant des textes magnifiques sur les aurores aux doigts de rose. Je dois dire que le chanteur français Francis Cabrel m'a déçue en optant, dans ses paroles, pour le cliché éculé des « aubes claires ». Et pourtant, maintenant que j'ai vu de mes propres yeux la lumière qu'il évoque, tout est différent. Bien sûr, nous avions quelques matins d'hiver, au Pays de Galles, où l'étoile du berger brillait dans le ciel au-dessus d'un paysage de carte postale. Au crépuscule, notre fenêtre du salon orientée à l'ouest nous offrait de splendides couchers de soleil pendant tout le mois de mai, chaque année. Si tant est, bien entendu, que le soleil soit visible à ce moment-là.

Sans doute ma vie dans le ventre d'éléphant qu'est le Pays de Galles, où mijote constamment un ragoût de brume, me manquera un jour, mais pour le moment j'ai l'impression d'avoir été privée de lumière pendant vingt-cinq ans. Je m'en rassasie à m'en faire tourner la tête. Vous pouvez voir le monde à travers un fond de kir, où la liqueur vous donne des lunettes couleur cassis, ou bien abandonner votre apéritif et vous contenter de regarder, mais l'effet sera le même.

Certains cherchent depuis leur naissance l'endroit où ils se sentiront chez eux ; si nous avons de la chance, après des années d'expériences agréables – et désagréables –, nous devenons plus sûres de nous, de l'homme qu'il nous faut, du style de vie qui nous convient et du lieu où nous voulons vivre. En tant qu'idéaliste rationnelle, je ne crois pas aux signes du destin – mais bien sûr, ça ne m'empêche pas de les suivre.

Quand mon ami et partenaire de bridge m'a récité un jour son poème français favori, dont je croyais être la seule à connaître les vers par cœur, il a marqué le début d'une histoire d'amour qui dure maintenant depuis vingt ans. Aucune déconvenue n'a pu me faire changer d'avis : ni le fait que John ait en réalité appris cette poésie en écoutant un duo de music-hall, qu'il n'en comprenne pas un traître mot, ni même, le plus impardonnable, qu'il ait perdu la traduction que j'avais pris soin de lui rédiger (et qu'il n'avait d'ailleurs pas appréciée du tout).

Il est possible que le sud du Pays de Galles regorge de beaux messieurs, dont n'importe lequel aurait pu me réciter *El Desdichado*, mais il se trouve qu'aucun d'autre ne l'a fait. Et comme c'était écrit dans les étoiles (auxquelles je ne crois pas non plus, soit dit en passant), il en fut ainsi – c'était l'homme qu'il me fallait, affaire classée.

Ma quête impatiente pour trouver l'endroit où je pourrais être moi-même s'est avérée plus longue, mais elle nous a conduits tous les deux ici, au village de Dieulefit dans la Drôme provençale.

S'agit-il vraiment de la Provence ? Une lumière éblouissante et un ciel bleu – vrai. Des olives – vrai. De la lavande – doublement vrai. Une terre rouge et des falaises de calcaire dans des bois de chênes verts – vrai. Des truffes – vrai, noires bien sûr. Notre guide français affirme même qu'en automne, c'est dans la Drôme que l'on trouve les meilleures truffes connues sous le nom de « Périgord », pour « des raisons purement géographiques ». Sans doute l'ironie est-elle perçue jusqu'en Dordogne.

C'est avec désarroi que notre agent immobilier français nous a annoncé la clause surprise dans notre contrat d'achat : Monsieur Dubois, qui possédait la maison avant le propriétaire actuel, s'était attribué le droit d'emprunter notre allée privée avec sa voiture pour aller arroser ses chênes truffiers. J'avais humé le mot « truffes » et j'étais trop occupée à me demander si mes deux chiens des Pyrénées sans talent avéré seraient capables de découvrir leur potentiel caché, et par ricochet le précieux or noir, pour m'inquiéter outre mesure des aspects juridiques du droit de passage de notre voisin.

Jusqu'à présent, aucun gène de chasseur de truffes ne s'est encore révélé et vous préférez ne pas savoir ce que nos deux terribles ont choisi de flairer dans les bois. La présence du diamant noir est pourtant évidente : c'est une bonne terre agricole où poussent des rangées nettement espacées de chênes, et la frénésie annuelle des marchés aux truffes du mois de novembre ne trompe pas.

Autres caractéristiques provençales ? Des tomates, de l'ail et des fines herbes dans la garrigue – oh, oui. L'accent méridional qui donnerait presque trois syllabes à notre « pain » quotidien ? Bé oui. Des tournesols – vrai, même si, comme le blé, ils ont atrocement souffert de la canicule de l'an passé, quand des records de chaleur ont été battus.

Qu'est-ce qui n'est pas provençal, alors ? Je pourrais me mouiller en disant que la Provence n'est pas réputée pour son vin, mais nos vignobles locaux sont les villages des Côtes du Rhône. Nous habitons à une trentaine de minutes au nord des grands rouges ; Roaix Séguret, Rasteau, Gigondas et Châteauneuf-du-Pape ; ou, si vous préférez, à trente minutes au sud du non moins célèbre Crozes-Hermitage.

La population de la Drôme compte de plus en plus de résidents secondaires et même de propriétaires étrangers comme nous, mais relativement peu de Parisiens et de Britanniques ; la plupart sont des Néerlandais, des Belges et des Allemands qui ont fait de l'Ardèche leur pied-à-terre et qui se sont aventurés au-delà de la Vallée du Rhône jusqu'à la Drôme.

Si vous tracez une ligne directe entre Dieulefit et Montélimar, vous obtenez grossièrement la frontière nord imaginaire où la Drôme provençale bascule dans la Vallée de la Drôme, le Diois. Ces distinctions sont essentielles dans une région qui revendique son appartenance au Sud méditerranéen, de par sa culture et sa météo à défaut d'un littoral. Elle est également fière d'avoir, au nord, un pied dans les Alpes. Commettez la moindre erreur à ce sujet et vous êtes bon pour troquer illico presto vos olives contre des edelweiss et vos chèvres contre des vaches.

Qu'en est-il de Dieulefit même ? D'après ce guide touristique français d'une irréprochable impartialité, qui prétendait que ses truffes étaient les meilleures de France, Dieulefit est un village merveilleux, célèbre pour sa poterie, la pureté de son air qui lui vaut d'être un centre d'excellence dans l'étude et le traitement des maladies respiratoires (avec suffisamment de maisons de retraite pour nous encourager à envisager un séjour à long terme), ainsi que sa qualité de centre intellectuel surpassé uniquement par Paris et par Lyon.

Avez-vous bien entendu ? Ce village de 3000 habitants – le double en été avec les campings, les hôtels et, tenez-vous bien, le Club Med – est soi-disant le rendez-vous de prédilection de l'intelligentsia. Cette affirmation se base sur des preuves historiques ; en 1876, seul Paris envoyait plus de délégués que Dieulefit au Congrès Archéologique international.

J'aimerais croire que nous nous intégrons à la perfection, mais à vrai dire, maintenant que je connais le niveau intellectuel de la population locale avec lequel seul Paris rivalise, je suis encore plus admirative des employés que je rencontre – pour commencer, ils parlent si bien français. À en juger d'après les affiches sur la place du village, ce dernier a sérieusement de quoi étayer ses revendications, car il trouve de toute évidence assez de clients pour organiser des cours du soir en latin et grec ancien, avec quinze minutes supplémentaires à la fin de chaque leçon consacrées aux étudiants qui souhaiteraient approfondir leurs connaissances en grammaire.

Pensez-vous qu'un tel cours soit viable dans un village gallois ou anglais de taille équivalente, de nos jours ? Autrefois, peut-être. Il y a encore trente ans, les syndicats d'ouvriers et les groupes de formation des mineurs proposaient des inscriptions universitaires – et recevaient des demandes à cet objet. Mon voisin à Bancffosfelen, un ancien mineur, pouvait disserter tout à la fois sur Gerard Manley Hopkins et la culture de la rhubarbe ; il m'a d'ailleurs beaucoup appris sur ces deux sujets.

Pour l'instant, je suis trop accaparée par la nouveauté, et par ce qui cloche ou fonctionne de travers, pour me laisser tenter par les cours de langues anciennes. Chaque jour comporte son lot de découvertes. Si vous êtes allongé sur le sol du grenier et regardez par la minuscule lucarne conçue pour éloigner la chaleur et les mouches en été, et conserver de bonnes températures en hiver, vous apercevrez notre plus belle montagne, la Miélandre, qui culmine d'après la carte à 5000 pieds ou 1450 mètres, selon l'unité de mesure que vous employez. Ce sommet aride et capricieux se décline dans toute une gamme de paysages, allant du pic enneigé qui se détache sur l'azur des cieux jusqu'aux couronnes de brume, en passant par les reflets impitoyables du soleil sur ses rochers.

Les collines que nous avons admirées par la fenêtre la première fois que nous avons visité la maison, sans qu'il soit besoin de s'allonger, ont progressivement gagné notre respect. La longue crête boisée de Dieu-Grâce est devenue plus haute depuis que nous l'avons gravie lors d'une marche au départ de Dieulefit en suivant la piste de calcaire qui monte... et monte. La portion d'un chemin de grande randonnée français, le GR9, est presque pavée sous nos pieds par d'immenses roches, tel un jardin rocailleux créé par les Titans qui commence à fatiguer les chevilles au bout d'une heure de foulée incertaine.

Si solides que soient vos chaussures et si ergonomique que soit le système de pompe de vos bâtons de marche, le terrain inégal et les variations de rythme sont épuisants. Tout bien réfléchi, 914 mètres constituent en réalité un dénivelé équivalent à celui des Brecon Beacons que nous qualifiions de montagnes quand nous vivions au Pays de Galles. Nous prenons alors conscience qu'ici toutes nos « collines » sont des « montagnes » galloises, et que leurs silhouettes sur le ciel nocturne ou dans la lueur rose de l'aube provençale ressemblent à celles du mythe celte : elles vous rendent fou ou bien poète si vous osez passer une nuit sur leurs sommets.

La folie ou la poésie se développent de diverses manières. J'aurais dû me douter, quand John évoquait la mort et semblait presque en être à l'article, qu'il ne s'agissait en réalité que d'un malheureux rhume. Maintenant que j'ai compris, et sachant que je suis persona non grata à son chevet entre ses deux doses de Lemsip, toutes les quatre heures, l'idée me prend de partir toute seule en exploration. La tête remplie d'automne, je décide d'abord de marcher jusqu'au village avant de me laisser tenter par l'aventure et prendre la direction opposée. Au Pays de Galles, il était courant d'atteindre n'importe quelle destination en empruntant n'importe quelle voie, si bien que l'une pouvait partir au nord et l'autre au sud tout en se rejoignant au même point. Avec la pléthore de chemins et de pistes qui entourent Dieulefit, il est tout à fait possible d'essayer une dizaine d'itinéraires différents si l'on souhaite sortir des sentiers battus. Or contrairement à notre vallée galloise, il n'y a qu'une seule route principale et les montagnes imposent aux déplacements humains leur propre discipline.

Si vous tournez à gauche à la fromagerie Cavet Picodons, un producteur de fromages de chèvre AOC de renom à Dieulefit, vous pouvez traverser la rivière du Jabron en étant assuré d'y trouver un « gué submersible », ou passage inondable en temps de pluie, avant de vous promener sur des chemins secondaires pour arriver à Dieulefit par le Super-U, dont l'entrée à cette période déborde de chrysanthèmes.

Le jour férié de la Toussaint est caractérisé par une explosion de pompons floraux jaunes, fauve, bordeaux ou à liserés blancs… tous parfaits dans leurs pots en terre cuite, bien qu'insultés par la présence inévitable des affiches criardes d'Halloween avec leurs masques de fantômes et leurs hurlements de bande dessinée : « Ooouuuh ».

Les citrouilles volumineuses ont disparu du jardin où elles trônaient depuis le mois de juin tels des accessoires en plastique pour Cendrillon. Il faut croire qu'elles étaient bien réelles, en fin de compte, jumelles des potirons orangés qui viennent égayer les rayons du supermarché.

Je suis déjà suffisamment francisée pour avoir envie de palper les produits avant de les acheter. Il faudrait être un marchand courageux, au Pays de Galles, pour crier derrière son étal : « Venez goûter mes melons », et pourtant je n'hésite plus aujourd'hui à prendre les petits morceaux de fruit, de fromage et de saucisse que l'on me tend et à les déguster tout en faisant mon marché.

Mon coup de tête le plus extravagant depuis notre emménagement a été l'achat d'un fromage de montagne qui avait eu l'heur de me plaire. Il coûtait si cher qu'on se serait presque attendu à posséder un morceau de la montagne elle-même, pour ajouter un petit bout d'Alpes à notre carré de Snowdon que nous avions acquis, il me semble, lors de notre inscription au National Trust. Jusqu'alors, mes incartades s'étaient toujours limitées à des sites web de lingerie (il y a quelque chose de très dangereux à pouvoir faire des emplettes tout en étant confortablement assis avec un verre de vin – ou deux).

Dans le village, je consulte le panneau d'affichage pour connaître les événements locaux et un débat organisé à la bibliothèque publique, intitulé « Je suis aussi un mouton », attire mon attention. Apparemment, il sera dirigé par un historien de la région. Curieusement, je ne parviens pas à imaginer l'équivalent d'un tel titre au Pays de Galles, même si je conserve la traduction littérale dans un coin de ma tête pour mon futur roman sur fond de drogue, de sexe et de chômage – qui mettra en scène un jeune antihéros et connaîtra un important succès de vente. Il a déjà été écrit, bien sûr, mais rien n'est jamais vraiment nouveau.

Je rends visite au marchand de journaux et passe en revue son présentoir. Certes, nous avons déjà rencontré des Français adeptes de la culture anglaise, notamment de la langue, mais la francophilie des Britanniques n'est pas réciproque. À Dieulefit, vous ne trouverez pas de magazines intitulés *Vivre en Angleterre*, et s'il existe un manuel *Apprendre l'anglais*, on lui trouvera une place discrète sur une étagère au lieu de le mettre en compétition avec d'éclatants volumes multimédias et plus encore, qui promettent de vous enseigner le français pendant que vous vous brossez les dents.

En revanche, il y a tout autant de magazines sur les présentoirs de la presse locale que chez n'importe quel marchand de journaux britannique. À l'image des produits sur le marché et dans les magasins, les titres varient selon la saison, avec en octobre une frénésie sur le thème « Optimisez votre cueillette de champignons », reléguant *Sapeurs Pompiers de France* à une place secondaire.

Vous imaginez l'impact d'un mensuel *Sapeurs Pompiers* chez Smith's ? Sur quelle étagère serait-il présenté ? Ne vous y trompez pas, les pompiers bénéficient aussi d'une image affriolante en France, avec plus de volontaires que de pompiers permanents, mais les histoires et les photos publiées mettent en avant l'héroïsme davantage que le sex-appeal.

Dans notre région, comme partout ailleurs dans le Sud, les incendies ne sont pas rares, et encore moins considérés comme le problème d'autrui. Débroussailler son terrain est non seulement affaire de bon sens, mais c'est aussi une responsabilité légale, et quand on voit la vitesse à laquelle une poignée de brindilles prend feu, on comprend pourquoi. *Sapeurs Pompiers de France* propose un assortiment de conseils pour éviter les incendies, de récits de sauvetages courageux et, bien sûr, de photographies des valeureux sauveteurs en question. Je m'attarde un peu en espérant apercevoir les (autres) clients adeptes de pompiers, mais deux lecteurs ont à peine acheté leurs exemplaires du journal régional que je m'ennuie déjà.

Tout en payant mon numéro de *100 cuisines*, j'affiche une mine de circonstance par égard pour le marchand de journaux qui semble être endeuillé, comme l'indique le panneau aux bordures noires sous son comptoir : « En deuil ». Tandis qu'il récupère ma monnaie, le reste de l'écriteau me rappelle que je suis bel et bien dans un pays étranger. En effet, l'augmentation récente des taxes sur le tabac a enflammé les colères individuelles, générant par solidarité une grève d'une journée : c'est là le « deuil » que porte mon marchand de journaux.

Manifestement, les cigarettes sont si chères en France de nos jours que les gens vont même les acheter en Allemagne. C'est vous dire – l'Allemagne ! J'ignore la pétition déjà signée par une dizaine de bons Dieulefitois pour protester contre l'intervention du gouvernement – comme si l'inquiétude exprimée par le ministre au sujet de la santé avait quelque chose à voir là-dedans ! Les Français arrivent en tête de toutes sortes de ligues contre les maladies liées au tabac, et alors ? Le libre arbitre, bon sang !

Il est facile de relever les contradictions dans une autre culture et je suis toujours étonnée par l'admission de la cigarette – et des animaux de compagnie – dans les cafés français et même les restaurants, alors que l'Organisation mondiale de la Santé a déclaré que le système de santé dont bénéficiait la France était « le meilleur du monde » (d'après mes sources françaises, je l'avoue) et que personne ne remet en question la réputation de sa gastronomie.

Bien que la cigarette soit de plus en plus souvent interdite, je crois qu'il faudra attendre longtemps avant de voir des employés tirer une bouffée sur le trottoir, devant les immeubles de bureaux, comme c'est désormais monnaie courante au Pays de Galles.

Quant aux animaux de compagnie, l'envie ne m'est encore jamais venue de passer la nuit dans une chambre d'hôtel avec deux chiens des Pyrénées et deux chats, ou de sortir au restaurant en compagnie de ma famille à quatre pattes.

Je quitte le marchand de journaux en esquissant des sourires contrits d'étrangère avant de sortir de la ville par l'ancienne route. Les lézards aimeraient profiter des restants de l'été, mais ils se contentent de pointer le bout de leurs nez, trop méfiants envers la chaleur d'octobre. Lorsque je passe devant un mur, mon ombre entraîne un mouvement furtif à la sortie des trous d'évacuation et les têtes de lézard disparaissent aussitôt.

Quand j'avais onze ans et que je harcelais mes parents pour avoir toutes sortes d'animaux de compagnie, des serpents jusqu'aux petits chiots, mon père m'a dit que je pourrais avoir un lézard (ma dernière lubie) si je fabriquais un nœud coulant avec des herbes, le plaçais devant un trou dans un mur et réussissais à en attraper un au lasso. Il trouvait sans doute la plaisanterie très drôle et j'étais assez grande pour comprendre que c'en était une.

J'aimerais pouvoir l'appeler pour lui dire que j'ai trouvé un mur où son subterfuge pourrait fonctionner – je peux en avoir un si je l'attrape ? –, mais c'est encore l'une de ces conversations que nous n'aurons jamais. Chaque fois que vous comprenez un événement du passé à la lumière de votre présent, neuf et plus mature – en tant que parent, voire grand-parent –, vous prenez conscience de ce que vous avez perdu en même temps que vos parents, et de la raison pour laquelle vos enfants ne peuvent pas vraiment partager ce sentiment avec vous – pas encore.

De telles réflexions sont en parfait accord avec le cimetière que je longe, bordé par les concessions familiales des grands noms du village. Vous percevez les enjeux familiaux que recouvre l'histoire de Marie enterrée là quand, d'après la plaque sur sa tombe, son époux Jacques a été enseveli avec ses parents dans le cimetière d'un autre village. Auprès de qui est votre véritable place quand vous mourez ?

Ce qui ne manque pas de m'étonner, c'est l'âge vénérable jusqu'auquel vivaient de nombreuses personnes : des octogénaires au XVIIIe et au XIXe siècles. Peut-être trouve-t-on plus de matriarches et de patriarches, enterrés en bons aristocrates dans leurs cimetières locaux, que de migrants aux modes de vie dissolus destinés à mourir jeunes ? Bien sûr, il y a les disparitions tragiques, comme cette jeune femme de vingt-six ans, mariée pendant un an et sept mois et inhumée avec le bébé auquel elle n'a pas pu donner naissance, ainsi que les morts à la guerre et les hommages émouvants de leurs anciens compagnons d'armes.

Si vous voulez visiter un cimetière pour élever votre esprit – et vous briser le cœur –, rendez-vous dans ce qui doit être le plus beau cimetière au monde, celui de Saint-Christophe-en-Oisans.

Si vous ne conduisez pas, vous pourrez profiter du paysage à pic tandis que la route serpente à travers les Alpes jusqu'au petit village légendaire pour ses célèbres guides de montagne. C'est de là que les enfants du pays conduisaient les riches aventuriers du XIXe siècle, notamment des Britanniques et des Suisses, leur permettant de gravir tel ou tel sommet et surtout d'en revenir sains et saufs – en règle générale. Le plus éminent de ces personnages est le père Gaspard, qui était presque aussi fasciné par les 3350 mètres d'altitude de la Meije que les étrangers qui le rémunéraient pour prétendre ensuite être les premiers à en avoir conquis le sommet.

La concession de la famille Gaspard est vaste, et six ou sept autres dynasties semblent s'être épanouies dans un village si haut en altitude que l'approvisionnement devait souvent être effectué par câbles quand les conditions météorologiques étaient trop rudes pour les ânes. Apparemment, tous les habitants du village étaient des alpinistes par nécessité – cette aire au même niveau que les neiges éternelles sur les faces ombragées des sommets n'est pas un endroit où souffrir du vertige.

Les pierres tombales évoquent des hommes, dont le vieux père Gaspard lui-même, suffisamment humbles envers la neige et la glace pour avoir survécu jusqu'à quatre-vingts ans. Piolets et lys gravés se croisent sur les stèles funéraires qui se détachent devant les montagnes. D'autres tombes racontent les histoires plus tragiques de ces étrangers ayant gagné l'honneur d'être enterrés à Saint-Christophe, les jeunes de vingt ans qui ne sont jamais revenus, leurs piolets scintillant à jamais sous le soleil des Alpes.

2.

Le réseau d'alcool

J'ai tellement de cicatrices que je pourrais passer incognito infiltrée dans une prison de haute sécurité, et quand je me regarde dans le miroir je me rends compte sans hésiter que cela pourrait même être une prison pour hommes. Quand me suis-je habillée en femme pour la dernière fois ?

Ce devait être à l'occasion d'une soirée spéciale, quand notre fille nous a offert notre premier repas dans un restaurant de Dieulefit. Le menu du terroir était à base de produits locaux et c'est à ce moment que le déclic de mon grand projet Fromage de chèvre a eu lieu. John était tellement fatigué qu'il s'est contenté de sourire en hochant la tête tout au long de la soirée.

Je soupçonne le restaurateur et les clients qui regardaient de notre côté d'avoir pensé que nous étions bien gentilles de sortir l'idiot du village. À présent, en examinant les cicatrices sur mes bras et le sang sur mon pantalon, je regrette de ne pas avoir confié le désherbage des plants de rosiers à l'idiot en question.

Ma suggestion n'est pas aussi impitoyable qu'elle en a l'air. Une fois que l'on dissuade John d'employer ses excuses d'adolescent pour s'épargner le désherbage (« je ne sais pas reconnaître les mauvaises herbes ») en distinguant sans équivoque les rosiers (les plantes) des herbes (le chiendent), il ne lui faut pas plus de dix minutes pour s'acquitter de sa tâche et arracher jusqu'aux moindres brins indésirables. Cependant, il ne semble toujours pas comprendre qu'il lui faut aussi retirer les racines, si bien que j'ai le choix entre une corvée vite expédiée, mais que je paierai forcément plus tard, et la manière radicale qui exige que je me retrousse les manches pour m'y atteler moi-même. La vie est ainsi faite : vous devez choisir entre la belle lingerie et les sous-vêtements confortables – vous ne pouvez pas avoir les deux.

Jusqu'à présent, c'est lui qui dressait nos barrières. L'un des grands avantages des murs d'enceinte de notre futur jardin, c'était que John ne serait pas obligé de le clôturer. Après avoir dû délimiter plus d'un hectare de terrain au Pays de Galles avec l'aide d'une de nos filles, pour éviter que les chiens ne s'échappent, il était ravi de pouvoir enfin se reposer sur ses lauriers (clôturés). Malheureusement, en levant les yeux vers notre tout nouveau jardin d'herbes aromatiques, nous avons découvert nos deux chiens des Pyrénées en train de jouer au « roi du persil ». Un jour plus tard, les plants étaient soigneusement encadrés. Gardez à l'esprit que ce sont des chiens capables de transformer un lit de bruyère en un véritable champ de bataille, avec des cratères de la taille d'impacts de météorites – et tout cela, en moins de dix minutes. Quand elle était encore toute jeune, Freyja a arraché une glycine d'un mètre quatre-vingt de hauteur pour la traîner dans la maison et me l'offrir en cadeau, le jour de la fête des Mères. Elle remuait la queue, et moi, je hurlais de bonheur. On ne plaisante pas avec ces chiens.

Éduquez-les donc, dites-vous avec mépris ? Nous avons suivi des cours de dressage, en compagnie de nos chiens. En matière d'humiliation abjecte, on ne fait pas mieux que de vous planter contre le mur d'une vaste salle polyvalente que votre chien refuse obstinément de traverser pour vous rejoindre, parmi une douzaine de malinois hautains et leurs propriétaires. Bien sûr, nous en avons déduit des théories intéressantes sur la domination (dont nous manquions cruellement), mais nous accusons surtout les centaines d'années d'élevage qui ont obtenu cette race indépendante, parfaite dans *Belle et Sébastien*, mais beaucoup moins pratique quand vous êtes à la plage et que votre chien détale jusqu'à perte de vue.

Nous faisons une pause et nous asseyons sur la terrasse, tout en buvant des litres de café, et je m'amuse de la vapeur d'eau qui émane de la tête de John. C'est la première fois que je rencontre un tas de compost vivant, mais ma comparaison ne lui plaît guère.

Le besoin urgent de clôturer notre jardin botanique n'ayant pas suffi à nous épuiser, nous avons aussi éprouvé l'envie pressante d'essayer le système à trois compartiments pour le compost. Comme ma sœur Anne, nous avions déjà testé le tas informe, le tonneau à l'envers, la boîte en bois... contrairement à elle, en revanche, nous n'avons pas bénéficié de ce tipi en plastique pour compost distribué gratuitement dans tout le Hertfordshire, et dont elle jure qu'il fonctionne si bien qu'elle avait envie de le prendre avec elle dans les Pyrénées quand elle a déménagé.

Après avoir écouté – ou plus exactement subi – les reproches de ma sœur qui me trouvait ridicule de vouloir emporter quarante caisses de livres et des meubles dont le déménagement coûtait plus cher que leur valeur initiale, j'ai été étonnée de l'apprendre. C'est un peu comme ces questions dans les interviews : « Si un incendie se déclarait, que sauveriez-vous et pourquoi ? » Il faut croire qu'un tipi de compost offert par le conseil du comté du Hertfordshire l'emporte haut la main.

J'ai le respect le plus total pour les connaissances en jardinage d'Anne, ainsi que pour la cuisine et la menuiserie de ma sœur Ruth, et le parachutisme, l'endurance physique et l'esprit d'aventure de mon frère Ian ; tant que chacun d'entre nous s'en tient à ses spécialités. La pire de la fratrie ? Moi, évidemment, une indécrottable touche-à-tout.

L'avantage de mon intérêt pour toutes sortes de sujets est évident quand je rencontre les nombreux ouvriers qui nous permettent de nous situer dans la semaine (si c'est lundi, ce doit être le plombier...). Au cours de nos six premières semaines en France, nous avons eu affaire à neuf entrepreneurs spécialisés dans différents corps de métier et avons même prévu d'en rencontrer un dixième, le ramoneur.

Vous ne me croyez pas ? Voyons... le plombier, l'homme qui livrait le mazout, le chauffagiste, les livreurs du réfrigérateur (et de la télé), l'électricien, le maçon – qui est revenu avec le menuisier, ou comme je l'appelle, le « fabricant d'escaliers » (le dictionnaire me propose « joiner » en anglais, il ne semble pas faire de distinction entre menuisier et ébéniste, je me demande si j'aurais trouvé un « ébéniste » au Pays de Galles) –, l'installateur du satellite et le concepteur de cuisines (accessoirement monteur de placards).

Encore heureux que nous ayons acheté une maison « entièrement modernisée » (à en croire la brochure de l'agent immobilier). Ce n'est pas exactement ce qu'a dit l'électricien quand il s'est penché sur le système, mais comme John en avait déjà tiré les mêmes conclusions et que, de mon côté, j'avais grillé mon aspirateur Dyson, je devais me résigner à un devis pour le moins électrisant.

Les premiers travaux de plomberie, en revanche, étaient inattendus. La baignoire, qui avait parfaitement fonctionné pendant les deux premières semaines d'été depuis notre emménagement, s'est mise à fuir et j'ai dû passer mon premier et douloureux appel téléphonique pour prendre rendez-vous avec un ouvrier.

John m'a déçue. Comme il avait révisé son français et avait étudié les sous-titres anglais des paroles de Francis Cabrel en DVD et pouvait réciter des passages entiers, je croyais que nous tenions là l'occasion idéale de déclamer : « Y a plusieurs mètres d'eau dans les rues de ma peine » (c'est meilleur en français qu'en anglais). Mais non, il m'a lâchement abandonnée à un dialogue plus prosaïque, ou plutôt à un monologue sur répondeur qui aurait été beaucoup plus efficace si j'avais réussi à donner mon numéro de téléphone correctement (comme je l'ai découvert en le rappelant dès le lendemain, le plombier était désolé de ne pas avoir pu me joindre).

Je le répète, parce que je ne l'ai pas cru un seul instant ; le plombier était désolé de ne pas avoir pu me joindre. Si je m'apprête à écrire les lignes qui suivent, c'est uniquement parce que je ne vis plus en Grande-Bretagne et que je n'aurai plus jamais besoin de faire appel à un plombier ou un électricien britannique (je l'espère).

J'ai perdu le compte du nombre de plombiers et d'électriciens que j'ai contactés au Pays de Galles et qui n'ont jamais pris la peine de me rappeler. Je me souviens d'avoir été révoltée par un compte-rendu de l'Agence d'alphabétisation, qui déclarait que 9 adultes sur 10 étaient incapables de trouver un plombier dans les Pages Jaunes ; moi-même, je n'étais pas fichue de trouver un maudit plombier, et cela n'avait rien à voir avec mes aptitudes de lecture.

Même quand je croyais avoir trouvé un artisan, il ne se présentait pas au rendez-vous. Le pire, c'était pour les petits travaux ; si vous mentionniez l'éventualité d'un gros chantier, vous aviez peut-être une chance d'obtenir quelqu'un. Peut-être est-ce une preuve que Dieulefit ne se trouve pas vraiment en Provence, ou que la Provence a mauvaise réputation. Quoi qu'il en soit, je me porte volontaire pour témoigner que chacun des dix entrepreneurs m'a rappelée sans délai pour convenir d'un rendez-vous. Même s'il était évident qu'ils étaient très occupés, ils m'ont donné des dates approximatives pour l'envoi d'un devis et le début des travaux. Et chaque artisan a respecté ses engagements.

Comprenez-moi bien – je suis profondément reconnaissante pour les travaux effectués dans mes différentes maisons, par des professionnels dont je respecte les compétences. Les ouvriers gallois m'ont beaucoup appris tout en me divertissant. Je n'oublierai jamais Franz Becker, un immigré allemand dans le petit village gallois de Pontyberem, qui égayait mes journées en déplaçant des parpaings vêtu d'une sorte de culotte courte traditionnelle et jurait en allemand quand, emporté par son élan, il avait muré l'emplacement d'une fenêtre.

C'était le coup classique (« j'ai trois chantiers en même temps et je fais le maximum pour les clients les plus désagréables » – c'est la même chose pour les écoliers qui font leurs devoirs en fonction des professeurs les plus stricts) et notre remplacement de fenêtres semblait être le cadet de ses soucis... rien que de très ordinaire, si ce n'est que j'étais enceinte de neuf mois à l'époque et qu'il m'avait promis que ce serait terminé avant l'arrivée du bébé.

Il avait emporté les anciennes fenêtres au moment où je perdais les eaux. J'ai passé un total de 24 heures à l'hôpital et les nouvelles étaient en place quand je suis rentrée à la maison avec mon fils. Ma mère, qui attendait à York, ne savait même pas que le travail avait commencé et je l'ai appelée une demi-heure après avoir accouché pour lui annoncer la bonne nouvelle :

— Les fenêtres sont arrivées, lui ai-je dit.
— C'est formidable, a-t-elle répondu.
— Et j'ai un petit garçon.

Je crois qu'elle a hurlé ; elle avait déjà fait sa valise et mes parents arrivèrent un jour plus tard pour admirer nos nouvelles fenêtres.

À la fin de l'été 1984, je connaissais les shorts de Franz Becker mieux que ma propre garde-robe, car il replâtrait mon salon avec ses employés alors que je cherchais désespérément un coin tranquille dans ma propre maison pour allaiter mon bébé. Ne venez pas me dire que les jeunes mères ont besoin d'être détendues pour réussir à donner le sein – un peu de stress n'a jamais fait de mal à personne.

Parmi ces figures emblématiques, il y a eu Wayne et ses gars, qui ont fait partie de ma vie pendant plusieurs semaines. À l'époque, je passais de longues périodes chez moi car je travaillais en indépendant, ce qui me laissait plus de temps pour préparer les tasses de thé requises (héritage des gènes de ma mère) et superviser les travaux en cours (les gènes de mon père, cette fois).

À un moment donné, l'un des « gars » avait laissé sa boîte à outils au milieu de l'allée et je l'ai proprement écrasée en sortant la voiture pour me rendre en ville tout en les saluant en partant. Je suis à peu près sûre d'avoir entendu l'un d'eux pester : « Ah, les femmes au volant... »

C'est le bassin de mon jardin qui a révélé leurs meilleures qualités. Ils avaient prévu une pelle mécanique pour creuser le sol devant les écuries afin d'y couler du béton. La pelleteuse était flambant neuve, c'était une belle machine avec, sur la pelle, un cercle pivotant qui aurait pu servir à faire des boules de glace.

Wayne, ses gars et moi, observions tous les quatre le nouvel engin de leur ami et je ne pus m'empêcher de dire :

— J'aimerais bien essayer.

Sans un brin d'humour dans la voix, l'un des gars a répondu :

— Alors vous êtes l'une de ces femmes ambitieuses, n'est-ce pas ?

Voilà qui me remettait à ma place.

J'ai demandé à Wayne s'il voulait bien gratter nos tourbières asséchées, profitant de la présence de la pelle mécanique, afin de remettre la mare en état – avec un revêtement en plastique et beaucoup de travail. Quelques minutes après ma requête, nous avons regardé la pelleteuse creuser le trou du bassin. Je suis douée pour organiser les choses tant que je reste simple spectatrice.

L'un des gars, celui de soixante-cinq ans, m'a dit :
— On pourrait y mettre votre mari si vous vous décidez vite.

Nous avons réfléchi ensemble à la question et le gars a ajouté :
— Allez-y.

Nous avons encore réfléchi un moment.
— Merci, ai-je répondu, mais je vais le garder.

Après quelques instants de réflexion, l'autre gars a alors demandé :
— Vous avez des tritons ?

Il se trouve que j'avais des tritons, et que j'en avais même découvert un dans la gamelle d'eau de mon chien à l'extérieur (en train de grenouiller ? abandonné là par un héron ?), comme je le lui ai expliqué avec enthousiasme.

Pourtant, je ne comprenais pas.
— Vous pouvez obtenir une subvention du conseil, m'a-t-il expliqué.
— Et comment savent-ils si j'ai des tritons ?
— Ils viennent jeter un œil.
— Si les tritons ne sont pas là quand ils viennent regarder ?
— Je peux vous obtenir quelques tritons pour la journée.

J'ai décliné sa proposition à contrecœur. L'idée d'un bocal de tritons en tournée dans tout le comté pour décrocher des subventions me plaisait, et ce n'était même pas la chose la plus étrange que l'on ait vu au Carmarthenshire…

Travailler avec des ouvriers n'est donc pas une première pour moi, mais cette fois je dois réviser mon vocabulaire avant chaque rencontre. Autrefois, je pouvais toujours briser la glace en lançant en gallois : « Bonjour, comment allez-vous ? Belle journée », mais je passe maintenant à l'étape supérieure car mes interlocuteurs risquent fort (aussi impensable que ce soit) de ne pas savoir parler anglais.

Je cherche la traduction d'» étagères » et de « vers à bois » (je veux faire poser les unes et me débarrasser des autres) et je dois savoir dire « franchise » (ce que l'assurance ne prend pas en charge). J'ai déjà eu le plaisir d'explorer le système juridique français au moment d'acheter une maison et d'envisager la propriété.

Nous aimons beaucoup le droit immobilier français, sincèrement, mais je me demande bien comment nous nous y retrouvons. J'ai besoin de connaître le vocabulaire français correspondant à chacune de ces discussions professionnelles. Vous pensez qu'un « va-et-vient » était une expression sexy que l'on entendait dans les chansons populaires des années soixante-dix ? Erreur – c'est un interrupteur à deux sens. Et ce mot, « interrupteur », on pourrait croire que c'est ce que l'on demande aux enfants de ne pas faire ! Mais non, ce n'est que le boîtier qui sert à allumer.

Notre dictionnaire Harrap's français/anglais en deux volumes est assez lourd pour faire plier une étagère, mais il a ses limites. Nous essayons toujours de comprendre ce que signifie « carré rose », mais la traduction littérale que nous donne le dictionnaire ne semble pas convenir pour décrire un type de films qui contient pourtant beaucoup de rose et de nudité, mais rien de très carré.

Nous avons consulté le Harrap's après avoir reçu le devis de l'électricien. Nous nous demandions pourquoi il voulait installer des « hublots » au plafond de la cave. Il s'est penché lui aussi sur notre dictionnaire, mais n'a pas été très impressionné par son manque d'expertise électrique : figurez-vous qu'un « hublot », c'est aussi une applique circulaire.

Un autre mot qui fait désormais partie de notre vocabulaire, c'est celui de « triage ». La première fois que je l'ai entendu, c'était quand John discutait avec l'infirmière au triage, aux urgences de l'hôpital de Portsmouth, pendant qu'elle refermait une plaie sur ma joue avec du ruban adhésif médical.

Nous allions passer un week-end romantique en Normandie et, alors que notre ferry avait un retard de deux heures, je me suis malencontreusement cognée au visage contre la portière. C'était une mauvaise semaine et j'étais déjà traumatisée par une coiffeuse excessivement zélée qui avait tenté de me rendre ma couleur naturelle (quelle qu'elle ait bien pu être avant que des reflets dorés ou mèches, comme la coiffeuse préférait les appeler, viennent la recouvrir) – elle m'avait teint les cheveux en noir. Je me remettais à peine de mon traumatisme capillaire et voilà que je me retrouvais avec un trou dans le visage.

Par chance, le ferry fut encore plus en retard. L'infirmière était un ange et elle m'a dit que je pourrais quand même partir en week-end (avec des antalgiques, un bandage et un œil au beurre noir). Attendre pendant sept heures un ferry exceptionnellement retardé, entourée par des fêtards imbibés qui s'embarquaient entre collègues de travail pour deux jours de beuverie, n'a pas suffi à me gâcher mon week-end.

Alors que je faisais la queue devant les toilettes des dames sur le quai, une fille à côté de moi, arborant des peintures de guerre, une petite robe à volants et pas grand-chose d'autre, me dit en gloussant : « J'ai tellement hâte de me bourrer la gueule, pas toi ? »

À ce moment-là, mes cheveux me paraissaient très noirs et mon œil commençait à prendre le même chemin. Me bourrer la gueule n'était pas mon ambition et nous devions ressembler à une comparaison « avant-après » dans un reportage photos sur la vie de trottoir.

J'ai passé un excellent week-end, malgré une heure entière passée à vomir dans les toilettes d'un restaurant le dimanche soir, pendant que John dînait en solitaire. Peut-être était-ce une réaction différée à mon accident, les coquilles Saint-Jacques du samedi soir, les températures glaciales de décembre sur le marché de Noël, ou tout cela combiné. Les antalgiques me faisaient délirer, John était un héros doublé d'une bouillotte, et c'est le genre d'expérience qui vous grave le mot « triage » dans la mémoire. L'infirmière m'avait expliqué, tout en me rafistolant, que c'était un mot d'origine française.

C'est donc avec un grand intérêt que j'ai appris, dans une comparaison détaillée de plusieurs poubelles à pédale (toujours le magazine *100 cuisines*), qu'il existait des poubelles de tri, dont l'inconvénient majeur était la petite taille des compartiments. L'avantage étant que votre recyclage s'en trouvait ainsi automatiquement « trié » (évidemment).

Mon français évolue dans un univers parallèle à celui dans lequel les vrais Français parlent le vrai français. Je communique, mais avec une série d'erreurs dont je ne prends conscience que bien plus tard. Comme Anne le souligne avec humour : « Et encore, ce ne sont que les erreurs dont tu te rends compte. » Son tour viendra.

J'ai un passé de gaffeuse invétérée, qui remonte bien avant notre installation en France. Un propriétaire de gîte fut un jour très amusé quand je lui ai dit que mon mari travaillait comme professeur avant d'ajouter : « Et moi, je traîne des professeurs. » Malheureusement, j'avais confondu « entraîner » et « traîner », laissant ainsi croire que je les tirais derrière moi comme une caravane. La précision d'une telle image l'avait tellement réjoui qu'il m'avait conseillé de continuer à donner cette réponse quand on me demanderait ce que je faisais dans la vie.

Quelle ne fut pas la surprise de cet ami français, qui séjournait chez nous lors d'un échange scolaire et avec qui j'exerçais ma pratique de la langue, quand je lui ai un jour annoncé en secouant tristement la tête qu'il y avait beaucoup de chauffage dans notre vallée. Vous admettrez qu'il n'y a pas grande nuance entre la prononciation des mots chauffage et chômage ! Ce qui peut passer pour une simple confusion de consonnes entre amis risque parfois de m'attirer des ennuis, surtout quand des syllabes entières se modifient de leur propre initiative pour former des mots complètement différents.

Depuis que nous vivons en France, au lieu de m'améliorer, j'ai vu mon niveau empirer. Figurez-vous que j'ai demandé à l'employé du bureau de poste de me donner la recette de mes frais de port (au lieu du reçu).

À cause de ma mauvaise prononciation, j'ai même demandé au plombier de relier notre maison à l'eau de vie (comprenez « eau de ville »). Ce n'était pas une si mauvaise idée et il m'a répondu que ce ne serait pas un problème.

C'est sans nul doute à l'agence immobilière que j'ai commis ma pire erreur (jusqu'à présent). À la fois épuisée et triomphante, après avoir fait une offre qui venait d'être acceptée, et après toutes les conversations stressantes qu'exige une recherche immobilière – en français et en anglais –, je savais que j'étais censée fournir tout un tas de documents pour la signature du contrat initial. Je serrais contre moi le sac noir que j'avais préparé à cet effet au Pays de Galles. Impatiente de montrer ma connaissance du système français, j'ai demandé à l'agent immobilier s'il voulait voir mon certificat de natation.

Curieusement, il n'a pas su quoi me répondre. Plus tard, John m'a dit que le pauvre homme avait fait une drôle de tête. Bien sûr, je me suis rendu compte que j'avais dit « natation » au lieu de « naissance », je me suis corrigée et la vente a repris son cours normal, mais je regrette de ne pas avoir eu la présence d'esprit de répondre avec un grand naturel : « Voyez-vous, au Pays de Galles, la coutume veut que l'on montre toujours son certificat de natation avant d'acheter une maison. » Et pourtant, j'en ai une quelque part, une preuve que je suis capable de patauger sur vingt-cinq mètres. Je crois qu'elle se trouve dans une boîte, avec les reliques de mes autres talents inexploités ; ma troisième place à la course d'obstacles au collège, ma réussite à l'examen de deuxième année d'alto, et la confirmation de mon statut en tant qu'inspectrice des écoles auprès des organismes Ofsted et Estyn (Pays de Galles) – toutes ces réussites qui me procurent à la fois fierté et honte.

Les leçons de français sont partout. Quand je me suis connectée sur internet, on m'a demandé si je voulais envoyer des fleurs à Saint-Arnould. Ce n'était pas mon intention, mais c'était la première fois qu'on me posait la question. Ma page d'accueil me prévient aussi que je ne dois pas cueillir des champignons après une période de gel, car cela reviendrait à manger des champignons recongelés et courir le risque d'être intoxiqué.

J'ai découvert sur le tard la cueillette des champignons, malgré une excursion couronnée de succès dans la campagne galloise quand j'avais une vingtaine d'années. J'ai ramené des sacs en plastique remplis de petits champignons de Paris dans la salle des professeurs pour les partager avec mes amis, qui m'ont tous répondu : « Non merci, si tu veux te tuer, fais-le toute seule. »

À bien y penser, ce n'était peut-être pas une excursion si fructueuse, après tout, car j'ai dû jeter la majeure partie de ma récolte, déçue par mes collègues. Si nous étions à Carmarthen au lieu de Llanelli, j'aurais pu jouer sur la corde hippie auprès de mes amis, qui auraient accepté en espérant trouver un peu de « magie » dans ces champignons-là.

À l'époque, une collègue de Carmarthen s'était rendue à l'hôpital en catastrophe (et armée d'un sermon bien senti) au chevet de son fils de dix-sept ans qui avait fait cuire des champignons hallucinogènes et en avait subi les conséquences – temporaires et sans gravité, fort heureusement.

Il m'a fallu attendre une quarantaine d'années, alors que je me promenais sur les chemins normands avec mon nouvel appareil photo numérique, pour découvrir véritablement les champignons. Nous avons toujours deux disquettes avec (je vous le donne en mille) quarante photographies d'autant d'espèces différentes – c'est vous dire si j'étais accro.

Au gîte normand, j'ai découvert toute une étagère de vieux bouquins d'agriculture, dont l'un d'eux offrait un remède à l'intoxication par ingestion de champignons ; pour cela, il vous faut trois foies et deux cervelles de lapin… (Ma question est la suivante : que fait-on avec la cervelle restante ? À moins qu'il faille chercher un lapin sans cervelle pour éviter le gaspillage ?)

Je crois que l'idée générale, c'était que le mélange haché vous fasse vomir, ce qui pouvait toujours être utile même si le lecteur était averti en lettres capitales que ce remède ne serait d'aucun secours contre les champignons les plus nocifs – lesquels mettaient deux ou trois jours à vous tuer, mais y arrivaient lentement et sûrement. Peut-être mes amis gallois avaient-ils raison. Je vais donc, à la française, apporter mes découvertes au pharmacien pour une vérification – un service offert dans toutes les pharmacies de France.

Octobre est un mois dangereux. Si les champignons ne me tuent pas, les chasseurs s'en chargeront – des bandes de types qui se réunissent, imperméables sur le dos, et fument à côté de leurs 4 x 4 pendant que leurs chiens, tout excités, jappent et emmêlent leurs laisses. Nous ne sommes pas surpris de découvrir l'un de ces groupes arborant des chapeaux orange fluo.

Quarante-six hommes ont trouvé la mort l'an dernier dans des accidents de chasse et les journaux se sont fait un plaisir d'annoncer le premier décès de l'année ; la victime a trébuché sur une branche et le coup est parti tout seul. Jusqu'à présent, les pompiers polyvalents de la région ont déjà été appelés pour neutraliser un sanglier blessé et fou de rage qui avait foncé dans une foule à Tournon lors d'un match de football, ainsi que pour secourir un chien de chasse tombé sur des rochers. Le sanglier fut abattu et le chien fut sauvé. Le saint patron de la chasse, un certain Saint-Hubert mort en Belgique en 727, doit avoir du pain sur la planche en automne.

Nous ne sommes pas encore suffisamment français pour prendre un fusil et tuer le lièvre qui vit dans le verger de Monsieur Dubois. Parfois, en promenant les patous, nous découvrons une trace récente dans l'herbe, un gîte en forme de demi-lièvre, comme un élégant moule à terrine dans une boutique de décoration. Il nous arrive aussi de déranger le lièvre en personne, inventant à cette occasion le nouveau sport du ski à chiens tant nous sommes traînés dans tout le verger par nos Montagnes des Pyrénées. Nous avons quand même fini par capturer le lièvre – sur notre appareil photo, à la manière britannique.

3.

Chrysanthèmes et pierres tombales

Pourquoi faut-il toujours que ce soit quand vous êtes seule pendant quatre jours, dans un tout nouveau pays, au début d'une longue période de vacances, que quelque chose qui a toujours fonctionné sans le moindre souci se détraque ?

En dépit du dicton du jour publié dans le journal local, « À la Toussaint, manchons aux bras, gants aux doigts », la journée avait été si chaude que j'avais attendu le soir pour allumer le chauffage central au mazout, récemment installé et révisé. Rien ne s'était produit.

Ou plutôt, des ampoules rouges et vertes s'étaient allumées sur le panneau de contrôle digne d'un vaisseau spatial. Peut-être était-ce normal, mais je n'avais aucun moyen de le savoir. J'ai passé une heure délicieuse à décortiquer le mode d'emploi en français et à essayer de comparer le schéma du fonctionnement général d'une chaudière avec le monstre rouge que j'avais sous les yeux.

J'ai enclenché quelques interrupteurs en me disant : « Tiens, c'est à cela que ça sert ? » et inspecté les radiateurs et le niveau de mazout sans obtenir le moindre résultat. J'ai aussi testé la technique masculine (pester en tapant du pied avant de frapper l'engin), sans plus de succès.

J'ai fini par céder et appeler le réparateur, en espérant sans trop y croire que le week-end prolongé des vacances n'avait pas encore commencé. Raté. Je suis retournée devant la chaudière et l'ai regardée fixement. Une lumière rouge clignotait vivement au niveau de ma cheville, dans un renfoncement, indiquant un bouton. Je l'ai enfoncé et voilà ! C'était lancé. Sans doute s'agissait-il d'une sorte de télérupteur qui avait sauté pendant les orages de la veille (bien sûr, j'étais toute seule depuis deux jours, à quelle météo pouvais-je m'attendre ?) et qui avait juste besoin d'être réactivé. Quel dommage que le gentil technicien ne m'ait pas montré ce bouton-là spécifiquement – cela dit, peut-être avais-je mal compris ses explications et cru bêtement qu'il me demandait où brancher son aspirateur.

Aujourd'hui, j'ai taillé un cure-dents et je l'ai glissé dans une poignée de porte pour remplacer une broche, après avoir manqué d'enfermer dans leur chambre quatre animaux de compagnie très mécontents. Quand la poignée est tombée et que j'ai vu la broche disparaître aussitôt de l'autre côté de la porte, j'ai compris ce qu'il pouvait arriver de pire.

Dix ans plus tôt, John et moi avons organisé un voyage scolaire qui s'est terminé par une nuit dans un hôtel parisien très chic, offerte par notre compagnie de voyage pour s'excuser d'avoir cafouillé avec la réservation de nos adorables maisons de vacances près de Fréjus. Le dernier soir du séjour est toujours (pour les jeunes) l'occasion de faire la fête et (pour les professeurs) de tenter désespérément d'empêcher les suicides accidentels et les grossesses non désirées (chez les jeunes, essentiellement).

Alors que nous nous préparions pour une longue nuit, une collègue catastrophée nous a appelés dans notre chambre. Son fils de deux ans s'était précipité dans la salle de bains, s'y était enfermé par erreur et ne réussissait plus à sortir. Elle frôlait l'hystérie et nous nous sommes empressés de la rejoindre pour voir ce que nous pouvions faire. John a appelé la réception de l'hôtel et a expliqué la situation tandis que je décidais de jouer au gentil flic pour convaincre le petit morveux de sortir de la salle de bains, comme s'il se trouvait au bord d'un précipice et menaçait de sauter. Sa mère avait déjà entamé le whisky détaxé qu'elle avait acheté pour chez elle.

En inconditionnelle des films policiers, j'ai demandé quelques informations à Maureen, qui m'a appris que Superman était le personnage préféré de son fils. Je me suis donc allongée par terre pour que ma voix franchisse la porte en acier inoxydable à la pointe de la technologie, dépourvue de poignée (à l'extérieur), sans aspérités (zut !) et incrochetable. (Et pourtant, j'étais une véritable experte dans l'art de glisser une carte de crédit dans la fente d'une porte pour réussir à entrer – ma propre porte, s'entend).

— Salut, c'est Jean. (Toujours montrer que l'on est calme, que tout va bien, et d'abord se présenter, bien sûr).

Les pleurs se poursuivaient dans la salle de bains, tandis que la mère bredouillait indistinctement en arrière-plan.

— Tu aimes Superman, n'est-ce pas, Gareth ? Eh bien, Gareth, tu sais ce que ferait Superman ?

Des sanglots.

— Gareth, écoute Jean maintenant. (Je commençais à grincer des dents.) Superman regarderait la porte. Tu vois la porte ?

Les gémissements se sont légèrement déplacés, mais pas du côté escompté.

— Eh bien, il y a un petit… (et d'abord, qu'y avait-il de l'autre côté de cette porte de salle de bains ? Ces mécaniques modernes pouvaient avoir n'importe quoi : des chaînes, des verrous, des poignées, des boutons pressoir numériques. Qu'y avait-il dans notre propre salle de bains ? Ah, oui)… un petit machin en fer qui tourne – Superman essaierait de le tourner…

Vous saisissez l'idée. Malheureusement, pas Gareth.

Le manège a continué pendant un bout de temps, une heure d'après John, des semaines d'après moi, une éternité d'après la mère éplorée (mais un peu calmée), jusqu'à ce que Monsieur-de-l'hôtel arrive enfin avec une clé Allen. Je me suis levée pour lui laisser le champ libre et la porte s'est ouverte. La mère et l'enfant sont tombés dans les bras l'un de l'autre. La crise avait été évitée et Monsieur-de-l'hôtel est reparti avant que nous ayons eu le temps de demander : « Et si quelqu'un faisait une attaque là-dedans ? »

Le reste de la soirée s'est déroulé dans un calme relatif, même si pour marquer le coup dans le plus pur style Llanelli, nos garçons de seize ans nous ont fait l'affront de descendre dans l'une des salles de restaurant les plus huppées de Paris déguisés en filles, maquillage inclus. Les élèves de Swansea dont s'occupait John (ainsi que ses collègues) sont demeurés perplexes. Visiblement, ils ne comprenaient pas ce qui pouvait pousser de solides gaillards à se grimer en filles pour amuser la galerie (songez aux forces armées britanniques).

Ce n'était pas la première fois que j'effectuais des patrouilles dans un hôtel, en chemise de nuit et robe de chambre, demandant parfois même à des vacanciers innocents de baisser d'un ton et de retourner dans leurs chambres, et le reste de la nuit s'est passé comme sur des roulettes.

Toute cette histoire pour vous dire qu'en voyant la broche disparaître de l'autre côté de la serrure, j'ai imaginé essayer la stratégie de Superman sur mes pauvres bêtes à qui je venais déjà d'annoncer : « Salut, les filles. »

Pour elles, c'était le signal des toilettes et du petit déjeuner. Inutile de préciser que lorsque j'ai crié : « Attendez une minute, je n'arrive pas à ouvrir la porte », ma remarque n'a pas été très bien reçue. Je me suis précipitée à la recherche d'une pince à épiler pour récupérer le petit bout de broche encore visible avant d'être condamnée à revivre ces moments parisiens, sans homme – utile ou non – à mes côtés et pire encore, sans avoir la moindre idée de l'endroit où j'aurais pu trouver une clé Allen (ni comment m'en servir, d'ailleurs. Je suppose qu'elle entrait dans le trou carré ? Et qu'il fallait tourner ? Je n'avais pas envie de savoir si ces trous carrés avaient changé de taille standard au cours des décennies qu'avait connues cette porte). Évidemment, les chiens m'ont gratifiée d'un regard furibond – « le personnel, de nos jours » – tout en se ruant dans le jardin, et j'ai provisoirement opté pour des cure-dents taillés. Je dois d'ailleurs penser à les remplacer par des broches en métal un de ces jours…

Alors que je suis toute seule chez moi, le reste de la France fête la Toussaint en famille. C'était à cela que servaient tous ces chrysanthèmes.

Quand je passe à Super-U, les clients font la queue pour prendre leurs bouquets de dernière minute et, en face du supermarché, des familles entières descendent des voitures qui se succèdent le long des murs du cimetière. Trois générations, emmitouflées dans des écharpes pour se protéger du vent, apportent leurs fleurs sur les tombes de leurs proches à l'occasion de la fête des morts.

La police diffuse des avertissements aux actualités nationales et sur des affichettes accrochées aux grilles des cimetières, mettant en garde contre le vol opportuniste : pendant que l'on entretient les tombes, on en oublie de verrouiller les portières de sa voiture et les autorités nous recommandent de ne laisser aucun objet de valeur à l'intérieur, ni sacs à main ni vestes, même si l'on pense à fermer son véhicule.

Avez-vous déjà vu un sacristain aux informations britanniques, salué pour son efficacité dans le nettoyage et l'entretien des monuments et des tombes à l'occasion de cette journée spéciale ? Comme c'est beau dans la lumière du jour, un cimetière de village où les vivants se rappellent leurs morts avec une profusion de fleurs. Les chrysanthèmes captent les couleurs des feuilles d'automne qui tombent sous le soleil parmi les mornes cyprès.

La meilleure période pour les cimetières au Pays de Galles n'est pas l'automne, mais Pâques, quand l'architecture austère des chapelles est adoucie par les jonquilles sur les tombes et l'herbe printanière, nappes vertes et jaunes qui se détachent sur la grisaille des stèles et, bien souvent, de la pluie.

Si les traditions ancestrales peuvent paraître belles à un œil extérieur, une collègue galloise m'a dit qu'elle refusait de laisser à ses enfants la corvée de l'entretien d'un tombeau. Le journal local m'apprend que dans la Drôme aussi, les temps ont changé. Les familles ne restent plus dans le même village et ne peuvent pas toujours rentrer se recueillir sur les tombes de leurs parents à la Toussaint. Quant aux grandes villes, les morts semblent y rencontrer un problème de surpopulation, si bien que leurs quartiers sont souvent bondés et négligés. Je songe à mes propres morts et je constate que mes roses ont à nouveau fleuri, au mépris du mois de novembre.

Les roses de novembre me rappelleront toujours mon 18e anniversaire et la carte spéciale que m'a achetée ma mère, ornée de roses avec les mots d'Omar Khayyam à l'intérieur :

Regarde la Rose qui fleurit près de nous. – « Voici »,
Dit-elle, « avec un sourire je m'épanouis en ce monde
Et déjà les cordons de soie de ma bourse

Se déchirent et je jette sur le jardin son trésor. »

Je n'ai jamais planté de roses quand j'étais jeune, car leur beauté était trop éphémère et les rosiers ne me semblaient pas avoir leur place dans mon jardin. J'ai changé d'avis. La beauté, même si elle ne dure qu'un jour, n'en reste pas moins un trésor et j'ai appris à accepter les épines et le temps qui disperse les pétales. J'ai également appris à aimer la traduction de Khayyam que donna ce vieux Fitzgerald sentimental :

« Et toi, quand tu viendras, sur tes Pieds de Lumière,
Près des Hôtes jonchant l'Herbe en groupes stellaires
Et que ta Course heureuse aura touché l'Endroit
Où je fis nombre, un jour, – vide et retourne un Verre ! »
Tamam shud
C'est terminé.

4.

Un fromage qui ne manque pas de piquant

Je cherche des champignons sur notre pelouse pour pouvoir les comparer avec mon guide de poche. J'en arrache même un pour l'étudier de plus près ; un chapeau d'un blanc pur avec des lamelles blanches et des bords nets. Je feuillette paresseusement le guide tout en mangeant ma tartine de confiture... Cette description paraît correspondre, mais ce n'est pas bon signe : « Comme beaucoup de champignons intégralement blancs, il est vénéneux, voire mortel... se laver soigneusement les mains après l'avoir touché. »

J'inspecte mes mains. La gauche est un peu poisseuse de confiture. Merde ! Ai-je retourné l'arme fatale avec la gauche (très grave) ou la droite (moins grave, celle-ci n'a pas touché ma tartine et je ne crois pas avoir léché l'anse de ma tasse de café) ?

Je me lave alors les mains avec tout l'enthousiasme de Lady Macbeth après une mauvaise nuit et je sens déjà mon estomac se nouer. Quand John rentrera, il retrouvera un cadavre torturé en train de griffer les pieds de la table (quoique, si je suis un cadavre, j'aurai sans doute cessé de griffer à ce moment-là). Comment va-t-il rentrer à la maison si je ne vais pas le chercher à la gare ? Pour ne pas penser à mon trépas imminent, je décide de travailler à mon projet Fromage de chèvre.

En plus de la qualité de son air, de sa poterie et de son QI moyen, Dieulefit possède également un célèbre fromage de chèvre, le Picodon, si délicieux qu'il a reçu le statut d'appellation contrôlée. Ma connaissance des chèvres est limitée, mais les plaies émotionnelles qu'elles ont engendrées sont toujours profondes. Tout avait bien commencé, dans les premiers temps de ma vie au Pays de Galles. L'un de mes collègues qui arrondissait ses fins de mois en tant que fermier (à moins que ce ne soit l'inverse) m'avait approvisionnée en lait de chèvre frais pendant quelques mois. Mes (autres) amis gallois étaient dégoûtés de me voir boire du lait de chèvre – difficile de deviner ce que nous autres, les Anglais, étions capables d'essayer quand nous nous installions au Pays de Galles pour jouer les ruraux. Mais j'appréciais son goût franc, et il faut dire que les mots « produit de la ferme » exercent toujours un certain pouvoir sur moi.

Je crois également avoir consommé de la viande de chèvre, mais la jeune diplômée chez qui nous dînions, et qui m'a expliqué de quelle nature était le rôti, était aussi du genre à vous révéler que vous veniez juste de manger un gâteau au haschich. Je n'ai d'ailleurs rien trouvé de bizarre, de différent ou d'excitant dans un cas comme dans l'autre ; le premier avait un goût de porc, et le second ressemblait aux cupcakes vendus au porte-à-porte par les scouts. Cela dit, je me suis déjà couverte de ridicule un jour à l'occasion d'une fête en disant, alors que je retournais du bout de la fourchette un éclat de métal dans mon assiette, qu'il y avait du plomb dans mon poulet (c'était la première fois que je mangeais du faisan et comment diable aurais-je su que l'on n'abattait pas les poules au fusil ?). Je dois donc admettre que mon éducation gastronomique souffre de certaines lacunes.

Mes expériences suivantes avec les chèvres ont été tout aussi positives. Un ami anglais qui cherchait à devenir autosuffisant à la John Seymour, comme nous le faisions au Pays de Galles dans les années soixante-dix, jouait les baby-sitters pour les chèvres de son voisin. C'est ainsi que j'ai eu le plaisir d'en traire une. Si ce ne fut pas un succès, cela a éveillé en moi toutes sortes de sentiments vertueux.

(Ce même ami cherchait quelqu'un pour accueillir une ruche pendant un mois. Il fallait que la personne vive assez loin de leur ancien habitat afin que les abeilles ne soient pas perturbées et n'essaient pas de retrouver, par leurs petites danses frénétiques, l'ancien emplacement de leur ruche. Il fallait également une âme bien charitable, car le mois de mai battait son plein. Pendant tout ce temps, je n'ai pas osé mettre les pieds au fond de mon jardin de peur qu'elles se regroupent en essaim. Et d'abord, comment savoir si une ruche est surpeuplée ? De préférence avant que les abeilles se mettent à produire une nouvelle reine et un nouvel essaim.)

La tête farcie de toutes ces notions erronées sur la douce nature des chèvres, je semblais avoir oublié l'abondance de littérature occidentale qui dépeint le diable sous des traits caprins (si l'on regarde ces yeux jaunes et ces pupilles carrées, « doux » n'est plus le premier mot auquel on pense quand on est sain d'esprit). Je me suis donc naïvement portée volontaire pour aller récupérer le cabri qu'une amie souhaitait acheter – sans doute est-elle aujourd'hui tout aussi désillusionnée que moi.

— Puisque tu charges déjà un chevreau, tu peux m'en prendre un à moi aussi ? m'a demandé quelqu'un d'autre.

J'ai accepté. Au volant du break autrefois impeccable qui faisait la fierté et la joie de mon père, j'ai emprunté les chemins habituels du Carmarthenshire où les voitures font également office de taille-haie et j'ai effectué la transaction avant de hisser dans le coffre deux chevreaux bêlants et bondissants. Je les ai attachés précautionneusement dans le jardin et me suis extasiée devant leur obéissance. Or quand j'ai regardé par la fenêtre un peu plus tard, il n'y en avait plus qu'un – avec une corde scrupuleusement mâchée. J'ai appelé l'amie dont la chèvre avait mis les voiles. Dans le village, on l'avait vue descendre la colline en direction de sa maison. Pour ce que j'en sais, elle est peut-être encore dans les environs de Pontyberem aujourd'hui, à se remplir la panse de fibres.

Ce qui me laissait avec la moins pire des deux chèvres. Comment savoir laquelle était à qui ? C'était évident ; par une merveilleuse coïncidence, l'amie que j'aimais le plus était celle dont la chèvre était encore sous mes yeux. Laissant à l'amie-sans-chèvre le soin de se trouver un nouveau chevreau, je me suis occupée attentivement de la-moins-pire pendant une semaine, le temps que l'amie-que-j'aimais-le-plus revienne de vacances.

J'ai découvert qu'une chèvre mange de tout, à l'exception de ces herbes hautes que l'on aimerait bien la voir tondre. Elle mange vos massifs favoris, toutes sortes de tissus, de préférence fraîchement lavés, et même des briques – du moins, c'est la seule explication à la disparition de la pierre d'angle de la soue à cochons.

J'avais installé la-moins-pire à côté de la soue à cochons pour qu'elle puisse s'y abriter en cas de pluie. Curieusement, la peau de chèvre n'est pas résistante à l'eau, c'est sans doute ce qui rend le cuir de chevreau si doux (mais ce n'est pas franchement le moment de discuter maroquinerie). J'étais en train de chanter en faisant la vaisselle, tout en regardant par la fenêtre la chevrette toute joyeuse qui venait de sauter sur le toit de l'abri à cochons. Adorable.

J'ai repris ma chanson et ma vaisselle. Lorsque j'ai relevé la tête, j'ai aperçu la pauvre chevrette pendue par le cou, à l'article de la mort – tout de suite beaucoup moins adorable. Elle était tombée ou elle avait sauté (peut-être même l'avait-on poussée, le jury en décidera) et la corde s'était coincée autour du pignon de la soue à cochons, la suspendant par le cou, comme il est de coutume chez les rock stars déjantées en quête de frissons.

Je me suis précipitée dans l'allée du jardin et j'ai soulevé ses sabots pour détendre le nœud coulant et lui permettre de respirer. Comme elle était toujours vivante et que j'étais toute seule, je ne pouvais pas à la fois la porter et atteindre le pignon. Je n'avais pas le choix. Il a fallu que je la lâche à nouveau, traîtresse que je suis, m'attirant les foudres de ses deux yeux jaunes aux pupilles étrécies. Ensuite, tout est allé très vite ; je devais tirer la chèvre par le cou pour me donner assez de mou afin de rejeter la corde par-dessus le pignon.

Enfin, la-moins-pire a retrouvé la terre ferme tandis que je serrais la corde dans mes mains – même une expérience de mort imminente ne pouvait empêcher une chèvre de prendre la poudre d'escampette, et rien ne me prouve que tout cela n'était pas une habile mise en scène. J'ai pris soin de l'entraîner à bonne distance de la soue à cochons et de tout autre abri potentiellement dangereux (au diable le cuir perméable – c'était sûrement une légende rurale, de toute façon). Elle a fini par rejoindre l'amie-que-j'aimais-le-plus, saine et sauve, et vivre une longue vie paisible – j'aurai eu le bonheur de la connaître dans sa prime jeunesse.

Malgré cette solide expérience en matière de chèvres, je n'ai découvert leurs fromages qu'à l'occasion d'un séjour dans le sud de la France, où les petits Banons du Vaucluse sont devenus un incontournable de nos plateaux de fromages. Ils m'ont tout de suite attirée, ces petits palets enveloppés dans des feuilles de noisetier pour conserver leur humidité, ou sous leurs nombreuses variantes – avec un enrobage de piment rouge ou d'épices pour ajouter de la couleur et des arômes au fromage doux et crémeux. Ils se marient avec toutes sortes de saveurs : olives, poivrons, jambon... et fondent délicieusement dans les sauces à viande, sur les pizzas ou sur les pâtes.

Le fromage de chèvre est le trésor d'une cuisinière et, après cette découverte, j'ai tenu à m'en procurer dès notre retour au Pays de Galles. Cela n'aurait pas dû être difficile car, comme je ne le savais que trop bien, on y trouvait des chèvres. Il existe en effet un fabuleux fromage de chèvre au Pays de Galles, mais il est aussi difficile d'en dégoter que de trouver des pommes dans les vergers de la région.

Même au marché de Carmarthen, au stand qui propose tout un éventail de cheddars gallois comme le St Illtyds ainsi que des spécialités à l'ail et à la moutarde, même là, le seul fromage de chèvre provient du Somerset. C'est une disgrâce nationale et je ne comprendrai jamais pourquoi les supermarchés et les magasins britanniques sont si réticents à proposer des produits locaux, à moins que la différence entre la qualité et le prix ne penche du mauvais côté chez tous les détaillants. Au Pays de Galles, on dirait presque que cela fait partie du manque de confiance culturel qui veut que « si ça vient du coin, ça ne doit pas être très bon ».

Que peut-on déguster au Pays de Galles, me demanderez-vous ? Pour connaître la réponse, il suffit d'écouter deux minutes le chef cuisinier italien qui a fait du restaurant *The Walnut Tree* à Abergavenny une attraction pour tous les amateurs de cuisine raffinée de Grande-Bretagne. Avez-vous déjà goûté la truite saumonée pêchée directement dans le Cothi, le paradis des pêcheurs, cette rivière qui coule dans les verts pâturages (il faut bien que toute cette pluie serve à quelque chose) ? Avez-vous déjà mangé des pommes de terre du Pembrokeshire ? Les betteraves et la rhubarbe d'un voisin ? Du bœuf de la race galloise noire, précommandé directement auprès du fermier qui se trouve être également votre crémier et qui livre ses produits laitiers sur le pas de votre porte ? Et l'agneau gallois, probablement le meilleur au monde ?

Il ne s'agit là que de quelques produits parmi les plus courants, mais au Pays de Galles vous bénéficiez aisément de l'espace et du climat pour faire pousser vos propres récoltes – rien de tel que les pois gourmands, le brocoli et la laitue tout frais du jardin. Et c'est sans compter sur les étendues sauvages, les plages où l'on trouve du « pain d'algues » (une variété d'algues noires), les falaises où pousse la criste-marine, les forêts qui grouillent de fraises des bois, les buissons couverts de mûres et les champs parsemés de champignons d'automne.

Si nous étions français, nous serions fiers de ces richesses ; nous aurions envie de les manger, d'en parler – et de les acheter dans nos magasins. « C'est un fermier » ne signifierait pas : « C'est une personne de classe sociale basse dotée d'un cerveau de moineau. »

Les agriculteurs, viticulteurs et autres producteurs, ici en France, ont leurs propres associations, leurs apprentissages spécialisés et toute une variété de cours et de formations. Quand ils s'expriment, ils le font sans détour, en bloquant les autoroutes principales avec des milliers de tracteurs ou s'en prenant violemment à la compétition étrangère. Ils touchent d'importantes subventions et font la promotion des produits locaux, que ce soit par des mesures évidentes (à travers les magasins régionaux, les visites d'usines et les sites web) ou carrément farfelues (à l'image de ce village qui se targue de faire le plus gros tas de châtaignes au monde).

Notre spécialité fermière, à Dieulefit, c'est le fromage de chèvre. Nous avons donc une fête annuelle intitulée : « Le Picodon chez lui. » Le Picodon est un petit fromage rond. Pour obtenir le statut AOC qui garantit le savoir-faire dieulefitois, il doit être raffiné et régulièrement lavé à l'eau claire pendant un mois. On essaiera de vous dire que le Picodon est originaire d'Ardèche (où il était soi-disant lavé au vin blanc ou à l'eau de vie) ou encore du Vercors, mais bien sûr c'est de la calomnie et vous ne devez pas prêter foi à de tels mensonges. Le Picodon vient de Dieulefit, « chez lui » comme on peut le lire sur la bannière provocatrice. La preuve ? La première fois qu'il en est fait mention remonte à 1361, à Dieulefit, et son nom est dérivé du dialecte local, « pico » signifiant « légèrement piquant ».

Dès que j'ai aperçu la fromagerie Cavet par la fenêtre de ma chambre, j'ai conçu le projet Fromage de chèvre et mon zèle missionnaire n'a fait que croître quand j'ai pris conscience de la pauvreté que déplorait la littérature anglaise en matière de fromages de chèvre. Des deux livres mentionnés sur internet, le plus intéressant avait été écrit par un ordre de religieuses américaines et il était désormais épuisé. L'heure était venue. Tel un fromage longuement affiné, le grand livre de Jean Gill sur les 50 idées à base de Picodon allait voir le jour.

J'ai commencé mes recherches par les chèvres. Il s'avère qu'elles sont différentes ici. Apparemment, elles vivent en communautés bien disciplinées. En promenant nos chiens des Pyrénées dans les bois, nous savons en entendant leurs cloches que le troupeau de chèvres approche et nous rejoignons le chemin pour voir les deux border collies noir et blanc guider la masse bêlante aux longues oreilles.

Nous saluons notre chevrier local, sans doute diplômé en capriculture de l'Université de Valence, qui arbore une barbe plus longue que celle de son chef de troupeau. (Je n'ai jamais compris pourquoi on appelle « bouc » les barbes courtes taillées en pointe – il vous suffit de regarder la touffe qui orne la mâchoire d'un bouc pour constater qu'elle ressemble bien davantage à la barbe d'un maharishi ayant fait vœu de pilosité). Le troupeau sort tous les jours et si nous sommes dans le jardin, ou sur la route du village, nous entendons une trentaine de petits claquements résonner sur les collines, dans les bois qui nous surplombent.

Ma recherche s'est poursuivie par l'achat de cinq Picodons bleus à la fête de Dieulefit. J'ai appris à cette occasion que les palets de couleurs différentes présentés sur l'étalage étaient en réalité un seul et même fromage, ou pour être plus précis, des fromages préparés de la même manière, mais vieillis plus ou moins longtemps.

C'est la maturation qui rend le fromage plus fort (le bienheureux) et les Picodons à la croûte bleue ont cette même saveur piquante aux accents de moisissure que l'on associerait à un bleu de type Dolcellatte, sans être aussi salés qu'un Roquefort. (Ce ne sont probablement pas les termes qu'un expert emploierait, mais si le vulgum pecus n'ose pas en parler avec ses propres mots, comment pourrons-nous devenir de meilleurs dégustateurs et consommateurs ? Les Français ont un mot parfait pour ça : ils parlent d'» amateurs », par exemple « amateur de fromage » fait référence à un connaisseur – le mot français traduit bien l'enthousiasme des non-professionnels, et je lève mon verre de Côtes du Rhône à ce terme).

Après avoir découvert le Picodon d'affinage moyen et entamé une conversation suivie avec le producteur, j'ai poursuivi mon éducation le vendredi, au marché de Dieulefit. C'est ainsi que j'ai fait l'acquisition d'un vieux Picodon. J'ai ensuite attendu l'heure du déjeuner pour le présenter cérémonieusement à John, en le mettant en garde contre son goût très prononcé.

Quand mon couteau à fromage s'est heurté à un morceau de bois, j'ai cru avoir raté mon coup et touché le plateau, mais c'était sur le fromage lui-même que le couteau émoussé avait rebondi.

— Il ne se coupe peut-être pas, celui-là, ai-je constaté en récupérant les éclats qui s'étaient détachés du vieux Picodon, effrayés de voir arriver le couteau, pour les parsemer sur mon pain.

Le goût du fromage était puissant. J'aurais sans nul doute employé le mot « pico » si j'étais une Dieulefitoise du quatorzième siècle. Toutefois, ce n'était pas une manière très élégante de servir le fromage et j'avais du mal à croire que je procédais de la bonne manière.

Les copeaux m'ont donné une idée en me rappelant le parmesan (le vrai, qui sent fort et ressemble à un vieux savon) et j'ai essayé de le râper sur des crêpes et des pâtes savoureuses. Et voilà ! On aurait bien dit que je tenais quelques recettes pour mon futur livre. J'explorais avec plaisir les nombreux usages d'un Picodon vieilli quand je me suis rendu compte que mon gant de toilette sentait le fromage, que mes oreillers sentaient le fromage et que mes chaussettes sales sentaient moins le fromage que le reste de ma maison. Soit je perdais l'odorat, soit j'avais fait une surdose de Picodon. Quoi qu'il en soit, le moment était venu de faire une pause de quelques jours… et de me découvrir une passion pour les olives.

Je me suis penchée avec grand intérêt sur les différentes variétés et leurs nuances de goût. Il y a un étal d'olives sur le marché de Dieulefit, où les clients font la queue avec leurs chéquiers à la main, prêts à acheter au sachet ; c'est l'endroit où aller. La reine des olives de table françaises, c'est la tanche de Nyons AOC, noire tachetée et moelleuse, qui produit l'huile d'appellation contrôlée, un délice très cher (et l'excuse pour une autre de ces folles fêtes de village après la récolte des olives en décembre).

Notre favorite du moment, c'est une olive verte à l'ail, douce, aillée et addictive, mais nous nous sommes aussi aventurés vers d'autres saveurs. Un jour que nous dégustions des olives aux poivrons pour le déjeuner, il m'a fallu descendre deux grands verres d'eau d'affilée avant de pouvoir avertir John qu'il s'agissait en réalité de piments rouges. Vous savez ce moment où, jeune et innocente, vous mordez dans un légume vert et frais après avoir mangé quelque chose de trop épicé, pour entendre votre ami vous annoncer : « Désolé, j'aurais peut-être dû te le dire, mais ce sont des piments verts ! » C'était exactement l'un de ces moments.

Par la suite, nous avons inventé une version française spectaculaire de chili con carne avec, pour relever le plat, douze olives en tout et pour tout. Puis il y a eu les olives au citron – trop citronnées. Elles allaient très bien dans la focaccia maison. Dernièrement, nous avons essayé les olives noires à l'ail – trop… noires.

Mon éducation en matière d'olives en est encore à ses balbutiements, mais à deux cents mètres sur notre gauche (le Picodon Cavet se situant à deux cents mètres sur notre droite) se trouve un producteur d'huile d'olive, et j'espère bien devenir une « amatrice » grâce aux enseignements d'un membre de la confrérie ou de la guilde adéquate.

Je regrette seulement de ne pas pouvoir ajouter un expert en ail à ma liste de contacts locaux ; sur la photo du journal, les membres de la confrérie de l'ail portent de magnifiques chapeaux. Voilà un certificat à obtenir dans un futur proche pour une femme ambitieuse telle que moi – après tout, j'ai bien planté deux douzaines de gousses d'ail dans mes rosiers comme insecticides naturels.

En attendant de mourir d'intoxication à cause des champignons, j'ai fait des bocaux de tomates séchées en utilisant l'astuce de Carluccio, à savoir les tremper d'abord dans une mesure de vinaigre pour quatre mesures d'eau, avant d'ajouter une tête d'ail pelée et recouvrir le tout d'huile d'olive. La préparation des bocaux fait son effet – ma nouvelle obsession reprend le dessus et je ressors les trois vieux Picodons que je conservais. Il y a une expérience que j'ai envie de tenter, même si le vendeur du marché m'a assuré qu'elle ne fonctionnerait pas.

Dans l'un des livres auxquels je jette un coup d'œil chaque fois que nous passons chez le marchand de journaux, j'ai lu cette suggestion provençale traditionnelle selon laquelle les vieux Picodons pourraient devenir de vrais mets de choix sur un plateau de fromages si on les immergeait dans l'huile d'olive, les séparant les uns des autres par un brin de sarriette fraîche et une gousse d'ail épluchée. Mon expert du marché m'a affirmé que l'huile d'olive ne pénètrerait pas la croûte extérieure dure (sans parler de la croûte intérieure tout aussi coriace). À tout prendre, m'a-t-il dit, j'obtiendrais une huile d'olive au goût intéressant.

C'est étonnant comme quatre jours peuvent être longs quand on est habitué à avoir de la compagnie. Je téléphone à ma sœur Anne. Elle est arrivée dans les Pyrénées, mais elle est si fatiguée qu'on dirait que son cerveau est resté à Hemel Hempstead. Elle me dit qu'ils aperçoivent les montagnes et j'en profite pour amorcer une petite conversation.

— Il y a de la neige sur les sommets ? je lui demande.

— Je ne sais pas, dit-elle.

Je reprends lentement :

— C'est parce que les sommets sont embrumés ?

— Non, fait-elle. C'est en été qu'il y a du brouillard.

— Et pourtant tu ne sais pas s'il y a de la neige sur les montagnes ? insisté-je avec agacement.

Je perçois la panique dans sa voix quand elle me répond :

— Je n'en sais rien.

En bruit de fond, j'entends son mari lui souffler :

— Il y a de la neige là-haut.

Je baisse les bras, nous aurons peut-être une discussion entre sœurs un autre jour…

J'ai compris que j'avais choisi la mauvaise sœur pour discuter de mon projet Fromage de chèvre et je téléphone à la deuxième – la mère de ma plus jeune copine, ma nièce de cinq ans, Ellie. J'ai tellement hâte que les enfants viennent ici et jouent à cache-cache dans les caves.

Ruth aussi, apparemment, qui se ferait un plaisir de les mettre dans le train dès demain pour faire la fête pendant leur absence. James, mon neveu de neuf ans, semble m'approuver. Je suis cette tante excentrique que l'on trouve dans tous les livres fantastiques. Vous pouvez boire de la limonade dans son grenier, découvrir des licornes et des faunes dans ses armoires, et ses conversations sont truffées de gros mots.

Comme une écolo acharnée qui tente de réhabiliter dans la nature une espèce en voie d'extinction, je prévois leur environnement – jeux d'échecs en plein air, balançoires, peut-être quelques sorbets dans le congélateur – en espérant que les enfants viendront pour que je puisse à nouveau leur raconter des histoires, vivre dans un monde où la pomme avec laquelle Blanche Neige a été empoisonnée s'est malencontreusement glissée dans mon verger – quelqu'un ici est-il assez courageux pour goûter l'une de mes pommes ? Ou allez-vous demander à votre mère de mordre la première bouchée ?

Dans mon imagination, les enfants ne sont pas les seuls à remplir la maison ; je suis cette grand-mère bienveillante qui dresse une longue table sous les arbres et la garnit de plats amoureusement concoctés dans sa cuisine sur mesure. Mon fils étudiant et ses amis dorment tous dans le grenier, mes quatre « filles » par procuration, qui à mes yeux sont toutes « belles », partagent les diverses chambres ou tentes avec leurs compagnons et amis, et même ma belle-petite-fille gambade partout – l'enfant de ma belle-fille qui me permet d'arborer avec fierté mes cheveux gris.

Mozart jouera délicatement en fond sonore et je lèverai les yeux, souriant en croisant le regard de mon mari. Pourtant, même dans mon imagination, John vire au violet et frôle l'apoplexie... mon rêve est son pire cauchemar. Je vais devoir inviter notre famille au compte-goutte pour qu'il ne s'en rende pas compte. Je consulte l'heure ; je ne suis pas morte d'intoxication à cause des champignons et je pourrai donc passer chercher mon homme à la gare. Pendant quelques jours, nous ne penserons qu'à nous deux.

5.

Ton propre pays, là d'où tu viens

Je suis une immigrée et je suis britannique, même si « britannique » recouvre une nationalité administrative qui ne correspond pas à de véritables racines. Mes parents étaient profondément écossais et, selon eux, il en va de même de leurs enfants. Je sais quels tartans j'ai le droit de porter (des dizaines) et je suis toujours vaguement déçue par Hogmanay, le Nouvel An écossais. Pourtant, mes origines ne sont pas véritablement ancrées – ou au contraire le sont trop pour le quotidien.

À l'exception de quelques mois à l'âge de six ans, où à l'école de Kirkcaldy on me frappait dans les toilettes à cause de mon accent anglais (ce n'était pas la dernière fois que cela me poserait problème), l'Écosse était ce pays où nous rentrions pour les vacances, entre deux affectations à l'étranger de mon père militaire.

Jusqu'à mes quatorze ans, je n'avais jamais passé plus de deux ans au même endroit et parfois les missions ne dépassaient pas six mois. Si je me fiais aux pays dans lesquels j'avais vécu, je pouvais me considérer comme allemande, chinoise, ou n'importe quelle autre nationalité.

Je me suis très vite rendu compte que mes parents n'aimaient pas que je prétende être anglaise, si bien que je devins une Anglaise née à Aldershot. Mon père me demandait : « Si le chat fait des petits dans le four, cela fait-il d'eux des biscuits ? » (sa seule contribution sur la question de l'identité nationale). Il s'était empressé d'obtenir des passeports britanniques pour ses deux enfants nés à Hanovre.

Mon séjour de six ans à York m'a laissé une prononciation des voyelles typique du nord de l'Angleterre. Si l'on peut donc dire que je me sens originaire du Nord, c'est quand j'ai déménagé au Pays de Galles que je suis vraiment passée du statut de migrante à celui d'immigrante – pire que tout, une immigrante anglaise. Pour les Gallois, le doute n'était pas permis sur ma nationalité, quelle que soit ma propre confusion à ce sujet.

Pendant vingt-cinq ans, le Pays de Galles est devenu mon principal pays et les adieux quand nous sommes partis pour la France ressemblaient à des oraisons funèbres, avec l'avantage que nous pouvions les entendre. Nos amis avaient préparé des discours sur le ton de « Je veux que vous sachiez que vous avez toujours été… » Le laitier nous avait écrit un message (l'homme au bœuf qui fond dans la bouche, et qui fut notre laitier pendant dix-neuf longues années) ; le primeur itinérant nous fit part de ses vœux de bonheur en nous donnant des cartons de déménagement particulièrement solides (tu avais raison, Steve, c'étaient d'excellentes boîtes) ; les au revoir reconnaissants des parents d'un jeune homme dont j'avais été l'enseignante (reconnaissants, car ils n'auraient plus à tondre notre pelouse, une faveur qui durait depuis plus d'une décennie) – « Nous sommes tristes de vous voir partir, il n'y a que des nouveaux dans le village maintenant ». J'ai pris conscience qu'il s'en était passé, des choses, en vingt-cinq ans.

Tout le monde nous a souhaité bon vent. Beaucoup nous ont confié leurs propres rêves de retraite : une maisonnette dans la vallée de Glamorgan pour les uns, où contrairement à la vallée de Gwendraeth le soleil brille toujours – prétendument (ça ne m'a pas donné envie de changer d'avis) – ; une villa en Espagne pour les autres ; et plusieurs souhaitaient retourner aux racines de leur enfance sur la côte galloise, dans le Carmarthenshire ou le Pembrokeshire. Même le marchand de journaux m'a avoué qu'il rêvait d'aller aux États-Unis alors qu'il travaillait à Tumble, un ancien village minier typique composé d'une enfilade de maisons mitoyennes le long de la route qui monte en serpentant jusqu'au Rugby Club.

Mes yeux sont restés secs pendant tout ce temps. Être proche, c'est un état d'esprit et non un aléa de la géographie, et ce n'était pas la première fois que je quittais une région ; les plus importants ne sont que des au revoir. Je me suis efforcée d'apprendre la nouvelle en personne à un maximum d'amis et connaissances. Je l'ai même annoncée à Peter, le vendeur du journal des sans-abris *Big Issue*, à Llanelli. Il m'a serré la main et m'a souhaité bonne chance, mais ça ne lui a pas suffi. Oubliant complètement que j'étais une femme, il m'a serrée dans ses bras en me souhaitant le meilleur du monde avant d'ajouter : « Je suis content que vous m'en ayez parlé, sinon je me serais fait du souci pour vous. »

C'est *lui* qui se serait fait du souci pour *moi*. Un jour, il m'avait montré les photos de ses enfants, me donnant un aperçu d'un tout autre monde. Peter ferait un formidable concierge d'immeuble ; il est incroyablement patient, attentionné avec les autres, consciencieux et avenant malgré son boulot ennuyeux – et il est au chômage.

Il y a vingt-cinq ans, Llanelli avait toujours des aciéries, des usines de tôle étamée et des mines de charbon – des travaux d'hommes. Maintenant, il ne reste que des emplois dans la vente ou dans des centres d'appel, et encore, il n'y en a guère qu'à Swansea. Les hommes politiques gallois se sont réjouis lorsque le pays a obtenu des subventions de la communauté européenne dans le cadre des objectifs prioritaires, oubliant de déplorer ce que cela signifiait, à savoir qu'il remplissait justement ces critères prioritaires – en étant l'une des régions les plus pauvres d'Europe. Après les adieux de Peter, j'ai descendu Stepney Street la larme à l'œil.

Il existe évidemment des vendeurs de journaux équivalents à *Big Issue* en France – les sans-abris peuvent se montrer agressifs dans leur approche des touristes, arpentant les parkings des grandes villes les jours de marché pour vous fourrer un magazine dans la main avant de vous demander de l'argent. L'un des acronymes les plus tristes en France est celui de SDF, trois lettres sèches derrière lesquelles se cachent le froid, la faim et la vulnérabilité de la vie dans la rue.

Comme dans les centres urbains du Pays de Galles, il y a ceux qui dorment dans les embrasures des portes et il y a les mendiants, qui se déclinent dans la palette habituelle entre les accidentés de la vie et les escrocs à la petite semaine. Ce n'est qu'en discutant réellement avec eux que vous apprenez à faire la différence. J'ai été très impressionnée par le type qui mendie devant le Super-U, avec quelques centimes dans sa casquette retournée – c'était une journée tranquille du mois d'octobre et il lisait un roman tout en fumant paisiblement. Avec ce vendeur sur le marché de Montélimar, qui lisait lui aussi par une journée sans activité, on aurait obtenu une belle affiche pour les campagnes d'alphabétisation « Get Boys Reading », populaires en Grande-Bretagne chez les experts de l'apprentissage de la lecture.

Je ne suis pas sans abri, mais je suis moi aussi une marginale, à qui il aura fallu vingt-cinq ans pour être véritablement chez elle au Pays de Galles et se faire une place au sein de cette communauté dont je suis aujourd'hui particulièrement fière. Aucune excursion à Llanelli ne se passait sans un mot gentil, notamment de la part des cambrioleurs et violeurs potentiels qui, vingt ans plus tôt, faisaient acte de présence dans mes classes. Même quand je croyais passer incognito, j'étais saluée par un : « Ah oui, vous êtes cette femme aux gros chiens » (cela aurait pu être pire). Je me suis accoutumée aux usages gallois et s'il est vrai que le monde est petit, le Pays de Galles l'est encore plus, si bien que lorsqu'on entame une conversation par le sempiternel refrain : « Vous devez connaître Dai Thomas, le réparateur, il vit près de chez vous », je suis bien souvent en mesure de donner la réponse attendue : « Ce ne serait pas le voisin de Gwyn Williams ? » suivie pendant des heures par toute une énumération de noms.

Cela n'a pas toujours été le cas. Avant de m'installer dans le Carmarthenshire, je n'avais visité le Pays de Galles qu'une seule fois, un week-end chez mon frère dans sa résidence de Snowdonia. Je vivais à Wakefield, travaillais à Leeds depuis l'obtention de mon diplôme à l'Université d'York, et j'étais libre comme l'air. Si le hasard l'avait voulu, j'aurais pu atterrir dans le nord de l'Écosse, la Cornouaille ou toute autre région maritime aux vastes paysages. Tels étaient les critères de mon premier mari pour son éventuelle promotion professionnelle. Quant à moi, à l'âge de vingt et un ans, j'allais décrocher mon diplôme d'enseignement. Finalement, la promotion nous a envoyés à Carmarthen, j'ai obtenu un poste à l'Université de Swansea et nous avons eu le plaisir de recevoir un logement social, conformément à ce qui avait été négocié lors de l'entretien pour ce nouvel emploi. Si seulement nous avions su.

La première fois que j'ai vu le sud du Pays de Galles, c'était par le train de Swansea. La région m'a rappelé les bassins miniers du Yorkshire, avec ses maisons mitoyennes à flanc de colline et ses buttes gris-vert en arrière-plan. La différence, c'était la mer, une mer industrieuse – quelques ports çà et là, et une baie en arc de cercle au pourtour parsemé de maisons d'hôtes. Après avoir trouvé un centre pour ma formation d'enseignante, je suis rentrée à Wakefield pendant encore quelques mois jusqu'à ce que je puisse rejoindre mon mari dans le logement où il avait passé plusieurs semaines désespérément tristes.

Il y a des résidences sociales dans le sud du Pays de Galles où les voisins sont des amis. Leurs maisons sont immaculées et la vue est si belle que même les conseillers municipaux se battent pour y habiter. Ce n'était pas l'une d'entre elles, d'où la rapidité avec laquelle on nous avait trouvé une maison. Entre le mois de mai, quand j'ai emménagé à Maesglas, et octobre où je me suis inscrite en tant qu'étudiante, je ne me rappelle pas qu'une seule personne du quartier m'ait adressé la parole – en dehors de leur journée de travail pour me vendre des timbres ou des maisons (à moins que l'on compte les enfants qui jetaient des pierres sur notre porte d'entrée en criant « Saes », ou « Anglais », avant de détaler).

L'autre moitié de notre maison semi-détachée était occupée par un homme avec sept enfants, veuf probablement, qui rassemblait la famille autour de l'orgue le dimanche soir et entonnait des cantiques très bruyants. À l'époque, je croyais que c'était la tradition familiale du dimanche soir au Pays de Galles.

Parmi les personnages du coin, il y avait une chèvre qui passait de jardin en jardin, y stationnant illégalement ou broutant quand on le lui autorisait – qui sait, peut-être ma folle passion me vient-elle de là ? J'ai sans doute passé plus de temps à regarder cette chèvre qu'à me faire de nouveaux amis. C'était une période solitaire, mais pendant la journée j'avais mes chats et mes livres, et le soir mon mari était rentré du travail. Deux de ses collègues nous ont invités chez eux. C'était un couple d'Anglais, des immigrants comme nous qui sont devenus nos amis. Coïncidence ?

Je me rappelle avoir vu ce graffiti sur un abribus : « Le rock contre le racisme », et m'être réjouie que les Gallois soient conscients des problèmes dont souffraient les nouveaux arrivants anglais. Je n'avais toujours pas compris que détester les Anglais était un sport national autorisé. Tout comme je n'avais pas compris à quel point les Anglais en général – et pour quelles raisons historiques – l'avaient bien mérité. Mais j'avais vingt-deux ans, j'étais sans racines et je n'avais jamais entendu parler de Llanelli (désolée, mais je n'étais pas une fan de rugby) avant de m'y installer, ce n'était absolument pas de ma faute.

Mon intégration a progressé d'un cran quand j'ai rencontré un camarade d'université qui était né et avait grandi à Llanelli, et qui conduisait une voiture. Après avoir longtemps effectué sans le moindre problème la trentaine de kilomètres entre York et Leeds, puis Leeds et Wakefield, j'avais du mal à croire que deux heures et trois moyens de transport différents soient nécessaires pour parcourir la même distance dans le Sud du Pays de Galles. Il m'a fallu trois ans supplémentaires et quelques cours adéquats pour apprendre enfin à conduire.

Mon premier chauffeur, Jeff, m'a enseigné les paroles du *Mae'n hen flad*, l'hymne national du Pays de Galles. Avec lui, je pouvais entrer dans un pub sans subir de longs silences ou me sentir exclue des conversations en gallois. Mais il n'aimait pas m'entendre jurer et me voir boire des pintes, ne m'offrant jamais qu'un demi quand il payait sa tournée. Les pubs du Yorkshire me manquaient. Eux aussi étaient remplis de vieux bonshommes, mais ces derniers auraient déjà entamé une partie de dominos ou de fléchettes avec moi avant même que j'aie le temps de dire : « Je boirai une Old Peculiar. » Manifestement, ma carte de membre de la Camra, cette association de consommateurs de bière britannique, ne me serait d'aucune utilité ici.

En dépit des prédictions sinistres des amis de ma mère à York, j'ai vite trouvé un poste d'enseignante et mes nouveaux collègues se sont fait un plaisir de m'apprendre le gallois, ou plutôt l'anglais de Llanelli. J'ai dû cesser de dire « here » (ici, en français) avec cet accent hilarant du Yorkshire mâtiné d'écossais ; au lieu de quoi, je devais prononcer « yeeeur ». Il vous faut entendre ce célèbre passage de la bible lu avec un fort accent gallois pour comprendre ce que je veux dire : « Let those that have *yeeeurs* to *yeeeur* let them *yeeeur*. » (Que celui qui a des oreilles pour entendre entende.)

J'ai passé plusieurs demi-heures amusantes à essayer de prononcer « Dewi », un prénom incluant cette voyelle galloise « ew » qui n'existe pas en anglais ni dans aucune autre partie de ma bouche, quelle que soit la position de ma langue et de mes dents. Parmi mes nombreuses erreurs, j'ai commis la faute impardonnable d'effectuer mes trajets jusqu'au travail en compagnie d'une Galloise du Nord et de copier une partie de son accent – croyez-moi, c'est encore pire que celui du Yorkshire dans le sud du pays. C'est quand j'ai enfin réussi à prononcer son prénom « Iola » avec l'accent du Nord (*Yoll-a*) que l'amie en question a décrété que, depuis qu'elle vivait dans le sud, elle préférait la prononciation locale, *Yoe-lah*.

À une époque, je trouvais étrange d'entendre du Shakespeare récité avec un accent de la vallée de Gwendraeth à couper au couteau. À présent je me demande même pourquoi Shakespeare s'est si souvent trompé dans le nombre de syllabes de ses vers. Et si j'entends une voix grave masculine, avec cet accent gallois qui ressemble aux ronronnements d'un gros matou et vous hypnotise au-delà des mots, j'éprouve des émotions que seul D. H. Lawrence a décrites – songez à Richard Burton ou Anthony Hopkins.

Qu'en est-il du pur gallois ? Au mois de décembre, j'avais quitté Maesglas, qui peut toujours se vanter de faire quelques apparitions régulières dans les chroniques judiciaires du *Llanelli Star*, bien souvent pour des affaires d'agression violente ou d'infractions à la loi sur les stupéfiants. Ma nouvelle maison se trouvait à Bancffosfelen, que je n'ai réussi à prononcer qu'après une bonne demi-heure d'entraînement (quant à mes parents, ils désignaient tout simplement le nom du patelin sur une feuille de papier quand ils me rendaient visite).

Le village se situe au cœur de la vallée de Gwendraeth où l'on parle gallois, dans le Carmarthenshire, la région la plus galloise du pays, celle qui est à l'origine du vote prépondérant ayant entraîné la constitution d'une assemblée galloise.

Mes voisins étaient pour la plupart des mineurs à la retraite et mon premier contact fut un coup de téléphone de Dilys-d'en-face, qui me conseillait d'essuyer la condensation sur mes vitres de peur d'avoir de la moisissure. Je n'ai pas essuyé mes vitres et j'ai bien eu de la moisissure, mais Dilys a persévéré dans ses efforts pour faire de moi une bonne femme au foyer galloise.

Mon deuxième contact fut Will-derrière-la-haie, qui s'affairait dans son jardin. Comme j'avais moi-même mille mètres carrés de paradis et brûlais de m'y mettre, je lui ai demandé quoi, comment et quand... et nous sommes devenus amis. Mes voisins m'ont parlé des mines, de « ceux de Durham » qui avaient fondé le village de Carway et n'étaient jamais repartis même après la fermeture des mines, ainsi que des crochets dans ma cuisine, identiques aux leurs, qui servaient à suspendre le cochon que l'on saignait lors des longs automnes d'antan.

Grâce à leurs récits, j'ai découvert des traditions toujours perpétuées, comme la fanfare qui gravit les trois kilomètres de notre colline le lendemain de Noël, et reconnu le village d'autrefois sur ces cartes postales sépia qu'ils conservent précieusement dans des boîtes en fer blanc. En échange, c'est moi qui ai déneigé nos greniers l'année où l'hiver a été particulièrement rigoureux. J'étais la plus légère et comme personne n'avait de panneaux sur son toit, un pied posé au mauvais endroit risquait de faire passer un homme plus lourd à travers le plafond.

J'avais suffisamment appris le gallois pour briser la glace et nouer connaissance, mais guère plus. J'ai surtout appris qu'en parlant la langue d'une minorité on était non seulement lié à une poignée de personnes, mais qu'au-delà, on partageait les perspectives de tous ceux qui parlaient une langue minoritaire partout ailleurs dans le monde. Quand l'anglais est votre langue maternelle, c'est comme si vous naissiez avec un privilège héréditaire et nombre d'entre nous abusent de ce hasard de la naissance chaque fois que nous ouvrons la bouche.

Quand je faisais mes courses à Llanelli, un vieux pharmacien est venu me parler. Comme je lui ai dit (en gallois) que je ne parlais pas assez sa langue pour poursuivre la conversation, il a secoué la tête et répondu en anglais : « Vous ne savez pas ce que vous ratez. C'est comme voir le monde en monochrome alors que vous pourriez le voir en couleurs. »

J'ai constaté il y a vingt-cinq ans que le gallois s'éteignait progressivement en seulement trois générations : la langue maternelle des grands-parents était le gallois, les parents le comprenaient mais le parlaient rarement (sauf avec leurs parents et leurs chiens) et les enfants ne le parlaient pas ni ne le comprenaient. Il existait bien sûr des variantes locales, et tout est à nouveau en train de changer à cause des pressions politiques, éducatives et humaines.

Aujourd'hui, il est difficile d'atteindre un poste élevé dans de nombreux secteurs si l'on ne parle pas gallois. En tant qu'immigrante, j'ai accepté cet état de fait avant de me rendre compte que j'étais moi aussi concernée : mes chances d'intégrer un poste de direction étaient compromises par mes lacunes en gallois, même si l'on ne m'avait accordé ni le temps ni l'opportunité d'apprendre la langue. J'étais une enseignante, une mère, une écrivain et la maîtresse de plusieurs animaux de compagnie, si bien qu'il y avait une limite aux activités que je pouvais ajouter à ma vie – et à celle de mon mari, qui me soutenait au-delà de ce que le devoir lui demandait. En fin de compte, malgré mes tentatives par intermittence pour apprendre le gallois, je resterai une éternelle débutante. Comme la majorité de ceux qui sont nés et ont grandi au Pays de Galles ne parlent pas gallois, ils sont confrontés aux mêmes barrières que moi, et il est compréhensible de retrouver une certaine amertume des deux côtés du débat.

Le dialecte local à Dieulefit a suivi le même schéma de déclin sur trois générations, sans les mesures prises par le Pays de Galles pour assurer la pérennité de la langue. Le père de monsieur Dubois pouvait discuter pendant une heure avec son voisin en provençal ; monsieur Dubois lui-même comprenait la majeure partie de la conversation sans pour autant parvenir à y participer ; et son fils, qui m'a raconté l'histoire, ne connaît pas un mot du dialecte. Contrairement au Pays de Galles, il n'existe que peu d'actions coordonnées pour préserver la langue, même si elle dispose tout de même de fervents défenseurs, notamment au niveau de la littérature et de l'histoire.

Mon français est meilleur que mon gallois, mais – ou peut-être parce que – je n'ai pas le choix ici. Je n'ai pas la possibilité de parler anglais, qui demeure une langue courante au Pays de Galles. Quel accueil ai-je reçu à Dieulefit ? Comme Iola, j'ai changé de nom. La Mme Gill qui vivait et exerçait au Pays de Galles se prononçait « Guil ». En France, je suis Madame Gilles, et ça me convient très bien.

Mon prénom pose plus de problèmes, en revanche. Quand je travaillais dans l'éducation à Neath Port Talbot, j'ai eu l'honneur d'être invitée à une conférence sur l'éducation à Nice, où je me suis vite rendu compte que l'on attendait un Monsieur Jean Gilles. Pour moi, le Jean à la française n'est pas vraiment une option à moins de changer de sexe, et je suis trop habituée à la prononciation anglaise de mon prénom pour céder sur ce point. Le français ne connaît pas ce son « j » avec lequel l'anglais prononce « Jean ». Ainsi, la très populaire Jean Auel donne toute une explication à ses lecteurs français sur la page de garde de sa série *Le Clan de la caverne des ours* pour leur expliquer comment prononcer « Jean », « djin » – ce qui, en français, se rapproche le plus du son anglais. Conseillée par un vendeur branché, j'ai finalement opté pour « jean comme le pantalon », car le blue-jean américain est largement répandu. Et si avec l'accent français cela se transforme en « gin », je ne m'en formalise pas.

Ce que je trouve toujours ardu, c'est de devoir épeler mon nom qui comporte deux des lettres les plus délicates pour un anglophone. La prononciation de G et de J en français (« gé » et « gi ») est presque l'inverse de l'anglais (« dji » et « djay »). C'est simple, il me suffit de penser qu'elles sont inversées, mais je perds vite les pédales : les ai-je interverties ? Dois-je encore le faire ? Quel est l'anglais déjà ? Et puis d'abord, comment je m'appelle ?

Enfin, il y a mes alter ego. Je suis plutôt flattée d'avoir « le café de Jean » au village, mais je suis moins ravie qu'un certain Jean Gilles, spécialiste en courses hippiques, dispense ses conseils de la semaine dans une rubrique du journal local : « Jean Gilles a choisi… » Si j'arrive à bredouiller mon propre nom avec succès, au téléphone notamment, je suis fichue en revanche si l'on me demande d'épeler celui de John.

Il y a quelque chose de très drôle pour un interlocuteur français dans le fait que Jean soit mariée à John. Une fois cet obstacle franchi, j'ai la joie de devoir épeler John Harley Pilborough – ce qui me fait apprécier les quatre petites lettres de mes prénom et nom. Cela n'a d'ailleurs pas manqué de donner à notre notaire français chargé des actes de propriété l'occasion de faire un trait d'humour.

Nous étions tous rassemblés dans son bureau, l'agent immobilier, les vendeurs, le notaire en personne et nous-mêmes, pour régler les formalités de la signature finale et de la remise des clés. Comme pour une union civile, le notaire a lu lentement les passages principaux du contrat avant de nous demander de confirmer par un « oui » à plusieurs reprises – bien sûr, je suis beaucoup plus intervenue qu'à mon mariage (j'aurais pourtant mieux fait de poser plus de questions, à l'époque).

Le notaire marqua une pause théâtrale avant de prononcer le nom de John : « Jaune Arley Davidson ». Heureusement, nous avons tous éclaté de rire – cela aurait pu ressembler à ces moments de solitude quand, en tant que professeur, je tentais des plaisanteries devant ma classe. Je me rappelle un jour où j'ai tellement ri à ma propre blague que ma chaise est tombée de la vieille estrade sur laquelle elle était perchée. Malgré cela, les trente élèves me dévisageaient toujours sans ciller. Au cas où vous vous demanderiez ce que j'avais trouvé de si incroyablement drôle, c'était le fait que Sohrab et Rustum ne se reconnaissent pas et... Non ? Vous devriez peut-être étudier une ballade du dix-neuvième siècle avec un groupe d'adolescents de quinze ans pour apprécier ma plaisanterie.

Je crois que c'est dans le bureau du notaire que nous nous sommes pour la première fois sentis accueillis à Dieulefit. On nous a félicités et nous avons serré de nombreuses mains, on nous a dit que Dieulefit était merveilleux et que nous y serions heureux. Puis nous nous sommes rendus dans notre nouvelle maison avec les vendeurs marseillais pour effectuer officiellement la transition (sentez-vous libre de fredonner l'hymne chaque fois que je dis « marseillaise », comme le fait systématiquement John). Ils avaient préparé du pastis et des bretzels et ils nous ont offert un dernier tour du propriétaire, du genre que l'on regrette toujours de ne pas avoir reçu quand on s'installe en Grande-Bretagne – du genre où l'on vous explique que telle porte ne s'ouvre que si on la tire légèrement sur la gauche tout en tournant la clé en même temps ; où l'on vous conseille le meilleur moment pour ouvrir ou fermer chaque volet afin de maximiser la circulation de l'air et minimiser la chaleur en été ; où vous apprenez quel tuyau est relié à quel boîtier de raccordement pour arroser telle ou telle partie du jardin.

Le système d'eau fut une vraie révélation. Nous avions compris que nous utilisions de l'eau de source, mais c'est dans le bureau du notaire que nous avons appris que les sources en question n'étaient pas les nôtres – leur propriétaire n'était nul autre que monsieur Dubois, le voisin aux chênes à truffes et droit d'accès par notre allée. Tous ces accords de voisinage semblaient fonctionner et tant que la relation nous permettait de traverser les vergers de monsieur Dubois pour rejoindre la forêt sans avoir à entretenir cette parcelle de terrain, il y avait plus d'avantages que d'inconvénients. Cependant, j'ai été déconcertée de découvrir, après le pastis, que la cuisine aussi était reliée à l'eau de source de monsieur Dubois. Ainsi, l'eau était gratuite (formidable ?) sauf quand le sous-sol était gelé et qu'il n'y avait pas d'eau (tout de suite beaucoup moins formidable). En inspectant un peu plus la maison, je me suis rendu compte que les toilettes étaient également reliées à l'eau de source. C'était évident, quand toute l'eau de la cuisine ou du jardin cessait de couler dès qu'on tirait la chasse – et restait coupée si la chasse se coinçait. Si vous avez déjà joué au jeu *Riven*, qui consiste à ouvrir et à fermer des valves dans des aventures virtuelles, vous trouverez que notre système de plomberie présente de très fortes similitudes. Le lavabo de la salle de bains était aussi relié à l'eau de source, ce qui voulait dire que le robinet d'eau chaude sous la vasque à l'intérieur du petit placard n'était connecté à rien du tout.

Nous avons découvert d'autres petits désagréments dont chaque maison a son lot, comme une cheminée condamnée car « trop enfumé – la cheminée devrait être plus haute ». J'ai du mal à le comprendre. Je sais que les parents de monsieur Dubois vivaient ici dans les années 80 sans chauffage central et je ne peux pas croire que la cheminée ne fonctionnait pas. À l'exception de quelques boiseries vermoulues, nous n'avons pas eu d'autres surprises – à moins que l'on compte la remise, une dépendance que nous n'avions même pas remarquée lors de notre première visite.

Dans la remise, l'atelier et les caves, Jean-Marie nous laissait tout un bric-à-brac susceptible de nous servir. Nous l'avons remercié tout en examinant les revêtements de plastique, les nombreuses boîtes en fer blanc oxydées qui contenaient des clous encore plus rouillés, des boîtes entamées de vernis à bois, une chaise en rotin légèrement endommagée et un placard plein à craquer de poison – de l'engrais pour le jardin, soi-disant. Je ne savais pas ce que nous allions faire d'un soc et d'une vieille faux – pas une faucille, une vraie faux comme celle de la Grande Faucheuse – ni des tonneaux de chêne et de la cage à lapin, mais nous avions la forte impression que ces affaires vivaient là, qu'elles y avaient vécu avant nous et qu'elles y resteraient après nous. Certains de ces rebuts étaient de véritables trésors : une table de jardin en pierre avec deux bancs, des douzaines de pots en terre cuite – certains décorés par des mosaïques de faïence – et une paire de chenets.

Ces barres en fonte conçues pour encadrer le feu présentaient chacune un buste en forme de sphinx de chaque côté. L'un d'eux était celui d'une femme avec les cheveux enroulés sur le sommet du crâne et un col de style régence, tandis que l'autre, un homme, portait un veston croisé à haut col. Napoléon et Joséphine étaient couverts de rouille, qu'un grand nettoyage et un récurage au liquide vaisselle ne firent qu'empirer.

Mon idée suivante fut d'utiliser du produit antirouille automobile que j'avais acheté pour donner un coup de neuf à notre jeu de boules de pétanque. Or le mode d'emploi précisait que les zones déjà rouillées vireraient au bleu – pas vraiment l'effet recherché, et j'étais réticente à peindre un objet destiné à entrer au contact des flammes. Puis je me suis demandé ce que j'aurais fait s'il s'agissait de poêles à frire en fonte, et j'avais la solution. J'ai enduit les chenets d'huile de tournesol et je les ai fait cuire pendant vingt minutes dans un four à chaleur modérée. Ils sont ressortis d'un noir luisant. Quand on pense qu'un peu d'huile fait l'affaire, on comprend mieux comment la marine royale entretient les machines sur ses navires. Non ?

En plus des bizarreries qu'ils nous avaient laissées à demeure, monsieur et madame Manega nous ont également loué quelques meubles pour nos deux semaines de camping pendant l'été, avant notre emménagement définitif. Non seulement nous ont-ils vendu une maison, mais ils ont été les premiers à nous accueillir dans la région. Madame Manega a grandi à Dieulefit et s'est promenée dans ses collines quand elle était jeune, et c'est son affection pour la vallée qui l'a ramenée ici, même s'ils retournent désormais vivre à Marseille.

Pour garder un pied dans les deux camps, ils ont décidé de conserver un petit cabanon dans le village voisin de Poët-Laval et de quitter leur nouvel appartement de Marseille pour venir y passer le week-end. Ils nous ont donné tout un tas de numéros de téléphone utiles, depuis le vétérinaire jusqu'à l'homme qui vidange votre fosse septique (je vous en prie, faites que ce soit le premier groupe qui ait raison au sujet de l'entretien de la fosse). Alors que nous nous rendions au bureau de France Telecom à Montélimar, pendant un trajet à vous faire dresser les cheveux sur la tête, je reçus une longue liste de recommandations.

Madame Manega est une conductrice française typique, de ceux qui ont poussé le gouvernement à investir dans une campagne à plusieurs millions d'euros pour inciter les Français à conduire « comme des Anglais ». Ses instructions se sont enchaînées : « ... allez chez le coiffeur à gauche au mini rond-point et demandez Sophie... » Elle a décollé ses deux mains du volant pour me toucher les cheveux : « ... je vois que vous ne vous faites pas coiffer, mais si vous en avez envie... il y a d'ailleurs un petit marché au mini rond-point, très sympa... et n'allez pas au vétérinaire d'Astuce, mais non... » Le tout ponctué par les coups de klaxon et les grands gestes habituels (un nouveau code de la route que je comprends, mais que je ne parviens pas à me résoudre d'employer).

Un jour, sur une route étroite du Var, John eut droit à un geste particulièrement éloquent, qui voulait sans doute dire : « Abruti d'étranger, tu ne sais pas que sur une route de montagne à voie unique j'ai la priorité et je dois te doubler à toute allure, quitte à te faire sortir de la route, de préférence dans le précipice ! » Ce jour-là, je fus ravie de ne pas être au volant.

Madame Manega et moi avons partagé un moment français très intéressant en approchant du goulot d'étranglement de la Bégude, où un camion et une caravane étaient au coude à coude pour faire passer deux véhicules de front dans un espace où ni l'un ni l'autre ne pouvait plus progresser. Ils étaient incapables de faire marche arrière, car il y avait une file derrière chacun d'eux. À la manière d'Astérix, les deux chauffeurs se frappaient au beau milieu de la chaussée pendant que tout le monde attendait l'arrivée des gendarmes.

Optant pour des mesures d'évitement, madame Manega a tourné dans une rue de traverse et m'a dévoilé sa connaissance parfaite de la région en empruntant un détour qui a ajouté trois quarts d'heure à notre trajet de vingt minutes – mais nous ne nous sommes pas arrêtées une seule fois. À cette occasion, j'ai découvert un nouvel aspect de la conduite traditionnelle française. Régulièrement, madame Manega enfonçait la pédale de frein avec un « merde » de circonstance, tout en vociférant que la gendarmerie devrait avoir mieux à faire que de se planter au bord de la route avec des radars et l'intention barbare de s'en prendre aux automobilistes.

En dépit des appels de phares pour avertir de la présence des gendarmes – ou peut-être à cause de cela –, la campagne a eu un réel impact. Nous avons assisté à l'impensable, des conducteurs qui s'arrêtent pour laisser passer les piétons aux passages cloutés et même, bien que rarement, ce fameux geste que j'adore chez les conducteurs britanniques : « Non, après vous... » Aucune chance que cela se produise avec madame Manega, mais elle m'a tout de même déposée chez France Telecom, où j'ai diverti les douze Français qui faisaient la queue en choisissant un nouveau téléphone parmi la trentaine en vitrine pendant qu'ils attendaient.

En nous promettant de revenir pour nous emmener cueillir des champignons, les Manega sont passés nous dire au revoir, accompagnés du berger allemand le plus sentimental du monde, qui nous a bien fait comprendre que la maison lui appartiendrait toujours.

Après leur départ, je me suis interrogée sur mon comportement en société. Je les avais stupéfaits en rappelant à Jean-Marie d'emporter sa maîtresse, faisant en réalité référence au « mattress », le matelas sur le lit d'appoint. Après tout, « mattress » devait bien se traduire par « maîtresse ». Était-ce mon imagination ou Jean-Marie a paru nerveux pendant quelques secondes ? Cette anecdote mise à part, mon souci était de nature plus délicate.

— John, ai-je dit. Je crois que j'ai embrassé des gens alors que je n'aurais pas dû.

Il m'a lancé un drôle de regard avant de répondre sans grand intérêt :

— Récemment ?

Comme il avait freiné des quatre fers en optant pour les poignées de main chaque fois que je me lançais dans les trois bises réglementaires dès que je rencontrais quelqu'un, il allait me prendre de haut, sans doute. Apparemment, vous devez continuer de serrer la main de vos interlocuteurs jusqu'à ce que vous deveniez assez proches, à moins qu'il s'agisse de votre cousin, neveu, banquier... Je dois me pencher sérieusement sur la question du French Kiss. Pourquoi les Anglais appellent-ils cela un baiser alors que la bise française n'implique pas le moindre contact entre la bouche et la joue ? (Sur ce point aussi, d'ailleurs, je commets des erreurs.)

C'est ainsi qu'a commencé notre vie à Dieulefit. Et j'ai été conquise : par la patience des locaux pour écouter et répondre à mon français, par les administrations qui m'ont aidée à régler toute ma paperasse pour l'importation de la voiture et des animaux, ainsi que par les sourires et les « bonjour » quotidiens dans nos commerces de proximité. Quand nous échangeons des banalités, j'explique que nous venons d'emménager et la réponse est invariablement : « Vous avez raison », « Vous avez fait le bon choix. Vous allez adorer le coin, c'est un endroit merveilleux. »

Cet amour sans réserve de sa propre région est tout nouveau pour moi. Et pourtant, il m'est arrivé d'emmener des invités en visite dans la vallée de Gwendraeth et ils ont adoré ses paysages bigarrés, ses collines à Hobbits, ses pâturages verdoyants, ses chemins et ses haies vives, ainsi que son littoral varié, dunes de sable, marécages et falaises escarpées. Seulement, rayonner d'enthousiasme pour son cadre de vie n'est pas gallois – et c'est bien dommage.

Qui étaient donc ces autochtones si accueillants ?

Principalement, des personnes dont le métier était de traiter directement avec nous. Je vous entends d'ici : alors qu'ont-ils de si formidable ? Réfléchissez bien. Quelle réaction pensez-vous qu'obtiendra une personne qui parle mal anglais au bureau de poste local – au Pays de Galles ou en Angleterre –, au département de la Santé ou encore chez un notaire ?

Notre expérience regorge d'anecdotes : par exemple, quand cet employé a essayé de remplir le formulaire d'immatriculation de notre voiture sans aucune aide de notre part et a dû téléphoner au garage Nissan le plus proche pour obtenir les détails dont nous avions besoin et que nous ignorions. Ou encore cette dame sympathique de la mairie, ébahie d'apprendre qu'il nous fallait une permission du ministère français de l'Agriculture pour importer plus de trois animaux de compagnie, et qui s'est aimablement inquiétée que nous n'ayons toujours pas reçu l'autorisation en question. Elle a alors produit une attestation signée par le maire de Dieulefit, stipulant que nos deux chiens et nos deux chats pouvaient nous accompagner et devenir à leur tour de bons Dieulefitois.

La gentille dame m'a demandé quelle espèce de chiens nous possédions et a transmis la réponse à sa collègue penchée sur un clavier dans un bureau à l'arrière – si je traduis grosso modo, elle lui disait que nos chiens étaient de grandes bêtes adorables. Cette attestation nous a même été envoyée chez nous, au Pays de Galles, car le maire était trop occupé pendant les deux semaines d'été que nous avons consacrées à notre recherche immobilière – vous imaginez notre surprise quand la lettre est arrivée, exactement comme promis.

Cette même gentille dame nous a été d'une aide précieuse quand nous avons découvert un énorme nid de guêpes dans l'encadrement de la porte de la cabane à outils. Elle nous a dit de téléphoner aux pompiers, mais nous appréhendions de composer l'équivalent français du 999 pour les incendies, pendant la pire canicule jamais connue dans la région depuis qu'on les répertorie, alors que chaque soir aux informations on nous annonçait que les pompiers étaient débordés.

Nous étions persuadés qu'ils ne seraient pas contents de nous entendre leur dire dans un mauvais français que, non, nous ne déclarions aucun incendie, mais que nous avions un essaim de gros-insectes-semblables-à-des-guêpes dans notre abri jardin et que la gentille-dame-de-la-mairie nous avait recommandé de les appeler.

Nous avons donc remis notre appel à plus tard et John a eu une idée de génie. Sa première réaction avait évidemment été de s'enfuir à toutes jambes de la cabane à outils – et de se ruer dans la maison pour s'emparer de son appareil photo. Il était revenu et avait affronté une mort certaine pour prendre en photo l'étonnante structure intriquée d'environ quarante-cinq centimètres de profondeur, alvéolée dans une substance qui semblait aussi solide que du béton. Elle n'était pas là la première fois que nous avions visité la maison au mois d'avril, ce qui signifiait que les insectes avaient tout construit en trois mois. C'était formidable, mais nous devions nous en débarrasser.

Nous avons cherché la caserne des pompiers sur notre carte du village et nous leur avons apporté notre ordinateur. Il n'y avait pas vraiment de bureau d'accueil, mais un pompier fumait devant le bâtiment. Il a volontiers accepté de regarder nos photos.

— Des frelons, a-t-il dit. Ah oui, des frelons.

J'ai acquiescé en hochant la tête.

Encore une fois, on nous a dit de téléphoner aux pompiers pour prendre rendez-vous, qu'ils régleraient notre problème de frelons. Bien sûr, en arrivant chez nous, nous avons tout de suite cherché « frelon » dans le dictionnaire et compris qu'il s'agissait de nos « hornets » anglais. De sales bêtes, avec ça !

En fin de compte, le procédé s'avère étonnamment simple. Le numéro de téléphone donne sur un standard avec tant de lignes que vous êtes efficacement transféré sur l'une d'elles, consacrée aux étrangers-bizarres-avec-des-bestioles-qui-piquent-dans-leurs-cabanons, et les pompiers vous rappellent pour prévoir une visite en soirée (période creuse pour les incendies, apparemment).

On comprendra aisément que j'étais tout excitée à l'idée de cette visite des pompiers, d'autant plus motivée par le calendrier que les Manega avaient laissé dans la cuisine. Ma déception inévitable de voir apparaître deux hommes ordinaires dans un fourgon ordinaire a tout de suite été tempérée par leur total professionnalisme. Je me tenais soigneusement à l'écart quand ils ont contourné la maison pour me rejoindre et me demander un sac-poubelle. Je suppose qu'ils ont mis tout l'essaim et sa population dans ce sac. Je ne l'aurais jamais fait, même affublée d'une combinaison intégrale et d'un casque de protection contre la radioactivité, et ces deux pompiers avaient juste enfilé des gants de jardinage en plus de leur uniforme de base. Mes héros.

La cerise sur le gâteau, c'est qu'ils étaient contents de leur travail et m'ont expliqué qu'ils offraient un service public, que nous serions facturés au tarif standard pour la désinsectisation et que c'était tout à fait « normal » pour eux – encore des professionnels qui nous traitaient de manière amicale et serviable.

Peut-être qu'être « anglais » est tout simplement acceptable à Dieulefit ; certains immigrés sont plus égaux que d'autres. Quand je me suis préparée à notre déménagement en lisant toute une forêt de magazines anglais sur la vie en France, je n'ai pas vraiment pris conscience de devenir une immigrée.

On ne fait aucun lien entre les visages désespérés derrière les barreaux des immenses camps de réfugiés, à Senlis ou à Lyon, et les Britanniques qui emménagent ici, parfois sans même prendre la peine de demander un permis de résidence – enfin, on ne peut tout de même pas considérer les Britanniques comme des immigrés clandestins, n'est-ce pas ?

Une seule fois depuis mon arrivée en France m'a-t-on rappelé mon statut. Nous nous inscrivions à la CPAM, le service de santé français, quand j'ai demandé à l'employée si elle voulait que je précise sur le formulaire mon ancienne adresse ou la nouvelle. Avec un sourire patient, elle a répondu : « Votre propre pays, celui d'où vous venez. » J'étais vexée. Je suis ce genre de chaton qui, s'il est né dans un four, fera de gros efforts pour devenir un biscuit.

6.

Cochons volants et ramonage

Aujourd'hui, nous avons vu des cochons voler. Ou plutôt, nous avons vu des sangliers, et ils couraient très vite. John était alors en haut d'une échelle avec des sécateurs et une scie, pour amputer nos mûriers comme ceux des voisins.

Nous en sommes à ce stade où nous imitons tout ce que font nos voisins dans leurs jardins. Cependant, nous n'avons toujours pas réussi à identifier l'un de nos légumes, une drôle de chose en forme de poireau-géant-surmonté-de-feuilles-de-palmier, que l'on retrouve soigneusement entreposé dans des tubes en carton.

Sans doute cela fait-il partie des habitudes d'hivernage du coin qui donneraient presque l'impression que nous vivons dans une région polaire, surtout si l'on en juge d'après la collection de couvertures en plastique sur mesure vendues dans les jardineries locales – découpées en fonction de la taille de vos arbres et de vos tables de pique-nique à six chaises.

En cette journée dorée de novembre, il n'y a toujours aucun signe de l'hiver arctique que l'on annonce pour la fin du mois de décembre. Les feuilles d'acacia tombent dans notre jardin clôturé, se mêlant à nos cheveux. En franchissant la vieille arche en pierre qui donne sur le verger, nous écartons les gousses qui pendent comme de gigantesques cosses de pois depuis la glycine presque nue, et nous faisons crisser sous nos pas les feuilles de mûrier entassées le long du chemin. Les promenades qui font craquer les feuilles d'automne sont toutes nouvelles pour moi ; au Pays de

Galles, on pataugeait.

John est donc occupé à scier tout en marmonnant indistinctement : « plus facile avec une pu… de tronçonneuse… français… tronçonneuse… » Je suis contente de ne rien entendre, surtout après avoir observé des arboriculteurs français suspendus à des platanes tels des singes hystériques, la main dangereusement accrochée à une branche tandis qu'ils en tronçonnaient une autre (branche ou main, à chances égales). J'ai le plaisir de constater que seul notre arbre perd ses membres dans l'opération, tandis que je ramasse les branches tout en esquivant quelques chutes.

Profitant d'une accalmie, ponctuée par un « … foutue grosse… tronçonneuse », je jette un œil de l'autre côté de la route et j'aperçois un cochon volant. En entendant mon cri instinctif : « John ! », ce dernier se retourne sur son perchoir, juste à temps pour assister au vol d'environ deux douzaines de sangliers qui détalent à travers champs jusque dans les bois.

Deux minutes plus tard, l'inévitable détonation d'un fusil nous explique pourquoi les cochons couraient si vite. Maintenant, nous comprenons un peu mieux qui a pu creuser de grands trous dans notre jardin avant de s'enfuir quand nous l'avons surpris avec les phares de notre voiture – sur le moment, nous avons cru qu'il s'agissait peut-être d'un blaireau.

C'est une bonne journée pour la faune. Tous nos visiteurs réguliers ont fait leur apparition, à commencer par le pic-vert qui picore souvent le sol entre les rangées de pommiers et de poiriers en espalier. Guère troublé par notre présence, il continue de larder l'écorce de notre poirier tandis que nous le regardions à quelques mètres de là.

Puis il y a le lièvre qui attend jusqu'au dernier moment avant de détaler hors de son gîte. En plus d'exciter nos chiens, le lièvre joue constamment au gendarme et au voleur avec le chat birman des voisins, qui se prend pour le propriétaire du verger. Le chat s'assoit, attend et observe ; le lièvre s'assoit, attend et observe.

Puis, comme sur un signal, ils s'élancent. Le lièvre fait un départ en flèche, une course en flèche et une arrivée en flèche. Comme si ça ne suffisait pas, il est si doué pour l'esquive qu'il pourrait jouer au rugby en équipe de France. Le chat s'arrête et feint le désintéressement le plus total, avant d'entreprendre sa toilette avec dédain. Il retourne s'asseoir sous un buisson où nous avons eu la prévenance d'accrocher une mangeoire à oiseaux.

Même si les Français ont tendance à considérer tout être vivant selon le type de vin qui l'accompagnerait le mieux, ils vendent pléthore de nourriture pour « nos amis les animaux », y compris pour les oiseaux sauvages. Nos prédécesseurs marseillais avaient laissé de petits abreuvoirs pour recueillir l'eau de pluie ainsi que quelques structures en bois qui faisaient office de mangeoires. Après notre arrivée, nous avons soigneusement rempli et suspendu nos mangeoires recommandées par la RSPB (société royale pour la protection des oiseaux), des tubes en plastique munis de perchoirs, et nous avons attendu. Et attendu. Les oiseaux ne manquaient pas, mais il leur a suffi de jeter un œil à nos tables modernes pour se plaindre de la disparition des maisonnettes en bois traditionnelles. Progressivement, les plus intrépides se sont risqués dans cette curieuse architecture étrangère que nous leur avions présentée et à présent nous recevons la visite de toutes sortes de mésanges, pinsons, rouge-gorge ainsi que quelques oiseaux à longue queue proches des bergeronnettes. Néanmoins, ils ne sont pas encore aussi confiants que ceux du Pays de Galles qui descendaient en piqué devant nous comme s'ils auditionnaient pour le remake de *Blanche Neige*.

La nuit de notre arrivée définitive, au mois de septembre, une chouette-effraie a survolé la route et j'ai aperçu un chamois en équilibre, simple silhouette au loin. À quatre heures du matin, les carrés de crocus jaunes d'automne et les étoiles familières, la Grande Casserole comme j'ai appris à la reconnaître au Pays de Galles, nous offraient le meilleur des accueils dont on puisse rêver.

Certains exigent « trois chambres », « un grand salon » ou même « proximité d'une bonne école » comme conditions sine qua non dans leurs recherches immobilières. Quant à moi, je n'imagine pas être privée de la liberté de me promener dans la campagne en sortant de ma maison, ni me passer des étoiles. Je me demande comment vivent les gens sans ciel étoilé, surtout par une nuit d'hiver, mais il paraît que quatre-vingts pour cent de l'Angleterre souffre d'un excès de pollution lumineuse, de sorte que les étoiles ne sont même pas visibles ; au Pays de Galles, c'est l'inverse.

J'estime qu'il est normal, et même souhaitable, de se réveiller à trois heures du matin pour profiter d'une vue particulièrement nette sur la planète Mars (plus proche en ce moment qu'elle ne le sera jamais pendant – et ne l'a jamais été depuis – dix mille ans). Toutefois, je préfère ne pas faire part de ces exigences aux agents immobiliers ; ceux qui nous ont aidés croient toujours que je voulais une maison avec trois chambres et une vaste pièce à vivre, tout en sachant très bien, en revanche, que nous n'attachons plus aucune importance aux bonnes écoles.

Nous n'avons pas accueilli à bras ouverts toutes les espèces d'animaux. Quand nous avons campé ici pendant les deux semaines d'été, je n'ai apporté que le nécessaire – la literie, les ustensiles de cuisine, mon couteau suisse et deux pièges à souris. Éclaircissons tout de suite un point essentiel : la majeure partie des maisons subissent la présence de nuisibles à un moment ou à un autre mais, si les parents de la classe moyenne anglaise sont désormais, par nécessité, presque capables de prononcer le mot « poux » sans ciller, personne n'avoue avoir des souris dans son grenier. Je dois protéger l'identité de mes amis, et je ne peux pas citer de noms, mais je peux vous dire qu'un couple, qui a vendu sa maison londonienne pour plus d'un demi-million de livres, devait régulièrement y placer des pièges à souris.

Au cas où vous penseriez que je cherche à faire baisser le prix de l'immobilier dans le Sud-est en colportant des rumeurs, j'ai aussi des amis dans le nord de l'Angleterre qui ne pouvaient pas fermer l'œil de la nuit – à cause de l'idée même de ces petits habitants plus que du bruit délicat de leurs pattes indésirables. Même si nous sommes enclins à partager notre planète avec nos amis les bêtes, la majeure partie d'entre nous ne souhaitent pas partager leurs maisons avec elles et nous ne voulons surtout pas que cela se sache.

On ne peut pas vivre avec des chats sans rencontrer des souris – et des musaraignes, voire un lapereau. Nous avons connu quelques moments intéressants avec les rongeurs, comme ma première rencontre avec ma belle-fille de dix-neuf ans. Nous étions assis au bord de nos fauteuils en train d'échanger des paroles courtoises quand j'ai vu une musaraigne traverser furtivement le salon comme un jouet mécanique et disparaître sous une bibliothèque avant de détaler à nouveau.

Personne n'a fait allusion à ce divertissement improvisé, même si je nous soupçonne tous d'avoir suivi sa progression comme un match de tennis pendant notre non-conversation. L'un de mes chats l'avait sans doute apportée à l'occasion de ses jeux avant de s'en désintéresser. À l'époque, j'avais sept chats, vous imaginez donc mon bonheur quand j'ai été réveillée en pleine nuit par des bruits de pas pesants sur le sol du grenier – et je ne parle pas de ces tapotements légers de petites souris. Je veux parler de rats. De gros rats.

Après avoir servi aux chats un discours d'encouragement (des chats de Birmanie pure race, que pouvez-vous en attendre ?), j'ai acheté un piège à rats inoffensif et on m'a donné le bon conseil habituel (totalement contradictoire) sur ce qu'il convenait d'employer comme appât. Un vieil « expert » ne jurait que par le gâteau de Noël (très bien, mais nous étions au mois de mai et je ne confectionnerais pas de gâteau spécialement pour le rat – n'importe quel gâteau aux fruits fait maison ne pourrait-il pas suffire ? Réponse ambiguë).

Un piège à rats inoffensif est une boîte en plastique dans laquelle vous attirez votre rongeur et qui se ferme pour vous permettre de relâcher le petit amour dans les champs. Le principal inconvénient, c'est que vous devez y jeter un œil deux fois par jour (sinon vous tuerez le rat par suffocation ou dénutrition – bien pire qu'un coup de guillotine, et un crime que je devrai un jour expier, à l'égard d'une souris…). L'autre inconvénient majeur, c'est bien sûr qu'il ne fonctionne pas.

Les fêtes nocturnes des rats me rendaient folle. Imaginez les pires semaines possible même avec un bébé qui hurle chaque soir, puis dites-vous que non seulement vous avez le droit, mais qu'il est même de votre devoir civique que d'exterminer la cause de vos nuits blanches, et vous comprendrez pourquoi j'ai fini par aller me procurer un piège à rats efficace.

J'ai évité de justesse une autre visite aux urgences en ratant mes doigts de peu lorsque j'ai vérifié son fonctionnement, puis j'ai installé le piège. Celui-là n'a pas mieux fonctionné, mais j'ai su qu'il s'agissait d'un gros rat, car je l'ai découvert, ou plutôt son cadavre (je me demande pourquoi je pars toujours du principe que les rats sont des mâles), gisant à côté d'une gouttière – après quoi, les fêtes nocturnes ont cessé. Je suppose que l'un de mes chats a fini par mériter son gîte et son couvert ou, plus vraisemblablement, que le rat a eu une crise cardiaque en apercevant mes sept chats, si doux soit leur pelage. Le rat me suffisait et j'étais contente de ne pas vivre au Canada où tout est plus gros, et où mon oncle jouait au chat et à la souris avec un raton laveur dans son grenier.

Après les rats, j'ai eu maille à partir avec quelques souris des champs qui avaient trouvé le chemin de mon grenier. Je les attrapais grâce à mes pièges à souris inoffensifs et les relâchais dans la nature avec pour instructions de ne plus jamais franchir le pas de ma porte. Par conséquent, c'est avec une certaine résignation que j'ai visité les caves en compagnie de Jean-Marie lors de notre tour du propriétaire et que j'ai entendu l'exclamation : « Souris ! » lorsqu'une bestiole a détalé pour remonter vers la sortie. Retenez bien le mot « remonter ».

Au-dessus des caves se trouvent toutes les pièces à vivre, dont la cuisine. Seule dans notre nouvelle maison, le lendemain matin, je me suis vite rendu compte que ce n'étaient pas des vermicelles en chocolat sous l'évier, mais la preuve de leurs trajets réguliers jusqu'à la poubelle. Les pièges à souris ont donc pris leurs quartiers au sous-sol avec un grand succès.

Le premier matin, je me suis levée, j'ai inspecté le piège, j'ai dit à John : « J'en ai une ! », j'ai emporté le piège dans le verger et j'ai relâché la souris en lui serinant mon discours habituel.

Le deuxième matin, rebelote. Le troisième matin, j'étais moins enthousiaste. Quand est arrivé le quatrième matin, je pestais : « Foutues souris », et le cinquième matin, j'avais atteint le stade de : « John, tu peux t'occuper des souris ? »

Nous avons continué ce manège six fois avant d'être débarrassés de toutes les souris – ou de la même, qui nous aurait rendu visite à six reprises, jusqu'à se lasser ou se faire manger par le chat de

Birmanie, comme en est convaincu John. J'avais le vague projet, encouragée par l'une de mes filles, de la marquer au vernis à ongle ou d'une quelconque manière afin de régler la question, mais comme il faisait soleil et que la vie est trop courte, nous ne le saurons jamais.

Anne, ma sœur, à ce moment-là en pleine recherche immobilière dans les Pyrénées, se penchait aussi sur la question des animaux indésirables. Elle et son mari ont parlé de leurs projets avec le couple qui leur louait une maison de vacances. Très intéressés par la question, ces derniers leur ont alors expliqué que la région qui leur plaisait ne ferait sans doute pas leur bonheur à cause des « mice » (souris, en anglais).

Comme ils n'étaient pas anglophones et que le mot « mice » n'évoquait aucun terme français dans le répertoire rouillé des habitants de Hemel, il ne leur restait que le mime. Les propriétaires du gîte ont ainsi réalisé une formidable performance en imitant des battements d'ailes – ils ont tout de suite compris.

« Moths ! » (papillons de nuit, en anglais) se sont alors exclamés ma sœur et son mari avec satisfaction. Tout le monde souriait, enchanté de réussir à communiquer, tant et si bien que Monsieur a décidé de faire une démonstration de ses talents de comédien. Il s'est campé dans l'encadrement de la porte et leur a montré à quel point les « mice » étaient grands, avec force balancés et battements de bras. Un mètre quatre-vingt. Ce n'était pas bon signe, quel que soit l'angle sous lequel on le prenne. Franchement, qui voudrait vivre dans un endroit fréquenté par des papillons de nuit de deux mètres de haut ?

Mais alors, si ce n'étaient toujours pas des papillons de nuit, de quoi diable s'agissait-il ? Frustré une fois de plus, Monsieur a alors trouvé un livre avec – merveilleux ! – une photo dudit « mice ». Oui, voilà, en train de se balancer dans le vent, du maïs d'un mètre quatre-vingt de hauteur.

Monsieur leur a expliqué qu'il était fort ennuyeux de n'avoir que des champs de maïs à perte de vue et qu'avec deux récoltes par an (dont une pour les animaux) ils ne verraient rien d'autre s'ils choisissaient ce coin-là. Ma sœur et son mari ont poliment exprimé leur reconnaissance pour cette précieuse information au sujet du maïs et sont allés se coucher, sans oublier d'utiliser les patins en chiffon afin de ne pas abîmer le nouveau parquet ciré de la chambre, comme on le leur avait recommandé.

L'infestation suivante n'eut pas lieu avant le mois d'octobre. Nous avions été étonnés par l'absence d'insectes volants au cours de l'été, sans doute favorisée par la sécheresse exceptionnelle de la désormais tristement célèbre canicule, mais dès que les températures extérieures ont commencé à baisser légèrement, des escadrons de mouches ont fait leur apparition. Ce n'étaient pas les mouches du Pays de Galles. Ces mouches-ci pondaient des œufs dans la nourriture des chats entre sa sortie du paquet et son ingestion. Elles s'accrochaient dans vos cheveux et posaient leurs pattes dégoûtantes sur votre planche à découper. Ma sœur Anne m'a expliqué que je devais nettoyer ma maison à l'eau de Javel. Elle semblait croire que ce que la fosse septique ignorait ne pouvait pas lui faire de mal – je me demande où j'ai déjà entendu parler de ça. Elle a cette faiblesse familiale de trouver des solutions aux problèmes des autres. Après quelques recherches, elle m'a faxé une liste de remèdes de grand-mère pour les nuisances domestiques. Je les ai imprimés en me doutant bien que, tôt ou tard, j'aurais besoin de tous ces conseils.

Jusqu'à présent, nous avions essayé deux sortes de répulsifs sonores qui se branchent sur une prise électrique (comme nous n'avons qu'une seule prise fiable dans chaque pièce, ils n'ont pas fait long feu) ; deux types de fleurs en plastique empoisonnées que l'on colle sur les vitres (soi-disant dangereuses pour les jeunes enfants, mais je ne crois pas qu'il y ait de la demande dans ce domaine) et qui fonctionnent pour tous les insectes, y compris les mouches qui nous préoccupent ; trois aérosols insecticides différents (réjouissants si on les manie à grands coups de « prends ça », mais complètement inefficaces, qu'on les utilise sur une cible individuelle ou la nuit, pour traiter une pièce fermée). Après avoir honteusement terni la qualité de l'air de la planète, nous avons essayé les solutions écolo d'Anne.

Nous avons fait brûler de l'huile de lavande, nous avons essuyé nos surfaces avec de la lavande… même les chiens sentaient la lavande. Ce fut tout aussi efficace que le reste – à savoir, pas du tout. Quand nous avons enfin découvert un bon vieux papier tue-mouche collant et répugnant, il ne nous restait plus qu'une mouche dans chaque pièce. Tant pis, nous devrons attendre l'année prochaine pour tester son utilité – si nous avons la chance de recevoir les mêmes visiteurs.

La vie est trop courte pour s'inquiéter des mouches – quand on peut s'inquiéter des appareils électroménagers, des murs, des fenêtres, de la plomberie et du chauffage. En plus de notre merveilleuse chaudière moderne, nous avons un poêle à bois et une cheminée. Est-ce là un autre indice au sujet de la météo hivernale ? me suis-je demandé.

Impatients de retrouver le réconfort des belles flammes, nous faisons une flambée dans la cheminée en nous fiant à notre expertise acquise dans les vallées à charbon du sud du Pays de Galles. Les Marseillais nous avaient prévenus que l'air ne circulait pas suffisamment et que, d'après eux, cela venait du fait que la cheminée était trop basse. Dubitatifs, nous souhaitons en avoir le cœur net. Une fois le feu allumé, on ne voit plus rien. Ils avaient clairement raison au sujet du retour de fumée dans la pièce – c'est si terrible que les mouches tombent comme… eh bien, comme des mouches, voilà au moins un effet positif. Nous avons besoin de l'ouvrier numéro dix ? onze ? pour ramoner la cheminée.

Contacté deux mois en avance, le ramoneur finit par arriver. Enfin un ouvrier typiquement provençal, avec deux heures de retard, un grand sourire et pas la moindre excuse. Il reste deux heures, consacrant dix minutes au ramonage du poêle à bois et deux heures à discuter de l'autre cheminée – et de la vie en général. Maintenant, je comprends pourquoi il avait deux heures de retard. Je sais aussi qu'il a huit sœurs, qu'après sa retraite, il veut naviguer sur l'Atlantique et que, pour cela, il souhaite apprendre l'anglais.

Ne vous méprenez pas : chaque parole de notre conversation de deux heures est en français, à l'exception de quelques chiffres en anglais. John va et vient, incapable de se montrer sociable plus longtemps. Le ramoneur est incroyablement patient avec mon français et quand je lui dis à quel point j'apprécie la prévenance que tout le monde me témoigne, il me regarde comme si j'étais complètement stupide. Il lui semble évident que tout le monde soit patient avec moi.

Quand il apprendra l'anglais, j'espère que tout le monde en Angleterre sera patient avec lui. J'évalue les chances de ce pauvre homme. J'imagine quelqu'un en train de s'exercer dans un anglais atroce, et les réactions conciliantes qu'il obtiendrait. Le seul endroit où cela me semble plausible, c'est dans un centre pour les réfugiés. Je suis cynique. Je trahis mes propres concitoyens. Mais je cache un terrible secret : quand j'ai regardé l'émission spéciale sur Céline Dion à la télévision française, j'ai fait pipi dans ma culotte tant je riais quand la belle présentatrice française a fait référence à la chanson » My aaart muzt goo-on ». Je ne mérite pas la patience des francophones.

Au cours de notre discussion avec le ramoneur, John et moi nous sommes couchés sur le dos pour regarder avec une lampe torche dans le conduit de la cheminée, tout en écoutant un flot de français incluant les mots de tuyau et de carneau. Étant donné que je ne sais même pas à quoi correspond vraiment un carneau en anglais, je pose des questions très bêtes.

Monsieur Silvestre est aussi patient avec mon ignorance qu'il l'est avec mon français. Il m'assure qu'il n'y a pas de mystères avec les cheminées et que si je ne comprends pas, je dois le lui dire pour qu'il puisse mieux me l'expliquer. J'ai travaillé pendant vingt ans dans des écoles et c'est une belle leçon d'humilité. Je ne doute pas qu'il s'agit là de l'un des meilleurs enseignants que j'aie jamais rencontrés et que s'il existait un diplôme en cheminées, mon ramoneur me donnerait une bonne note.

Quand nous ne comprenons pas un mot précis, nous avons droit à une imitation. Monsieur Silvestre désigne son pantalon et fait semblant de le déchirer et de paraître triste, puis il fait mine de le recoudre. Il secoue alors la tête et le doigt : voilà ce qu'il ne fera pas à notre cheminée, car ce n'est pas prudent ni légal. Nous comprenons l'idée générale : les réparations à la sauvette ne sont pas au programme. Il fera un travail convenable ou ne le fera pas du tout.

Ce n'est pas la première fois qu'on nous le dit, et même si les plus blasés objecteront que les gros chantiers rapportent plus, ce n'est pas l'impression que me donne l'attitude de nos ouvriers vis-à-vis de leur travail. Il y a bien plus de besoins qu'ils n'ont le temps d'en satisfaire, alors s'ils voulaient gagner de l'argent rapidement, ils pourraient aisément accepter plus de commandes.

Non seulement monsieur Silvestre est ramoneur, mais il installe aussi les tuyaux, les inserts et accomplit tout le travail associé. Même s'il nous dévoile le mystère des cheminées, il ne nous laisse aucun doute sur ses capacités d'entrepreneur en désignant notre mur de trente centimètres d'épaisseur et en disant qu'il serait facile d'y pratiquer un trou pour créer l'arrivée d'air nécessaire afin de forcer la fumée à sortir par le haut.

Il nous dessine des diagrammes pour nous expliquer le tuyau et l'entonnoir. Ses yeux s'illuminent lorsqu'il décrit un modèle d'insert moderne avec des trous d'air sous les portes, qui soufflent sur les vitres pour les maintenir propres. Quand nous affichons une expression suspicieuse pour demander « et le prix ? », il reste guilleret et nous dit qu'il y a toujours un moyen de s'arranger. Il nous parle alors d'un ouvrier à la retraite qui a adapté le principe de ce modèle afin de pouvoir l'installer lui-même. Je commence à être « tout feu tout flamme » pour ce projet et je lui pose mon éternelle question : « Vous pouvez le faire dans quels délais ? » Je ne comprendrai jamais. La dernière fois que j'ai posé cette question, le maçon et le menuisier ont proposé pour plaisanter : « Ce soir ? » Cette fois, le ramoneur répond : « Doucement, doucement, vous êtes en Provence. »

Je suis mortifiée, non pas à cause de ce gentil rappel, mais parce que c'est la seule phrase du vocabulaire français que connaît ma nièce de cinq ans. Alors qu'elle était en vacances en France, Ellie a entendu « doucement » si souvent qu'elle est capable de reproduire le ton exact qu'emploient les adultes avec les enfants impatients. Je n'aurais jamais cru en faire partie. Pour rétablir mon statut de femme mature, adulte et capable aux yeux de mon ramoneur, je lui offre à boire… un petit café, un thé, un sirop…

C'est quelque chose que je ne parviens pas à saisir en France. Les ouvriers gallois boivent du thé en permanence, avec des tonnes de sucre dedans. De temps à autre, un original préfère du café, mais aucun ouvrier gallois ne m'a jamais regardé d'un air de reproche en me disant : « Quand j'aurai terminé le travail », avant de me demander de l'eau.

Cela m'est souvent arrivé depuis et j'ai l'impression que c'est ancré dans les mœurs, à l'image de la poignée de main – en arrivant et en partant. Cet infime changement d'habitude a des conséquences majeures pour quelqu'un dont le français est hésitant. Votre ouvrier s'installe pour une bonne discussion, généralement dans votre cuisine, tout en sirotant son eau et vous n'avez nulle part où vous cacher.

— John, glapis-je.

Mais il a déjà disparu.

Monsieur Silvestre m'explique que plusieurs Anglais se sont installés dans la région.

— Hmm, je réponds évasivement.

Je devrais peut-être lui dire que son eau est en train de tiédir...

— Vous avez entendu la radio ? poursuit-il.

— Hmm ?

— Soixante-dix Anglais viennent d'emménager dans un petit village du Gers. Ils gagnent tous tellement d'argent en vendant leurs maisons à Londres qu'ils achètent des propriétés en France.

— Non, lui dis-je, choquée comme il l'attend.

Je suis content que mon ramoneur prenne conscience que je viens du Pays de Galles et que je ne me suis clairement pas enrichie, que ce soit en vendant une maison ni de quelque manière que ce soit.

Nous secouons la tête en évoquant les curieuses façons de faire des Londoniens, des Parisiens... des capitalistes débridés, tous autant qu'ils sont. J'évite de préciser que ma sœur vient elle aussi de devenir une Pyrénéenne, non pas la grande bête aux poils blancs qui partage ma vie, mais le genre Londonienne-folle-qui-emménage-en-France, sans doute l'une des soixante-dix personnes qui s'installent dans ce village. Petite pensée arrogante qui compense grandement le prix de l'immobilier au Pays de Galles.

Enfin, la torture de l'eau en est à ses dernières gouttes et monsieur Silvestre lit maintenant à haute voix les mots sur les aimants de l'immense réfrigérateur-congélateur américain que nous avons acheté pendant la fameuse canicule et qui semble avoir atterri dans la cuisine après une tentative ratée sur Mars.

Inspirée par la surface métallique de la taille d'une petite cabane à outils, l'une de nos filles nous a offert un ensemble de mots français sur des aimants décoratifs pour nous motiver à apprendre la grammaire. Au lieu de quoi, je m'étais amusée à former quelques lignes de poésie vaguement érotique.

Cela semblait tout de suite beaucoup moins amusant quand c'était lu à haute voix, lentement et tranquillement, par un ramoneur prompt à demander le sens de telle ou telle phrase. Pourtant il a gardé le silence après avoir prononcé les derniers mots et j'ai bafouillé qu'il ne fallait pas les prendre au pied de la lettre et que, de toute façon, mon français n'était pas très bon. Enfin, il a bu les dernières gouttes et John est réapparu pour lui serrer la main et accepter une invitation enthousiaste à regarder les inserts avec lui. Notre ramoneur nous appellerait quand il aurait trouvé un dispositif intéressant à installer dans notre petite hotte de cheminée.

Ce n'est pas notre première proposition de shopping assisté. Nous avons déjà visité une usine de granite, invités par notre concepteur de cuisine pour pouvoir décider par nous-mêmes si nous voulions dépenser plus de peau que nous n'en avions sur les fesses pour des plans de travail qui pourraient également faire double emploi comme pierres tombales.

La salle de démonstration du granite présentait des échantillons de cette pierre comme des œuvres d'art, chacune suspendue séparément pour mieux prendre la lumière. Ainsi, nous avons vite découvert que nous n'aimions pas le granite bleu. Si l'on vous disait le prix du granite bleu, vous ne l'aimeriez pas non plus. Les bleus et les gris sont les plus chers, le prix étant aussi déterminé par les marques, ces tourbillons cosmiques qui ressemblent à du feu glacé.

L'esprit pratique, nous avons demandé à ne voir que les moins chers et nous n'avons pas ressenti la moindre condescendance. On nous a expliqué les avantages et les inconvénients des différentes pierres avec le même enthousiasme et nous avons parcouru le terrain pour regarder les blocs bruts… et même les toucher.

Mon échantillon de granite est une merveille à mes yeux. Épais de 14 mm, il scintille même sur ses faces brutes et la facette polie recèle dans son éclat tous les secrets du temps et du travail de la pierre. Comment peut-on regarder une pierre taillée sans éprouver de l'admiration ? Comment l'obtient-on ? Comment est-elle sculptée ?

Quand j'ai posé certaines de ces questions, on m'a invitée à venir assister à la taille du granite. Monsieur Laques, le concepteur de cuisine, m'y conduirait en personne. Je ne sais pas si ces propositions sont faites pour être acceptées, mais j'aimerais beaucoup voir les outils de taille, à la fois lourds et précis – sans doute avec du diamant –, capables de transformer le socle rocheux de notre monde en de belles pièces d'ameublement.

J'ai toujours été fascinée par l'artisanat et je chéris tous ces moments où quelqu'un a partagé son savoir et sa passion avec moi, quel que soit l'argent que j'étais prête à dépenser (et ce n'était jamais beaucoup).

Ces faveurs étaient toujours accompagnées : par le récit lyrique des rivières Towe et Cothi, ainsi que quelques conseils pratiques donnés par l'homme qui m'a vendu ma première canne à pêche ; les talents de gravure de M. Tripp, aux Trophées de Tripp, qui a créé pour moi des badges à partir des dessins de mes élèves ; la construction artisanale d'une forêt tropicale à partir de débris et cordes tressées ; ainsi que la fois où j'ai choisi un diamant.

À Llanelli, il y a une vieille joaillerie familiale avec un bon nom juif et quand on m'y a envoyée pour m'acheter un pendentif en diamant tout simple pour mon cadeau d'anniversaire de mariage, je ne m'attendais pas à être reçue comme une princesse.

Lawrence est expert en diamants. Il passe la majeure partie de la semaine à Hatton Garden, mais comme il était présent à ce moment-là, le mot magique « diamant » l'a attiré. Quand je lui ai expliqué ce que je cherchais, il a décrété qu'il avait « juste le diamant qu'il me fallait » à Londres et qu'il me le ramènerait pour me le montrer.

Une semaine plus tard, on m'a présenté deux diamants et j'ai pu ainsi faire mon choix, invitée à considérer la coupe, la couleur, la lumière… Je n'aurais pas reçu meilleure attention si j'étais venue remplacer les joyaux de ma couronne. Et pourtant, je ne me suis pas sentie stupide à cause de mon ignorance et mon choix n'a pas été traité avec mépris. Tel est le don du véritable maître artisan, communiquer le savoir et la passion en vrai pédagogue.

Je me rends compte à quel point je manque de connaissances et chaque Français que je rencontre est désireux de m'aider à y remédier. On ne m'a jamais appris à conserver mon saucisson ? Je dois le suspendre et ne couper que ce dont j'ai besoin au moment où je m'en sers.

Mon marchand de Haute-Savoie me demande si je suis de la région. Oui, ai-je la fierté de répondre. Dans ce cas, me dit-il, vous devez envelopper votre fromage de montagne dans une serviette de table humide et le conserver ainsi pendant des mois. Il m'a déjà attirée à son étal avec de petits morceaux de saucisson et d'un fromage de montagne qui évoque le meuglement des vaches, les calories et les joues d'Heidi retrouvant leur teint rosé.

Je me demande ce qu'il m'aurait suggéré de faire avec mon fromage si je lui avais répondu que je ne vivais pas ici, mais je n'ai pas osé lui poser la question – il est déjà en train de me donner d'autres conseils. Ne jamais, au grand jamais, entreposer son saucisson ou son fromage dans le réfrigérateur. Je me sens coupable. J'ai traité mes produits avec cruauté. J'en veux à ma mère. Pourquoi ne m'a-t-elle pas enseigné ceci – ainsi que d'autres choses essentielles comme ne pas éplucher une citrouille orange contre un pull couleur crème ? Elle aurait aussi pu m'expliquer comment conserver les kiwis plutôt que ma virginité – bien plus utile.

À la fin du mois de novembre, nous rattrapons notre manque de pluie en recevant cinq mois de précipitations annuelles en trois jours. La chaîne de météo par satellite 24 heures sur 24 diffuse sans interruption des photos de voitures surnageant dans des rivières en crue et de pompiers au travail, et si nous regardons par la fenêtre, nous pouvons voir notre propre rivière personnelle en train de couler sur la terrasse dallée.

Les animaux ne sont guère impressionnés, ils n'ont pas quitté le

Pays de Galles pour ça. Des villages à vingt minutes de voiture sont coupés du monde et leur eau courante est remplie de boue. Les photos de ces files d'attente pour obtenir des bouteilles d'eau distribuées par la Croix Rouge n'ont pas été prises en Irak, mais en Ardèche. Nous avons bien quelques fuites dans le grenier, mais je suis fière de la maison, elle a survécu à des conditions météo extrêmes en alerte rouge. Quand les inondations se calment et que la pluie se change en bruine, nous sommes fébriles. Quoi de mieux pour se calmer qu'un événement autour de la bonne chère ?

Montélimar nous offre un Salon de la Gastronomie et l'approche de Noël est un bon prétexte pour se faire plaisir (je suis galloise/écossaise/anglaise – j'ai besoin d'une excuse pour acheter des mets raffinés). Je suis entourée de plus d'une quarantaine d'artisans triés sur le volet, chacun expert dans une spécialité culinaire – ou une boisson.

Je perds John de vue alors que je discute soupe de poisson avec la femme du poissonnier. Il pêche près de Narbonne et elle s'occupe de la cuisine et de la mise en bocal. Je n'aime pas la soupe de poisson. Je la goûte… J'adore la soupe de poisson. J'étais loin de me douter qu'elle devait avoir ce goût-là.

C'est la même chose à tous les étals. John me retrouve et il me propose de goûter du saucisson aux escargots, une sorte de pâté. Du saucisson aux escargots ? Oui, avec du persil ou du roquefort. Non seulement je me laisse tenter et je goûte le saucisson, mais nous achetons le saucisson et les escargots en sus, fourrés au beurre persillé et aillé.

Des tables sont dressées partout comme dans une cantine pour que nous puissions nous installer et déguster à loisir tout en discutant comme il se doit des mérites des jambons, huiles d'olives, vins… C'est normal, on s'attend à ce que vous demandiez : « Que faire avec ça ? Comment le cuisiner ? Avec quoi le servir ? »

Encouragés par l'ambiance, nous achetons des bandelettes d'aubergine séchée, du vinaigre à la lavande et de l'huile à la truffe – chez l'un des quatre producteurs de vinaigre primés, honoré même aux États-Unis (on nous montre le trophée et les articles de journaux). En terrain connu, je goûte la bière locale et suis déconcertée par les bières branchées, blondes et blanches, qui à mes yeux correspondent toutes à la « lager », bière blonde britannique.

Le brasseur m'oppose un refus quand je lui demande de goûter sa spécialité de Noël et il ajoute : « Vous êtes anglaise, seuls les Anglais accepteraient de boire de la bière à cette température et non frappée. » Son stock de bière spéciale de Noël bien froide est épuisé et il finit par me donner quelque chose qui ressemble à de la bière, à la bonne température.

Même la bière de Noël me paraît légère et le brasseur se moque de moi. Il m'invite à visiter sa brasserie où je pourrai goûter une autre bière, semblable aux irlandaises – en songeant à la Guinness, j'en ai l'eau à la bouche. J'ai l'assurance que nous serons bien accueillis. J'emmènerai mon fils visiter quelques petites brasseries françaises et, ensuite, nous nous installerons au soleil pour boire ces rêves en bouteille.

J'examine le Picodon en bocal qui trempe dans de l'huile d'olive, ce qui me rappelle Le Projet. Je me dis que j'aurais dû couper les fromages en petits bouts. Les retirer de mes bocaux risque d'être amusant pour toute la famille... et ceux-ci ne ressemblent pas à de vieux Picodons. Loin d'être durs comme de la semelle, ce sont des morceaux jeunes et tendres. Il ne me reste plus qu'une semaine avant de déboucher mes merveilles gastronomiques et je n'ai pas beaucoup d'espoirs quant à leur comestibilité.

L'année prochaine, j'essaierai peut-être la liqueur d'orange. Je reporte mon attention sur le spécialiste de la viande en conserve. Nous achetons du cassoulet en bocal et tout un tas de boîtes de pâté, renonçant à regret au jambon entier et remettant à plus tard l'acquisition de nougat, le plus fin de Montélimar... ça suffit.

Nous ramenons nos emplettes à la voiture. Je bavarde pendant tout le trajet, expliquant à John que nous pouvons rapporter les bouteilles d'huile au magasin pour qu'ils nous les remplissent, comme si cela pouvait compenser les extravagances qu'il ne me reproche même pas – encore mon éducation calviniste qui fait des siennes. Je n'ai pas une âme de calviniste, cela dit : si une âme peut s'en mettre plein la panse, c'est justement ce que la mienne va faire.

7.

Des kiwis en Provence

Le lièvre a quitté le verger pour s'enfoncer dans les bois, les pinsons et les mésanges se battent pour les graines de tournesol tombées des mangeoires à oiseaux et nous avons vu deux cerfs détaler devant la fenêtre de notre chambre.

C'est l'hiver et les créatures sauvages prennent de plus grands risques, choisissant entre la faim et les humains. Les sangliers ne sont plus un vague aperçu dans le lointain ; les sillons retournés dans le verger sont un signe de leurs visites nocturnes régulières. Déterminée à les voir de près, je me faufile hors de chez moi avec une lampe torche au coucher du soleil, comme Winnie l'ourson qui chasse l'Éfélant. Le lendemain du jour de Noël, je suis récompensée par les plus formidables des couinements-grognements-grattements qui s'enfuient sous la lampe de ma torche pour décroître en de multiples craquements à l'orée du bois, où je ne suis pas assez courageuse pour m'aventurer.

Je n'ai pas réussi à convaincre John de m'accompagner dans ces chasses au sanglier nocturnes, mais une fois que j'ai surpris les cochons en action, il me rejoint juste à temps pour confirmer qu'en effet, il y a bien quelque chose qui mâche dans le coin. Bercés par la sérénade des sangliers, nous observons les étoiles. Le ciel clair rivalise avec les lumières de Noël étincelantes qui soulignent les contours d'une villa dans la colline.

Au matin, nous inspectons les cratères, stupéfaits que nos visiteurs aient traversé tête baissée une plantation de chênes à truffes pour venir retourner la terre de notre pelouse qui ne comporte pas le moindre petit gland. Nous sommes encore plus émerveillés d'avoir des sangliers pour voisins que déprimés par les dégâts qu'ils causent, ce qui ne durera peut-être pas. Quand j'entends la détonation d'un coup de feu dans les bois, j'imagine déjà le sanglier rôti.

J'ai quelques affinités envers les bêtes maladroites qui courent partout avec enthousiasme, semant le chaos sur leur passage – sinon je n'aurais jamais choisi des chiens de montagne des Pyrénées comme compagnons. Leur dernier cataclysme en date ajoute un certain réalisme à ma crèche. Au cours des deux dernières années, j'ai fait l'acquisition de quelques santons provençaux, ces figurines en argile peinte qui étendent la crèche traditionnelle au poète Mistral et autres personnages locaux.

Il existe une théorie selon laquelle Jésus Christ serait né en Provence. J'ignore si ce point de vue est largement partagé en dehors de la Provence, mais il vous suffit de regarder Joseph, dans sa chemise rayée, jetant son béret dans les airs en apprenant à ses gars qu'il est devenu père, pour voir qu'il ne s'agit pas d'un juif traditionnel.

Nous avons commencé par les classiques – l'âne, le bœuf, Gabriel (Marie, Joseph et le bébé font partie de ces personnages principaux) – et nous avons ajouté des paysans de passage. Mon cadeau de Noël cette année comprenait deux chameaux, dont l'un est soi-disant d'une race de course (je me demande ce que j'aurai l'année prochaine, attendez, combien y a-t-il de rois mages déjà ?), et tout était soigneusement disposé dans la crèche quand le désastre est arrivé.

Un séisme des Pyrénées a frappé les fondations de la Bethléem provençale, fauchant un pied de table et entraînant de nombreuses victimes. Marie, une vieille paysanne et un berger furent décapités et le toit de l'étable fut détruit. Maintenant, la scène ressemble davantage à l'actuelle Bethléem après un attentat suicide : des têtes de travers après les premiers soins de fortune (avec ce type de colle forte « garantie pour recoller des pièces de carrosserie ») et un toit brisé avec des tuiles manquantes. Au moins, les chameaux s'en sont sortis indemnes.

La folie des santons touche les lieux publics tout autant que les foyers, et Super-U propose une crèche particulièrement médiocre avec des paysans de tailles dépareillées et aux visages grossiers et cabossés. L'église principale de Dieulefit dresse un tableau si spectaculaire et si original qu'on en parle dans le journal de la région.

On attend visiblement de notre concepteur de santons qu'il produise chaque année des scènes encore plus mémorables que les précédentes, et il a choisi un thème chinois. C'est très différent, avec des dames en kimonos sous des parasols en papier qui adorent le nouveau-né dans son étable tandis que des enfants d'argile font voler à côté de la rizière un cerf-volant parfaitement tendu, dont chaque lame est en papier vert peint à la main. Les éléments chinois et japonais se mêlent au tableau traditionnel de la crèche, avec une Marie et un Joseph chinois, et un message selon lequel Christ est partout.

L'effet est des plus curieux. J'essaie de me figurer un Bouddha provençal, sans succès. Ou un Ramadan provençal ? Et pourtant, la France multiculturelle fait les gros titres des actualités. Il y a même un débat très sérieux dans un magazine féminin français, entre les recettes de Noël et la mode (pendant les trois heures d'attente à l'aéroport Charles de Gaulles durant lesquelles je ne me documente pas sur les Picodons). L'éditorial s'interroge sur la proposition de loi récente et très controversée visant à interdire les « signes religieux ostentatoires dans les lieux publics ».

L'opinion des Britanniques est très claire, comme nos invités de Noël nous l'ont exposée. Les Français sont des cinglés racistes, prêts à persécuter les non-chrétiens, et notamment les musulmans, en les empêchant de porter leurs foulards traditionnels au travail et à l'école. La vision en France est beaucoup plus complexe.

Il y a une pétition dans mon magazine, signée par de grandes femmes françaises – et la France ne manque pas de femmes remarquables –, pour soutenir la loi, au motif que les droits des femmes sont bafoués par certains membres de groupuscules religieux, et que les règles d'habillement imposées aux femmes en sont le symbole. Des musulmans français font partie des signataires de la pétition et répondent au questionnaire du magazine pour soutenir l'interdiction. La discussion tourne autour de la tradition de « laïcité » de la France qui, comme en Allemagne, soutient que l'État doit être séculaire et que les principes religieux doivent demeurer privés. Inversement, les lois en Grande-Bretagne sont basées sur des principes chrétiens et se sont étendues pour englober le point de vue d'autres religions.

Sans doute le Royaume-Uni discrimine-t-il les athées, à commencer par l'exigence que le chef d'État soit aussi chef de l'Église d'Angleterre et son influence sur les organismes, allant jusqu'à l'obligation légale pour toutes les écoles publiques de prévoir « un temps de louange quotidien largement chrétien ». Demandez à un chef d'établissement athée ce qu'il ou elle pense de cette exigence – je peux vous parler d'expérience.

D'un autre côté, la position politique française est indéfendable pour une personne religieuse – dont la religion fait partie intégrante de sa vie et ne constitue pas un simple supplément. Il est intéressant de savoir qu'au moins une version de la foi juive essaie d'éviter les conflits en déclarant que la loi du sol doit avoir la préséance sur les observances religieuses.

Le débat en France s'est accentué à cause du sentiment que les différences religieuses conduisent de plus en plus à la violence. Le gouvernement avance l'argument que « les signes religieux ostentatoires » provoquent l'hostilité et qu'en se débarrassant des différences de vêtements, les gens s'entendront mieux les uns avec les autres. En théorie, c'est très joli, mais quel fumier peut concrètement demander à une femme de retirer son foulard ? La police ? Les conseillers principaux d'éducation ? Quelle punition doit être appliquée ?

Une déclaration de guerre est toujours une incitation à prendre position. Seuls les communiqués de presse des hommes politiques suggèrent qu'elle est susceptible de réduire les tensions. Il me suffirait de savoir que c'est interdit pour avoir envie de porter le voile. Entre immigrés, nous devons nous serrer les coudes.

La saison des visites est en plein boum. Notre fille, qui vit au pays des kiwis, est de retour pour la première fois après son départ et elle est déboussolée que la maison ait changé de pays. Nous comptons les points dans notre match amical entre femmes : la Nouvelle-Zélande a des montagnes, le ciel bleu, des produits frais de saison et des routes désertes.

À l'occasion d'une excursion, nous allons voir les vautours qui planent au-dessus du Rocher du Caire, tournoyant autour des falaises comme un escadron de Valkyries. En tant qu'uniques visiteurs de l'hiver, dans un village fermé pour la saison, nous avons droit à un café dans le minuscule office de tourisme. Sur une route de montagne, des bergers nous demandent de nous arrêter et nous regardons un troupeau de moutons qui descend des montagnes vers les pâturages à basse altitude, selon la tradition ancestrale de la transhumance.

Curieusement, le troupeau est conduit par ce qui doit être l'une des créatures les plus rares au monde, un chien des Pyrénées au travail – même si je remarque tout de même que le collie alterne constamment entre un côté et l'autre, rassemblant les retardataires, tandis que le chien des Pyrénées trotte gaiement en tête de cortège. Pour information, un chien de montagne des Pyrénées très joyeux a la queue en arc de cercle, ce que l'on appelle dans le cercle (!) fermé des concours canins « faire la roue ». On m'indique qu'en Nouvelle-Zélande aussi, ils ont des transhumances, avec du bétail qui traverse par centaines les routes de campagne. Il y a aussi des kilomètres de plages intactes, des pingouins et des lions de mer. Je suis vaincue.

Nous cuisinons à nouveau ensemble, mon adorable fille et moi, et je me rends compte que je suis bien bête. Quand nous avons passé des vacances en Provence il y a quatre ans, nous avons cuisiné la meilleure pissaladière jamais concoctée et maintenant, nous décortiquons des langoustines pour la paëlla qui, avec les crèmes que nous caramélisons chacune notre tour, composera notre repas de Noël à toutes les deux. Ni la France ni moi ne cherchons à l'impressionner, mais plutôt à lui offrir ce que nous sommes. Je suis riche de me sentir chez moi en Nouvelle-Zélande, avec ses plages intactes, ses pingouins et ses lions de mer, et je vois tout cela dans mon imagination.

Nous comparons nos observations au sujet des lois sur l'immigration. La Nouvelle-Zélande est tellement stricte sur l'import des bactéries étrangères que les denrées alimentaires doivent être transportées dans des contenants hermétiques. Quant à nos visiteurs, ils doivent nettoyer leurs chaussures de randonnée avec une brosse à dents pour avoir le droit d'entrer dans le pays ainsi chaussés. Nous comparons aussi nos expériences en matière d'achat immobilier et d'entretien, et je suis rassurée de l'entendre parler de leurs termites, qui se réveillent une fois par an pour voler dans le coin d'une pièce le jour de Noël avant de retourner dans les lattes du plancher pour le restant de l'année. Notre fille et son conjoint, comme tous les kiwis, vivent dans une maison tout en bois. Pris de panique, ils ont appelé l'expert en insectes de Nouvelle-Zélande qui n'a guère été impressionné et leur a recommandé de le rappeler si les petites bêtes se propageaient trop.

Ils auraient été moins surpris si les meubles qu'ils avaient fait venir d'Angleterre n'avaient pas été désinfectés par fumigation et entreposés sous vide, en quarantaine, pour empêcher l'importation de vermine anglaise en Nouvelle-Zélande. La faune ne manquait pas dans leur nouveau pays, insectes compris, mais ils ont été atterrés en apprenant par leur agent immobilier qu'il y avait des chauves-souris roses dans le grenier de leur future maison.

Songeant à la complexité des lois pour la protection des chauves-souris et dubitatifs quant à la manière d'en attraper toute une colonie, légalement ou illégalement, ils furent soulagés d'apprendre que ce que l'on appelait chauves-souris roses (Pink Batts) était en réalité une forme d'isolation des toits. Voilà qui expliquait pourquoi l'agent immobilier leur avait présenté les chauves-souris roses comme un avantage ; ils l'avaient pris pour un amoureux des animaux un peu trop enthousiaste.

Inspirés par sa compagnie, nous avons fait plus ample connaissance avec une montagne de la région et avons marché sur toute la longueur de la crête de la Grâce-Dieu, avec ses points de vue sur la vallée de Béconne. Pendant la Deuxième Guerre mondiale, les maquisards étaient actifs dans la région et leur ligne de communication est désormais un sentier balisé qui serpente au-dessus des lavandes jusqu'à Nyons, à l'entrée des gorges qui conduisent dans les Alpes.

Nyons marque le début du vrai pays de l'olive, mais ici, plus au nord, c'est la lavande qui est reine. Nous apercevons des champs incroyablement escarpés semés de lavande véritable, qui ne pousse qu'à partir d'une certaine altitude, ainsi que les formes hybrides plantées dans les vallées. En hiver, les rangées sont grises comme des hérissons et se roulent en boule pour résister au mistral.

Depuis les pentes de la Miélandre, nous voyons en contrebas la lavande et les maisonnettes en pierre de Teyssières, le village où le ciel, las de travailler, s'est reposé et a laissé des traces bleues sur les rochers en signe de son passage. Le bleu du ciel brille indubitablement sur la vallée et nous tient compagnie jusqu'à la pénombre d'une gorge profonde, St Ferréol-Trente-Pas, ainsi nommé car les gorges ne mesurent que « trente pas » d'une paroi à l'autre. Comme je ne suis pas au volant, je trouve cet endroit pittoresque.

Quand nous déposons ma fille-kiwi à l'aéroport de Lyon, on lui soumet un questionnaire touristique et en réponse à la question : « Étiez-vous satisfait de votre hôtel ? » elle dresse un bilan élogieux. Notre chambre au mois avec pension complète a ramené tous les enfants à la maison, à l'exception de ma belle-fille qui est elle-même maman. Au lieu de quoi, elle nous a fait le plaisir discutable d'un échange en temps réel avec sa fillette d'un an, avec webcam et micro.

La conversation ressemble beaucoup à celle entre Apollo 13 et le contrôle spatial, sur le mode : « Je t'entends maintenant... je te perds... » avec en bonus : « Vous l'avez entendue ? » (désagréables bruitages de bave). On ne remplace pas les photos silencieuses et en deux dimensions, et nous en avons également reçu. C'est un plaisir, malgré la distance, d'assister à un tel épanouissement dans la maternité – et de savoir que l'on peut rendre le paquet qui gigote quand il se met à pleurer ou à sentir.

Si j'avais des photos du mois dernier et si je les animais pour donner l'illusion que tout le monde était présent au même moment, j'obtiendrais une famille à rallonge autour de ma table, qui mangerait en se racontant leurs vies. Nous ne sommes pas en été, c'est le mois de décembre et la neige tombe deux jours avant Noël, formant une couche argentée dans les champs et sur les chemins. Elle ne dure pas. Nous ne sommes pas installés sous les arbres, mais dans une salle à manger aux murs décrépits où nous tentons désespérément de faire marcher correctement le chauffage électrique. Quoi qu'il en soit, l'une de mes filles s'est mise à la poterie et le pichet qu'elle m'a offert, pour le vin ou l'eau, trône sur la table comme un gros rouge-gorge bleu qui ouvre son bec pour qu'on le nourrisse. J'ai sorti la nappe en dentelle que nous avons achetée à Venise. Ce n'est pas tout ce dont j'avais envie, mais c'est quelque chose, quelque chose d'important.

Notre premier Noël en France vient parfaire notre éducation culinaire. Enfin, nous découvrons ce que sont ces mystérieux légumes protégés dans du papier – comment n'avons-nous pas compris tout de suite que c'étaient des cardons ? Bien sûr, des cardons (le mot anglais est presque identique)... mais qu'est-ce qu'un cardon, au juste, et qu'en fait-on ?

Mon encyclopédie française Larousse de la cuisine s'impose d'elle-même dans des moments comme celui-ci, car elle est classée par ordre alphabétique des principaux ingrédients. Il est presque impossible d'y chercher des recettes, mais elle est fabuleuse quand vous voulez savoir comment cuisiner quelque chose que vous avez acheté sur une erreur linguistique, comme les oursins de mer – ou les cardons.

Je me rends compte que mon manuel français de jardinage est aussi d'un secours très utile, car il m'explique comment cuisiner les légumes que je fais pousser dans mon potager. Nous apprenons ainsi que les cardons, une sorte de céleri d'hiver, ont un vague goût d'artichaut. Comme tous les autres clients, quand je quitte le Super-U, j'ai l'air d'un soldat de pantomime dans l'armée de Macduff, camouflée derrière un énorme paquet de cardons de près d'un mètre de haut. Ils seront utilisés dans divers gratins, popularisés par le contingent végétarien.

La préparation de la dinde de Noël est moins populaire, car la volaille est si incontestablement fermière qu'elle a toujours sa tête, ses pattes et... ses parties. La tradition provençale requiert des coquilles Saint-Jacques et des fruits de mer, mais nous mélangeons allègrement les anciennes coutumes et les nouvelles. D'après les publicités, la bûche est un incontournable, et on trouve dans les magasins des bûches sous forme de biscuit de Savoie au chocolat, de crème glacée, de nougat et autres variantes pâtissières – « commandez dès maintenant pour Noël ! »

Des menus de Noël tout entiers peuvent également être commandés en avance et on fait la queue dans les hypermarchés au service traiteur. Il y a des rabais sur les chocolats à offrir et de nouveaux jouets en plastique dans les rayons, mais à part cela, nous ne remarquons pas une grande différence. En dépit des publicités mettant en scène une maman stressée de ne pas encore avoir acheté sa bûche alors que vingt-cinq convives sont attendus pour le repas, on ne retrouve pas cette frénésie de saison comme en Grande-Bretagne. La foule et les embouteillages ne nous manquent pas.

Je tente l'ouverture de mon bocal de Picodons et heureusement que je m'y risque dans le secret de la solitude. Il est possible que ces butoirs de porte en bois se soient légèrement ramollis… j'en casse un morceau… et assouplis… éventuellement. Je lèche d'un air absent l'huile sur ma main avant de me concentrer pour plonger à nouveau le doigt dans le bocal et le goûter une fois de plus.

Les fromages ne sont peut-être pas un franc succès, mais vous connaissez sans doute l'huile d'olive parfumée au basilic, à l'ail et aux herbes de Provence. Sonnez trompettes – j'ai créé l'huile de Picodon. Je vous imagine déjà en train d'ajouter votre huile parfumée préférée à votre pâte à pain, à vos pâtes, vos pommes de terre à la poêle, vos omelettes… exit l'huile à la truffe. Le goût raffiné de la maison Gilborough sera l'huile de Picodon. Je soupire en rangeant le bocal dans le placard, tout au fond d'une étagère, banni de la table de Noël.

Je dois encore effectuer des recherches plus théoriques sur le Picodon avant de revenir à ses applications pratiques, et un voyage à Paris, avec une attente de trois heures à l'aéroport Charles de Gaulle, me fournit l'opportunité idéale. Je découvre que le Picodon n'est pas un fromage, c'est une zone de guerre.

Aussi impensable que ce soit, tout le monde ne considère pas

Dieulefit comme le centre de la production de Picodon. Plus troublant encore, des régions extérieures au Rhône et à l'Ardèche prétendent non seulement que leurs fromages de chèvre sont des Picodons, mais également qu'elles sont les premières à les avoir produits. Même si un tel sacrilège est détrompé par des paragraphes entiers de preuves historiques, mon Larousse attribue lui aussi l'origine du Picodon au Dauphiné ou au Languedoc. Je suis atterrée. Mais il y a pire encore.

Le Picodon est illégal aux États-Unis. Je me rappelle vaguement que l'on avait fait toute une histoire autour des fromages non pasteurisés et des femmes enceintes, mais comme toujours, quand vous connaissez et aimez une chose contre laquelle existent des lois préjudiciables, votre indignation se réveille. Je suis outrée. Je ne peux pas croire que notre fromage unique a dû être glissé en douce dans la mission spatiale Columbia de la NASA en 1996 (par un médecin spécialiste drômois) où il a prouvé toutes ses qualités nutritionnelles. J'aime cet astronaute français, qui a fait personnellement du Picodon le premier et le seul fromage à s'aventurer dans le cosmos.

Il s'élève au rang de cet homme politique de Montélimar du dix-neuvième siècle, qui a accédé à la présidence et dont la mesure la plus importante, d'un point de vue de Dieulefitois, fut de s'assurer que sa ration hebdomadaire de Picodons de Dieulefit lui soit livrée à Paris. L'arrivée du train des jours de marché devait lui manquer. Surnommé « le Picodon », ce convoi spécial s'arrêtait autrefois dans dix-sept gares sur son trajet de vingt-huit kilomètres pour livrer du charbon aux fabriques de laine et de soie, des briques aux poteries et des Picodons de Dieulefit au marché de Montélimar. Aujourd'hui, deux chats observent le monde en clignant des paupières depuis les rebords de fenêtres de l'ancienne gare, une maisonnette de poupée au beau milieu d'un parking à Dieulefit.

Le Picodon n'est pas un fromage, c'est un rond aplati de légende, une saveur familière comme pour cet homme qui écrivit à sa femme depuis le front, lors de la Première Guerre mondiale, pour la remercier des fromages qu'elle lui avait envoyés. Les Picodons étaient « si bons qu'il n'en reste plus qu'un ». Le soldat ajoute : « Je suis content que Marie s'occupe si bien des chèvres et qu'elle soit si avisée, et mon petit Jean aussi, mais je ne dois pas trop penser à eux sinon je suis profondément malheureux. »

C'était sans doute sa femme, sa mère ou sa grand-mère qui avait fait le Picodon. Les chèvres étaient « les vaches du pauvre » et c'étaient les femmes qui réalisaient le fromage, se transmettant des recettes familiales selon une tradition exclusivement orale. C'est une autre raison de ces guerres du Picodon.

La montée en gamme du Picodon a conduit à une standardisation de sa production, pour répondre aux exigences de l'appellation contrôlée. Maintenant qu'il s'agit d'un travail à part entière, il est dominé par les hommes et dispose de sa propre confrérie, une sorte de guilde. On semble s'accorder à dire, du moins dans la Drôme, que le Picodon dieulefitois est le prince des fromages de chèvre, que la méthode dieulefitoise requiert plus d'un mois d'affinage et que le fromage doit être régulièrement salé et lavé.

D'après monsieur Cavet, voisin et maître fromager, il y a les Picodons dieulefitois... et le reste n'est jamais que du fromage de chèvre. Fière de mes recherches récentes, je suggère à une employée de Cavet que les Picodons sont lavés à l'eau-de-vie et elle éclate de rire en secouant la tête. « De l'eau, me dit-elle. Rien que de la bonne eau pure, pas de vin blanc ni d'eau-de-vie – et ne croyez pas la moitié des bêtises que vous lirez sur le Picodon. »

Même parmi les experts, les débats vont bon train. Différents producteurs ont leurs propres techniques pour accentuer sa teinte bleue caractéristique, voire pour changer sa couleur, avec du linge humide. Pourquoi aller inventer des histoires quand un chevrier est persuadé qu'en parlant aux chèvres, et en fonction de ce que vous leur direz, vous influencerez l'aspect piquant du fromage ?

J'élèverai des chèvres, je ferai des Picodons à l'ancienne... En 1953, le préfet de la Drôme a déclaré : « Nous devons faire tout ce qui est en notre pouvoir pour empêcher l'accroissement des chèvres, 'l'ennemi de la forêt'. » Il y avait plus de débats à l'époque au sujet des chèvres qu'il y en a maintenant au sujet du fromage. En 1231, le village de Valréas a complètement interdit les chèvres, car elles mangeaient toute la verdure, y compris les vignes et les arbres ; en 1567, Grenoble a banni les chèvres des vignobles, mais n'a pas pu rendre l'interdiction totale de peur que les paysans meurent de faim ; en 1725, le Languedoc a opté pour un bannissement complet. Je réfléchis aux lois anti-chèvres et les mets en perspective avec la position actuelle selon laquelle les troupeaux occupent un rôle important dans la conservation, car ils élaguent les buissons et limitent ainsi les incendies. Je me rappelle ma propre rencontre avec l'engeance du diable et je suis bien contente que les cloches des chèvres ne viennent pas tinter trop près dans les bois lorsque le troupeau change de pâture.

Personne ne s'intéresse à mes dernières découvertes sur les Picodons. Je parle à ma famille des confréries en éprouvant un pincement au cœur. J'aurais pu intégrer la Confrérie du Picodon. Vêtue d'une toge fromage (je sais que les membres de la Confrérie des Olives portent des robes couleur olive, alors peut-être les experts en Picodons portent-ils des tenues couleur crème moisie ?) j'aurais pu distribuer de curieuses poignées de main. Mais non. Cela n'arrivera pas.

Je devrais peut-être m'inscrire à la SCOFF qui, comme vous l'imaginez, est une association de fromagers, ou à la Confrérie des Omelettes géantes (je vous jure qu'elle existe, et l'on vient juste de battre le record de la plus grosse omelette à la truffe jamais cuisinée). Mais encore une fois, non.

Le mieux que je puisse faire, c'est tenter de faire impression avec mes nouvelles compétences en dégustation et ma capacité à classer la qualité des fromages selon leur arrière-goût, qui au mieux vous laisse un parfum de noisette et un net piquant, et qui ne devrait en aucun cas sentir le métal ou la pomme de terre... mais Noël vient me détourner une fois de plus de mon projet Picodon.

Dieulefit organise sa cérémonie d'illumination et j'ai l'impression d'être revenue à Llanelli, exception faite des feux d'artifice et du père Fouettard qui accompagne le père Noël pour jouer son exact opposé et faire des tours aux vilains enfants.

Il y a des numéros de cirque sur toutes les chaînes de télévision et les stars de la scène française endossent de bonne grâce divers rôles dans des comédies musicales pour enfants et spectacles de variétés. Nous ne connaissions qu'un chanteur français en arrivant en France et à présent notre répertoire en compte une bonne dizaine, qui font des apparitions dans les spectacles les uns des autres pour former des duos ou des trios. Le point d'orgue de ce cercle mondain est la tournée caritative annuelle des Enfoirés ayant pour but d'aider les Restos du cœur, qui fournissent toit et couvert aux sans-abri.

Nous sommes vite happés par les mélodies et les paroles, même après avoir identifié tous les clichés. En France, personne n'a d'orgasme, mais tout le monde « touche les étoiles », et si l'amour est très sympathique, on aimerait parfois qu'ils changent de registre.

Cependant, je suis impressionnée par la reconnaissance accordée aux paroliers, mis en avant sur les pochettes d'album avec autant d'importance que les chanteurs. Ce n'est pas le cas pour les musiciens et, en bonne Anglaise, je suis stupéfaite par ce mépris envers les instrumentalistes anonymes qui demeurent dans l'ombre. Je pourrais citer vingt guitaristes de rock qui occupent le centre de la scène à chaque apparition, de Clapton à Santana, et chacun se serait contenté d'un vague sourire à la fin du spectacle s'ils avaient fait partie du paysage français.

Si vous êtes français, alors vous devez chanter ou écrire – ou les deux si vous êtes particulièrement talentueux, mais seuls les musiciens de classique et de jazz sont reconnus à leur juste valeur. Enfin, si vous avez envie de faire du bruit, vous pouvez bien sûr créer ce rythme techno interminable pour lequel la radio française semble nourrir une véritable addiction.

Mes goûts en chanson francophone font fuir mes visiteurs en quelques secondes. Je suis amèrement déçue de constater que cette voix grave et rocailleuse, qui pourrait briser une vitre par un simple « bonjour », n'est pas appréciée à sa juste valeur. Comment Garou s'est-il rendu compte qu'il savait chanter ? J'aime l'imaginer enfant, se portant volontaire pour faire partie de la chorale ou demandant le lait à la table du petit déjeuner. Je parie que sa mère disait à ses amies : « Il a un sourire charmant, mais il ne sera jamais chanteur », et tout le monde riait.

8.

Comment s'occuper dans son bain ?

Il existe des centaines de choses intéressantes à faire dans son bain, avec ou sans compagnie. Vous pouvez enfoncer votre orteil dans le robinet, et si c'est un mélangeur, vous pouvez déterminer votre propre récompense selon que la première goutte sera glacée ou brûlante.

Vous pouvez poser un gant de toilette chaud et humide sur votre visage et respirer à travers. À vrai dire, un gant mouillé formera des paysages intéressants sur presque toutes les parties de votre corps. Essayez de fermer les yeux, posez le gant au hasard, puis ouvrez les yeux et ne regardez que le portrait que vous présente le gant pour deviner ce qu'il y a dessous. Un loir endormi ? Un casque allemand ? Un peu de bain moussant et vous pouvez mouler votre corps dans les bulles ou sculpter d'adorables animaux.

Si vous trouvez tout cela trop puéril – croyez-moi, pour certains d'entre nous le gant mouillé peut offrir un vrai moment d'existentialisme absurde à la Jean-Paul Sartre – mais cherchez néanmoins le grand frisson, essayez de partager votre bain avec un dauphin mécanique. Le défi est de ne pas tressaillir quand il fonce en zigzag vers vos parties intimes.

Vous pouvez aussi jouer à la chasse au rasoir quand vous avez fait tomber une nouvelle lame dans un bain que les bulles ont rendu opaque. Vous pouvez boire du champagne, manger des chocolats, lire un livre et chanter à tue-tête avec votre lecteur de CD non électrique adapté aux salles de bains. Vous pouvez créer des variantes, en buvant du champagne avant de jouer à la chasse au rasoir, par exemple.

Et puis, bien sûr, il y a les variantes à deux et les versions familiales, qui incluent regarder-le-bébé-virer-au-bleu – ou au rouge bien sûr, et très bruyamment.

Parmi toutes les distractions que j'ai pu avoir dans mon bain, je n'aurais jamais pensé un jour faire la vaisselle dans ma baignoire ni devoir y chercher des éclats de verre – les aléas de la vaisselle et non la flûte à champagne. C'est étonnant la minutie avec laquelle on peut chercher des éclats de verre quand on sait que l'on va devoir s'y asseoir toute nue.

Pourquoi faisons-nous la vaisselle dans la baignoire ? Parce que notre cuisine prend forme lentement et que pendant ce temps, en plus d'un chauffage et d'une électricité aléatoires, avec un record de trois fourgons blancs et deux voitures (dont aucune n'est la nôtre) garés dans notre allée, nous n'avons toujours pas d'évier.

Les hommes s'enchaînent. Les animaux organisent un sitting partout où nos meubles s'entassent. Ils se rappellent ce genre de chaos et nous comprenons que s'il nous venait l'idée de déménager à nouveau, il faudrait d'abord passer sur le corps de nos deux chiens de montagne des Pyrénées et nos deux chats. Nous avons le même ressenti. John m'a demandé pour la troisième fois ce que je comptais faire pour la poubelle – je n'en sais fichtre rien ! Le téléphone sonne et je ne me souviens pas où il m'a dit l'avoir rangé.

Le jardin est plein d'engins, d'outils et d'ouvriers au travail. La maison est remplie de « trucs » appartenant aux entrepreneurs, dont une splendide perceuse de maçon au foret de soixante centimètres de long comme la corne d'une licorne géante. J'explique au jeune électricien que mon mari adorerait en avoir une comme celle-ci, il me dit que ça coûte trois mille francs. Après avoir effectué la conversion en euros, je lui montre que je suis impressionnée et je file rougir dans mon coin, honteuse de toutes les bêtises qui m'échappent sans que l'on s'en rende compte.

J'ai l'impression d'être redevenue une jeune prof qui ne prend conscience que trop tard du double sens de ses propos. Notre professeur de français également francophone nous avait un jour demandé pourquoi ses élèves riaient quand elle leur apprenait que

Louis XV organisait de grands bals : « Louis XV had big balls » (*balls* signifiant à la fois bals et boules, en anglais). J'aimerais pouvoir dire que nous autres, ses amis et collègues anglophones, étions sensibles aux difficultés que comporte la maîtrise d'une seconde langue et que nous lui avons expliqué, avec prévenance et sérieux, la double signification de ce mot. Si nous avions pu nous arrêter de rire, c'est sans doute ce que nous aurions fait.

La seule fois où je me sens découragée dans mes tentatives pour communiquer, c'est à l'office du tourisme de la région. J'aimerais savoir s'il y a un match de rugby prévu au cours des quinze prochains jours. « Rugby » et « match » étant les mêmes termes en anglais et en français, cela me paraît plus facile que de traduire : « valve pour purger un radiateur ». Manifestement, ce n'est pas le cas. D'abord la plus jeune des deux femmes, puis la plus âgée, me regardent d'un air dubitatif alors que je répète lentement ma question simple.

J'ai l'habitude de cette mine attristée et crispée des Français – soit parce que je massacre leur langue maternelle, soit parce qu'ils essaient de se concentrer, je ne sais jamais. Toutefois, je ne m'attendais pas du tout à cela dans ce contexte-là et je n'ai aucun autre moyen de dire « match de rugby ». La femme plus âgée me demande de le prononcer en anglais.

— Rugby, dis-je alors sur un ton implorant. Match.

— Oh, fait-elle, d'un air de dire : « Mais pourquoi ne l'avez-vous pas demandé plus tôt ? »

Puis elle ajoute :

— Rrrrrrugby.

Certes, je comprends que j'aurais dû mieux attaquer mes « r » (sans prendre de grands airs), mais il ne devrait tout de même pas y avoir une telle différence, si ? Comble de l'injure, elle me dit :

— Je croyais que vous aviez dit « marché ».

Je me demande bien pourquoi, jusqu'à ce qu'un lieu commun de la communication me vienne à l'esprit. C'était ce qu'elle s'attendait à m'entendre dire.

Les touristes posent des questions sur les jours de marché, ils ne débarquent pas pour demander les dates des matchs de rugby. C'est exactement le même syndrome qui fait dire à mon mari : « Oui, merci », quand je lui tends une tasse, même si en réalité je lui demande : « T'es-tu déjà demandé quelle est la circonférence idéale d'un bol pour ne pas s'y cogner le nez ni renverser son contenu ? »

Après réflexion, ce n'est peut-être pas précisément le même syndrome, mais la prédiction et les attentes semblent être plus importantes que l'expérience sensorielle, jusqu'à ce qu'elles soient contredites, dans l'exemple du rugby, par une anglophone dieulefitoise très frustrée.

Une fois qu'elle a compris, la gentille dame s'est montrée des plus serviables. Les rugbymen sont entraînés par le monsieur qui tient la cave à vins derrière l'église, mais je ne le rencontrerais pas dans son magasin car il est sûrement au bar du commerce, où l'équipe se réunit. D'ailleurs, j'y trouverais sans doute des annonces de réunions sur le panneau d'affichage – et voici son numéro de téléphone.

Je reconnais le bar du Commerce au chien de chasse hirsute qui se prélasse devant en été, sa langue lapant par intermittence l'eau de son écuelle placée de sorte que la bête marron n'ait qu'à tourner la tête pour boire. En hiver, le chien du commerce est à l'intérieur près du bar, comme les clients. Curieusement, on comprend tout de suite le mot « rugby » au bar du commerce, mais la communication est mon seul succès : le rugby s'interrompt pendant les vacances de Noël, trois mois en l'occurrence. Notre restaurant local prend six semaines de congés et certaines boutiques ferment pendant deux mois. Les vacances d'hiver sont flexibles à l'infini pour les travailleurs indépendants, dont certains occupent des emplois saisonniers auprès des touristes d'hiver à la montagne, tandis que d'autres optent pour un simple : « oh, et puis zut ». Personne ne semble craindre que les clients ne reviennent pas. Tout le monde a l'impression d'avoir droit à des vacances et à une vie de famille. J'imagine mal les commerçants gallois si confiants dans leur clientèle ni suffisamment sûrs de leurs revenus de l'été.

Cependant d'après notre expérience, quand ils travaillent, ils le font longtemps et d'arrache-pied – avec la pause obligatoire pour le déjeuner qui dure au moins une heure, deux la plupart du temps. Notre plombier passe fréquemment nous voir pour nous poser des questions avant de commencer les travaux. Nous répondons sans

aucun problème à toutes ses questions. C'est invariablement :
« Nous ne savons pas. »

« Pas la moindre idée » serait encore plus précis. La majeure partie des questions commence par « où » et contient le mot « tuyau ». « Où va le tuyau pour récupérer l'eau de source dans la cuisine à partir de l'évier extérieur ? » « Par où entre l'eau municipale dans la maison ? » La pire, c'est : « D'où vient l'eau de source ? »

J'aime bien l'idée de chercher la source de la source – ça fait très Jean de Florette – et, comme mon John trouve le moyen d'être très occupé à peindre, je me retrouve à arpenter le verger en compagnie d'un plombier patient.

Vous vous souvenez que la source appartient à monsieur Dubois, qui habite maintenant en Haute-Savoie et ne revient que de temps en temps pour allumer un feu de joie, jeter un œil à ses chênes à truffes et me donner des conseils de jardinage. Je me rappelle vaguement qu'il m'a montré des trappes dans le verger, qui alimentent les tuyaux pour arroser notre jardin, mais monsieur Robin secoue la tête. Ce n'est pas le système qui rejoint la maison. Nous sommes coincés.

— Et le propriétaire précédent ? Il est mort ou quoi ?

Monsieur Robin ne se laisse pas démonter : qu'il y ait un mur de trente centimètres d'épaisseur ou un système de plomberie vieux de cinquante ans sous un verger, il cherche des solutions. Je peux répondre autre chose que » je ne sais pas » sur ce point, mais cela me demande d'appeler l'entrepreneur pour contacter monsieur Dubois, et entre-temps monsieur Robin a rendu visite à un autre voisin qui se joint à nous pour une deuxième patrouille dans le verger, armé de nouvelles informations. Vers le bois, il y a un réservoir en béton d'environ trois mètres carrés et deux mètres de profondeur, que monsieur Dubois a récemment clôturé, sans doute pour être en règle avec les lois récentes visant à réduire le nombre de jeunes enfants morts noyés dans des mares et des piscines – la principale cause de décès chez les tout-petits en Provence. Nous nous étions déjà penchés sur les petits poissons noirs dotés de nageoires caudales comme des poissons rouges tropicaux, qui semblent aller et venir comme s'ils avaient été lâchés là par des hérons, mais nous n'avions pas compris que la plaque sur le sol juste à côté cachait en réalité la source de la source.

C'est avec un « voilà » triomphal que monsieur Robin, aidé par monsieur Girard, soulève le couvercle du trou pour révéler les deux vieux robinets dont dépend actuellement toute l'eau de notre maison. La formule magique est appliquée – du WD40 en réalité (certaines choses ne changent pas) – mais il semble n'y avoir aucun moyen de tourner ces robinets, figés depuis cinquante ans. Une longue pause, puis nous poussons des « oui ! », « ça bouge ! », « voilà » spontanés lorsque monsieur Robin essaie une dernière fois et que le miracle se produit.

Maintenant, il y a de l'eau de source au robinet extérieur, claire comme du cristal, qui s'écoule librement grâce à un nouveau filtre – qui a dit que la plomberie n'était pas romantique ? À l'intérieur, nous avons l'eau courante. L'eau ne sera plus coupée dans la cuisine quand on tirera la chasse ou arrosera le jardin – ni quand le sous-sol gèlera. En théorie, nous avons à présent l'eau courante dans la cuisine, mais nous n'avons toujours pas de cuisine ni d'évier, sans parler de l'eau qui va avec.

Monsieur Robin surveille les avancées de notre cuisine – et de notre maison, d'ailleurs – avec un intérêt empreint de compassion et un œil très professionnel. Il cherche à améliorer ma prononciation et me fait répéter le son « u » de « purge », même si je ne suis pas convaincue d'avoir souvent besoin de dire « valve pour purger un radiateur » dans une conversation de tous les jours. C'est la lettre que je lui ai écrite pour clarifier les différents travaux à entreprendre qui l'a vraiment amusé.

Il faut croire que j'invente des mots quand je ne les connais pas. Apparemment, l'équivalent français de « sorte de tringle qui chauffe les serviettes » n'était pas le terme exact, mais il a trouvé ça mignon. Il m'a corrigée poliment quand, perturbée par sa remarque, je lui ai demandé s'il voulait un torchon pour s'éclairer. Je vous le demande, pourquoi une langue appellerait-elle une serviette un torchon si ce n'est pour m'embrouiller ?

Il y a des choses dans notre maison que monsieur Robin ne trouve pas mignonnes. À propos des escaliers branlants qui le font presque trébucher à trois reprises chaque fois qu'il les emprunte, il grommelle : « Quelle horreur. »

Quand nous lui expliquons que nous n'utilisons pas le vieux WC, dont le remplacement figure sur sa liste, il est soulagé. Il se baisse pour visiter les caves et le grenier, manquant de se cogner la tête au plafonnier de la chambre du haut. Mon fils étudiant, tout aussi grand et moins chanceux lors de sa première rencontre avec les bas plafonds, ne comprendrait que trop bien. Ce ne sont pas les grands qui sont désavantagés ici. Quand monsieur Robin, un homme svelte, se faufile devant le nouvel évier et met en doute les dimensions que nous avons choisies, je lui explique que nous ne comptons pas recevoir de gros visiteurs.

Jusqu'à présent, monsieur Robin est notre visiteur le plus fréquent. Les électriciens pourraient presque être qualifiés de résidents. Comme les termites, ils occupent une pièce, la détruisent et passent à la suivante en laissant des gravats derrière eux. Nous avons des discussions intéressantes, en réponse à des questions en « où », mais cette fois le mot-clé est « prise de courant ».

Je n'aurais jamais cru devoir regarder un grand électricien aux cheveux bouclés sauter sur notre lit pour me montrer que les lumières murales doivent être plus hautes (sans doute au cas où un Français jeune et mince ait un jour envie de sauter sur notre lit – et loin de moi l'idée d'écarter cette possibilité). La destruction systématique de notre maison a tout de même conduit à cet instant d'euphorie où j'ai enfin pu faire chauffer de l'eau dans ma bouilloire tout en utilisant le sèche-linge et le four sans faire sauter les plombs. L'excitation fut de courte durée, car il n'y a plus de cuisinière dans la cuisine-qui-n'en-est-pas-une.

Et puis, nous avons affaire aux installateurs de cuisine, sous la houlette de monsieur Speedy qui aime utiliser ce curieux mot anglais pour nous faire plaisir et nous a dit un jour : « Je suis speedy, rapide » – nous l'avons donc pris au mot (derrière son dos). Il y a un différend culturel entre monsieur Speedy et moi, et cela n'a rien à voir avec la nationalité. J'ai souvent rencontré ce type de personne. Il ne cuisine pas, n'a pas le temps de le faire, mais partage librement ses critiques sur nos exigences en matière d'équipement ménager.

Vingt ans plus tôt, je me serais disputée avec lui et j'aurais ronchonné après chaque conversation où je n'aurais pas eu le dernier mot. À présent, je suis plus âgée et plus sage, et je suis ravie quand mes chiens bavent encore plus que lui sur sa copine.

Elle arrive, sachant pertinemment qu'elle visite une maison en travaux, avec des talons de dix centimètres, une jupe noire moulante et du maquillage à la truelle, et pousse des cris d'orfraie quand mes chiens viennent l'accueillir. Monsieur Speedy me fait signe de tenir mes chiens baveux et je prends brusquement conscience de mon jean éclaboussé de peinture, de ma frange de guingois (je dois rassembler mon courage et tester mon français chez un coiffeur) ainsi que de l'odeur distinctive qui me suit partout depuis quelques jours et que j'avais mise sur le compte des chiens. Je remarque que le noir est une bonne couleur dans cette maison, révélant délicieusement les poils de chien quand Mademoiselle entre en titubant pour embrasser les garçons. Ces jours-là, je me cantonne aux poignées de main.

Je suis toujours admirative de la spécialisation de mes ouvriers, mais cela a aussi ses inconvénients. Chacun accomplit son propre travail et je suis le chef de projet, un rôle que je n'aurais jamais eu la stupidité d'endosser dans ma première langue, sans parler de ma seconde, que je maîtrise si mal. J'ai des discussions interminables sur qui fait quoi en premier, et j'effectue ma mission au téléphone et en personne, nerveuse à l'idée d'avoir pu oublier quelque chose. Jusqu'à présent, tout va bien, mais j'ai maintenant besoin que le maçon carrelle un mur de la cuisine avant que le granitier vienne poser le plan de travail sur les placards.

Monsieur Speedy me l'explique en dessinant des schémas au crayon sur le sommet des placards. Mon mur n'est pas droit (surprise, surprise), de sorte que l'extrémité du granite qui arrive contre le mur devra être taillée sur place une fois que le mur aura été carrelé. En revanche – il agite un doigt sous mon nez – de l'autre côté de la cuisine, il faut poser le granite en premier, avant les carreaux, car les murs intérieurs sont droits à cet endroit-là. D'accord ? Oui, j'ai compris. Me voilà avec tout un tas d'instructions impossibles à donner. N'avions-nous pas décidé d'acheter une maison qui n'avait pas besoin de rénovation ? Que s'est-il passé ?

J'aurai au moins l'avantage de voir le granite taillé sous mes yeux et dans mon propre jardin. Monsieur Speedy me recommande sévèrement de regarder sans toucher. Tous ses clients sont les mêmes, toujours pressés, toujours impatients de garnir leurs placards et d'utiliser la cuisine avant qu'elle soit prête. « Vous devez attendre. » J'ai l'impression d'être une gamine de quatre ans qui veut aller aux toilettes quand on la gronde. On ne m'avait encore jamais reproché d'être trop impatiente de faire tourner ma machine à laver.

C'est une tout autre histoire pour ma sœur dans les Pyrénées, qui n'aura pas à vivre une existence de nomade dans sa propre maison. Si son chauffage ou son électricité lui posent problème, elle peut faire appel à l'homme à tout faire de la résidence. Rattaché au domaine depuis des décennies, il s'appelle Manuel. À partir de ce moment, nous surnommons invariablement leur maison des Pyrénées les Tours Fawlty, d'après le nom d'une série télévisée anglaise, *Fawlty Towers*. Je suis déçue de découvrir que Manuel est portugais, pas espagnol, et que le nom français de ce feuilleton est en réalité *L'Hôtel en folie*.

Ma sœur ne sera pas reléguée dans sa chambre, avec des électriciens dans le couloir, un plombier dans la cave et des installateurs dans l'ancienne et future cuisine. Mais encore une fois, elle n'aura pas le plaisir d'essayer une chaise longue toute neuve par une journée de janvier glaciale, dans un salon entièrement vidé pour laisser le champ libre aux électriciens. J'ai aussi le réconfort d'apprendre que, même si les Tours Fawlty ont un système d'écoulement des eaux, madame l'ancienne-propriétaire n'a pas jugé bon d'y relier la maison, si bien que les Pyrénées eux aussi ont une fosse septique – trois, en réalité.

Ma sœur ne semble pas éprouver le respect qui convient pour la Bonne Bactérie, car on lui a dit (encore des conseils du cru) que les produits à la Javel ne poseraient aucun problème. Je suis atterrée. Avez-vous déjà remarqué le numéro de service d'assistance téléphonique sur les produits ménagers ? Je suis probablement la seule personne à l'avoir jamais composé – pour m'assurer que le Cif (le produit anciennement connu sous le nom de Jif avant que les problèmes que rencontrait l'Europe continentale avec la prononciation du « J » n'affecte sa commercialisation) était compatible avec les fosses septiques. Mais je n'ai qu'une seule fosse septique et je n'ai pas envie de la remplir en six mois. Je réfléchis au calendrier. J'ai autant de chances d'avoir une cuisine, un escalier, quatre nouveaux radiateurs et une nouvelle salle de bains dans six mois que ma sœur d'avoir fait installer le « tout à son goût ».

9.

Chablis, Chardonnay et pierre froide

Quand vous voyez une femme qui se regarde dans une vitrine, ou même dans les miroirs des entrées d'immeuble, ne pensez pas qu'elle est superficielle. Elle est juste curieuse de savoir à quoi elle ressemble après cinq mois passés sans surface réfléchissante plus grande qu'un placard de salle de bains.

La privation de miroir était volontaire, cela faisait partie d'une tentative perdue d'avance d'acheter selon mes besoins plutôt qu'en fonction des conventions sociales. Quand vous avez vécu pendant des années avec des portes de placards vitrées, il y a quelque chose de très libérateur à ne pas savoir à quoi l'on ressemble. Après tout, pourquoi auriez-vous besoin de savoir quels vêtements sont bien assortis si vous portez la même chose depuis des années ? Vous êtes toujours à même de tirer les conclusions qui s'imposent d'après la mine de votre interlocuteur ou l'inflexion d'une voix qui vous répond « bien » à la question : « Comment tu me trouves ? » Mais c'est très différent quand vous faites vous-même face à la petite femme renfrognée avec ses lunettes ternes et une frange affreusement coupée, en meilleure forme qu'elle le craignait, mais accoutrée comme Charlie Chaplin après une tarte à la crème, tout éclaboussée de peinture blanche.

Le miroir nous renvoie ces inconnus. John dit qu'il ne cesse de se faire agresser par un fou armé d'un couteau. Le fou ne me fait pas peur, je le vois tous les jours depuis des années, c'est de la clocharde qui l'accompagne que je m'inquiète. Comme le dit John, nous devrions peut-être songer à renouveler notre garde-robe – et je ne pense pas qu'il parle du meuble en bois muni d'un miroir qui nous accoste désormais dans notre propre chambre. Je me demande si ce ne serait pas plus simple de cacher le miroir, mais il me répond que nous nous y habituerons. Je suppose que nous devrions cesser de nous comporter comme des indigènes d'une tribu amazonienne à qui l'on dévoile leurs portraits photo, et pourtant nous croisons toujours les doigts pour nous prémunir contre la sorcellerie (sinon qu'est-ce qui a bien pu nous transformer en personnages aussi étranges ?).

Non seulement je traverse une crise identitaire, mais j'ai aussi le stress supplémentaire de devoir choisir entre deux hommes. Le plombier m'a donné des instructions très claires sur la manière de refermer le robinet extérieur quand la source risque de geler sous terre. Le maçon me donne des instructions tout aussi claires, de la part de monsieur Dubois dont notre maison faisait partie du patrimoine et qui, en cela, fait figure d'autorité, demandant que je laisse le robinet couler pendant les périodes de gel.

Je lui apprends avec circonspection que le plombier m'a montré comment fermer le système et je précise aussi qu'il serait utile de savoir où se trouve le tuyau qui achemine l'eau de source jusqu'aux toilettes (question en « où » du plombier numéro vingt-trois). Il me répond avec une infinie patience.

L'eau courante ne gèle pas, donc si je laisse le robinet ouvert l'eau ne gèlera pas sous la terre. Par conséquent, elle ne sera pas coupée dans les toilettes. Pourquoi, dans ce cas, voudrions-nous changer le système d'eau de source qui alimente les toilettes ? Je réponds « d'accord », réplique toujours très utile qui laisse croire que j'ai compris et que j'acquiesce, sans toutefois m'engager dans des promesses de concrétisation.

J'ai appris d'autres mots encore plus utiles de la bouche des électriciens, quand ils ont accidentellement fait tomber des morceaux de plafond. Je connaissais déjà « merde », mais « putain » est nouveau, et c'est un mot vraiment très grossier. C'est intéressant comme les mots tabous dans une autre langue nous paraissent juste amusants. La traduction littérale, prostituée, me semble même ridicule.

À Dieulefit, au quatorzième siècle, le châtiment pour le blasphème commençait à cinquante sous pour une première offense, s'élevait à cent pour la seconde, et à la troisième condamnation, votre langue était coupée. Imaginez la mise en application d'une telle loi de nos jours. Non, après réflexion, n'y pensez même pas.

Je pense à l'eau, au gel et aux tuyaux qui éclatent. Si je laisse le robinet ouvert et que l'eau ne gèle pas (ce qui devrait se passer), alors cela protègera le robinet et les tuyaux au milieu du champ, ainsi que celui qui conduit jusqu'à mon évier. D'un autre côté, le plombier m'a donné tout un tas de conseils sur les robinets et les canalisations, et il est... plombier, justement. John et moi partageons les mêmes réticences depuis notre enfance à l'idée de laisser couler un robinet, même si nous savons que c'est précisément ce que font les ruisseaux et les rivières.

Je me demande si nous aurions dû laisser l'eau de source alimenter les toilettes, mais il y a quelque chose de précaire dans le fait de puiser l'eau sur le terrain de quelqu'un d'autre, avec un débit qui varie selon la saison... et si nous n'avions pas le droit d'utiliser ces sources, on nous a dit qu'il était facile de forer et de trouver la sienne. J'envisage aussi cette option.

Je me ferai un nom en tant que sourcier. Oubliez Manon des Sources, je vais créer un empire de l'eau en bouteille : « Dieulefit, et Dieu fit l'Eau ». Un slogan qui ne fonctionnerait pas à l'exportation, car en anglais « faire de l'eau » est synonyme d'uriner. Comme incitation à la consommation, on a connu mieux. Encore une idée qui tombe à l'eau. Et puis, je me souviens de mes tentatives avec le détecteur de métaux.

J'avais enterré mon alliance et ma bague de fiançailles quelque part dans un vaste potager alors que je retournais la terre et, prête à tout pour les retrouver, j'avais emprunté un détecteur sans parvenir à localiser le moindre bout de métal. J'aimerais pouvoir dire que cet épisode m'a appris à ne pas ranger mes bagues dans ma poche pendant que je jardine, mais ce n'est pas la dernière fois que je suis partie à la chasse aux trésors perdus. Je n'ai aucune raison de croire que je serais plus douée pour la radiesthésie que pour la détection de métaux. Toute initiative qui me demanderait d'avoir la foi, et que la force soit avec moi, est perdue d'avance.

Alors, dois-je choisir le maçon (et monsieur Dubois) ou le plombier ? Je me tourne vers le souvenir de ma mère pour trouver de l'aide. Qu'aurait-elle fait ? Quelles sont les aptitudes en gestion féminine que j'aurais dû apprendre à son contact ? Oh oui, maintenant, je m'en souviens. Elle aurait dit oui aux deux, et aurait fait ce qu'elle aurait voulu. Ou elle leur aurait dit qu'elle n'était pas douée pour la mécanique et leur aurait demandé de le faire à sa place.

Je suis distraite de la plomberie par l'arrivée du granite. J'ai l'honneur d'assister à la découpe de la pierre par un petit homme aux énormes moustaches, qui n'est que trop ravi de m'expliquer la composition de son outil de taille (oui, je pose encore ces questions-là). Il est extrêmement coûteux, ressemble à un disque à poncer plus aiguisé et présente des trous sur le pourtour pour diffuser le bruit. Je suis étonnée que l'opération ne nécessite pas d'eau, mais il s'agit d'une taille à sec pour une meilleure finition. Je regarde Jean-Baptiste à l'œuvre alors qu'il assemble deux plaques de granite pour former un plan de travail et utilise son pistolet à mastic pour les coller sur les placards. Monsieur Speedy avait raison. L'un des murs est tellement de biais qu'il faudra tailler le granite sur place après la pose des carreaux. Jean-Baptiste me donne son numéro de fixe et me demande de le contacter personnellement, il viendra dès le lendemain de mon appel. Il me montre l'enduit que je dois employer deux fois par an et me dit que si je salis le granite avec de l'huile de cuisson, par exemple, le meilleur remède est encore de tacher toute la surface à l'huile. Pourquoi ma mère ne m'a-t-elle pas enseigné ces choses-là ? Non, je viens d'une famille où pour mon père, nettoyer le four signifiait y passer un coup de ponceuse Black et Decker quand ma mère avait le dos tourné. Tiens, en voilà une idée…

Je n'ai jamais vu John s'intéresser à ce point aux produits ménagers. Il est déçu par le granite et essaie constamment d'essuyer les éclats brillants en croyant que ce sont des miettes de pain. Pour moi, le granite est comme un feu glacé. Je vois des images dans les veines roses, brunes et grises qui scintillent quand la lumière change, et le mica me fait penser à des hordes de nains dans des cavernes profondes. On peut aussi y poser des casseroles chaudes. Nous avons hâte d'essayer notre cuisinière, mais nous devons attendre que les carreaux soient posés avant de raccorder quoi que ce soit.

Pendant ce temps, dans le chaos, je fais des taches de thé sur la nouvelle plaque chauffante qui n'a encore jamais servi. John n'est pas content et je le retrouve en train de nettoyer la plaque en fonte.

— John, je lui dis. C'est une cuisinière. Nous allons cuisiner dessus. Elle va se salir.

Ça ne va pas. Ce n'est pas *une* cuisinière, c'est la *nouvelle* cuisinière. Nous achetons des produits spéciaux pour la plaque chauffante en fonte et encore un autre pour sa façade en acier inoxydable. Les deux fours sont respectivement « à pyrolyse » et « à catalyse » dans leurs modes de nettoyage. Tant qu'ils s'entretiennent tout seuls, je me fiche bien d'en connaître la traduction (en langue courante, je veux dire).

J'ai remarqué que l'équivalent de notre « Monsieur Muscles » anglais était « Monsieur Propre » sur le marché français. L'anglais semble un brin plus sexy que le français, qui donne l'impression d'un titre de la série des « Monsieur et Madame ». Je constate aussi que le mode d'emploi de notre fabuleuse cuisinière toute neuve conseille un nettoyage quotidien. Ne soyez pas ridicule ! En ce qui me concerne, les mots « quotidien » et « nettoyage » ne coexistent que chez les riches qui disposent du personnel adéquat.

Le temps s'écoule au rythme des travaux de la cuisine et, croyez-moi, c'est lent. Il s'avère que nous avons choisi des carreaux qui doivent être importés d'Espagne par cette loi universelle qui veut que le « meilleur » vienne toujours d'ailleurs et qui a voulu que ma sœur attende des semaines pour que ses carreaux français soient livrés à York.

Mon habitude de chercher à comprendre en quoi consiste chaque métier se trouve être une grosse erreur avec le carreleur. Maintenant, je suis parfaitement consciente qu'il est impossible de poser des carrés dans une surface en trois dimensions. Je comprends tout à fait qu'il faille commencer au milieu pour travailler vers l'extérieur, mais le milieu de quoi ? On secoue beaucoup la tête.

Si l'on commence au centre du mur, alors les carreaux autour de l'évier se termineront sur une bande de 1 cm qui se cassera au moment de la coupe... Prenons une baguette, voulez-vous ? Malheureusement, il ne s'agit pas de la pause-café, mais d'une bande plastique qui sert à la finition des carreaux coupés.

Et il y a le contour de l'évier composé d'un carrelage aux formes spéciales – pourquoi faire simple ? Or le rebord tombe plus bas que le panneau d'aggloméré, si bien que les placards ne s'ouvrent plus. Le carreleur part rendre une petite visite au menuisier, revient avec un panneau d'aggloméré et, une heure plus tard, la surface de mon évier est rehaussée de 1 cm. C'est parfait, tant que personne n'en parle au concepteur de ma cuisine qui a sans doute réfléchi à la meilleure ergonomie (pour moi ? pour John ? pour Mme tout-le-monde-et-personne ? Je m'interroge toujours sur l'équation ergonomie = cuisine-unique). Bon, la question des carreaux semble être résolue, n'est-ce pas ? Manque de chance, nous avons un problème de coin d'évier.

Nous réfléchissons aux deux coins non carrelés et aux morceaux d'angle. On dirait l'un de ces tests psychologiques qui révèlent que les garçons ont une meilleure visualisation de l'espace que les filles. Je retourne les morceaux et les compare avec les espaces vides, mais c'est le carreleur, un garçon, qui a raison.

Quelle que soit la manière dont j'examine les morceaux, ils ont tous un côté droit et un côté incurvé, alors qu'il nous faudrait deux côtés incurvés. Il s'avère que ce sont les mauvais morceaux. Ne pouvait-il pas me le dire au lieu d'attendre que je trouve la solution toute seule ?

Je réitère le test avec deux morceaux de bord ordinaires. Si nous ne trouvons pas les coins qui conviennent, nous pourrons toujours couper deux morceaux et créer un coin en onglet... ? Je me suis bien débrouillée, j'ai droit à un hochement de tête... *Exactement*. Si ce n'est qu'il ne nous reste que deux morceaux droits... Je persévère : « Et il nous en faudrait quatre ? » *Exactement*. Quoi qu'il en soit, nous attendons.

Je choisis une couleur pour le joint avant de succomber à une surdose de décisions. Trop de choix tue le choix, comme lorsque j'ai essayé d'acheter des beignets chez Tim Hortons au Canada, ou un café à Starbucks. Parfois, vous voulez juste un café et un gâteau, pour l'amour du ciel. Même l'étal des fromages au marché me semble excessif. Comme l'a souligné mon fils étudiant, on s'attend à y trouver différentes sortes de fromages, mais quatre sortes de Roquefort, ça va trop loin. Une amie proviseure commençait toujours ses vacances d'été par une semaine sans la moindre décision. D'ailleurs, les mots « à toi de choisir » ne sont pas toujours aussi généreux qu'ils le paraissent.

Je finis par comprendre. Peter Mayle est un sadique. Il a poussé des milliers de Britanniques innocents à entreprendre des rénovations au soleil avec les ouvriers-de-l'enfer, les mouches de films d'horreur et les toilettes-qu'il-faut-respecter. À cause de Peter Mayle, ceux qui n'ont pas signé leur perte se sentent encore plus malheureux de ne pas vivre leurs rêves et regardent tomber la pluie sur la petite île surpeuplée qui était autrefois chez nous.

Il y a un certain soulagement à savoir qu'on ne peut pas gagner, et je reviens au travail qui m'occupe. Je prends Jean-Baptiste au mot et l'appelle chez lui après 20 h pour prévoir la pose du granite contre le mur de travers.

Peut-être est-ce mon imagination, mais sa femme me semble un peu suspicieuse quand elle me demande qui est au téléphone. Après tout, c'est vendredi soir. Plus inquiétant encore, on dirait qu'elle sait tout de suite qui je suis et elle se détend quand je lui donne mon nom et que je bredouille des explications au sujet de ma cuisine. Je suis si drôle ? Toujours chaleureux, Jean-Baptiste prend rendez-vous pour venir couper le granite lundi soir. Ce qui aurait bien pu se passer si John n'avait pas posé le pied dans une bassine de lessive en sortant de la baignoire, écrasant une boîte en plastique et inondant la salle de bains au moment où Jean-Baptiste arrivait.

Tiraillée entre la nécessité de sauver ma salle de bains et le besoin de décider où placer tel ou tel placard, je lui dis : « Oui, oui. » Grosse erreur, comme toujours. Pourtant, Jean-Baptiste a oublié son pistolet à colle – nous n'en aurions pas un, par hasard ? Non, malheureusement, cet objet ne faisait pas partie du bric-à-brac laissé dans nos dépendances. Si Jean-Baptiste avait voulu une boîte en fer blanc rouillée de n'importe quelle taille, de vieux ciseaux de maçon ou une combinaison d'apiculteur, il n'y aurait pas eu le moindre problème.

Quand John fait son apparition, tout propre, Jean-Baptiste est parti et j'ai l'impression d'avoir dit « oui, oui » pour laisser le granite intact et le placard dans la mauvaise position. Mardi nous voyons Jean-Baptiste revenir, mais cette fois évidemment sans son outil de coupe. Je suis dans mes petits souliers. Il ne me lance même pas l'un de ces regards qui sous-entendent « je déteste les foutues bonnes femmes incapables de se décider », mais re-reprogramme un rendez-vous pour le mercredi soir. Il astique une dernière fois le plan de travail en granite, puis s'en va.

J'ai un mauvais pressentiment pour mercredi, le jour J. Ce devrait être le jour où la cuisine devient un endroit où cuisiner, laver la vaisselle et se sentir satisfait. Pourquoi quelque chose devrait-il mal se passer ? J'ai vérifié à plusieurs reprises avec le concepteur pour m'assurer que ce sont les installateurs qui raccorderont le four, le lave-vaisselle et qui termineront d'ajuster les tiroirs.

Les installateurs arrivent à l'heure et dès que je mentionne la plomberie et les appareils électriques, je comprends que ce ne sera pas une bonne journée. Monsieur Speedy veut savoir pourquoi je n'ai pas demandé à mon plombier de régler la question de l'évier. Il ne touche pas à l'électricité et je me retrouve entre le marteau et l'enclume en répétant ce que l'on m'a dit, ce qui ne fait que l'agacer davantage car c'est lui le patron et personne d'autre.

John part faire les courses, très loin d'ici. J'écoute les bruits d'un ouvrier très agacé qui se charge de la plomberie et de l'électricité sans siffloter. Il m'annonce qu'une prise ne fonctionne pas. Aucun problème, je réponds, c'est aux électriciens de régler la question. La loi de l'emmerdement maximum décrète qu'ils sont en déplacement cette semaine, mais je leur téléphone et ils promettent de passer dans deux heures.

Je transmets l'information, mais cela ne détend pas l'atmosphère. Monsieur Speedy regarde ma magnifique cuisinière avec dégoût. Il est hors de question qu'il touche le gaz pour la plaque chauffante. Je ne lui en veux pas et je le lui dis, tout en soulignant que je ne fais que répéter ce qui a déjà été convenu. Il me déteste.

À midi, je vois les installateurs disparaître, sans « bon appétit » ni

« à tout à l'heure ». Je hausse les épaules. Poseurs de métier et poseurs de nature. Ce n'est pas la première fois que je rencontre un adolescent furieux contre le monde entier.

« Bonjour les chiens ! » Voilà l'arrivée des électriciens, exactement comme promis. Les chiens les accueillent comme les amis de longue date qu'ils sont devenus. Ils inspectent le néon fixé sous une armoire murale. Leur « putain de merde, qu'est-ce qu'ils ont fait ici ? » me laisse entendre que Monsieur Speedy avait raison en prétendant qu'il ne pouvait pas se charger des travaux électriques.

J'ai oublié avec quelle bonhomie ces messieurs règlent les problèmes avant de s'en aller. John active l'interrupteur du four, et il fonctionne. Après un mois de préparations rapides au micro-ondes ou bouillies sur un réchaud de camping, il commence à avoir envie de pommes de terre en forme de pommes de terre et de gros morceaux de viande. Je préfèrerais aussi des poissons en forme de poissons plutôt qu'en cubes. Comment – et pourquoi – font-ils cela dans les plats surgelés ?

Je laisse des messages téléphoniques au concepteur de cuisine pour lui dire que mes ouvriers raccorderont la cuisinière, puis à mon plombier pour lui demander de le faire. Je consulte ma montre. Le déjeuner semble long aujourd'hui. Peu à peu, je comprends que la pause dure trop longtemps et qu'ils ne reviendront pas. Nous jetons un regard circulaire. Ils ont laissé leur échelle et ont emporté la poubelle qui allait sous l'évier. Sidérée, j'appelle le concepteur de cuisine qui n'est pas là. Moi non plus, à sa place, je ne serais pas là. Peut-être se sent-il pris en défaut ?

Aussi incroyable que cela paraisse, le plombier arrive. Avec sa patience habituelle, il travaille selon les instructions pour changer les injecteurs de gaz naturel en injecteurs à propane, ajuste les flammes et bavarde avec Jean-Baptiste dont les tentatives pour tailler son granite sont une fois de plus contrecarrées. Il ne semble pas s'en formaliser, accepte un petit café et révèle la raison de sa sérénité. C'est sa dernière mission avant de retourner à Chablis. Il en a assez de l'attitude du Sud, des médisances mesquines, du racisme. Il me donne des conseils sur la hauteur des flammes avant d'aider monsieur Robin à remettre la monstrueuse cuisinière à sa place. Il astique le plan de travail en granite tout en parlant.

— Quand les sudistes montent dans le Nord, nous les accueillons... ils nous apportent un peu de soleil et ça nous plaît bien. Par contre, quand on vient du Nord, on est reçu avec des commentaires hypocrites... j'ai horreur de ça.

Je sais que monsieur Robin est originaire de Normandie et qu'il n'a aucun regret, comme il me l'a dit quand je lui ai parlé de mon fils étudiant à qui le Pays de Galles manquait beaucoup.

— Vous allez attraper froid là-haut, dit-il à Jean-Baptiste.

— J'aime la campagne ici. Je reviendrai pour les vacances... rien ne vaut la chasse...

Et Jean-Baptiste nous explique quels sont les meilleurs coins. Il déverse tout son mépris sur les gens qui « massacrent » les animaux – ce n'est pas de la vraie chasse.

Je réponds que ce n'est pas demain la veille que je battrai les collines avec mon fusil, mais je lui dis que je pêchais autrefois et que le Pays de Galles est le paradis des pêcheurs. Je ne leur précise pas que je possédais un lac à truites, sur lequel mon ami et moi avions les droits de pêche exclusifs pour moins cher qu'un billet de rugby à la saison.

Après une dernière plaisanterie sur le Nord polaire, monsieur Robin s'en va et j'en apprends plus au sujet de Jean-Baptiste. Il m'avertit que les Anglais sont tous traités de rosbifs dans leurs dos. Je songe au temps que j'ai passé au Pays de Galles, considérée comme une Anglaise, et je me dis que je peux supporter d'être un rosbif. Je pense aussi à mes vingt-cinq années d'identité galloise, accent compris, et je n'ai pas peur de recommencer tout le processus qui transforme les étrangers en amis.

« Bé oui », Jean-Baptiste travaillera toujours la pierre à Chablis. Il passe son chiffon imprégné d'une solution magique sur le granite impeccable, le caressant une dernière fois. Pas de la pierre comme celle-ci, vous comprenez. Le marbre est beau, mais le travail est trop répétitif, il s'agit essentiellement de tailler des rectangles.

— Et à Chablis... ? je demande.

Je découvre alors que Jean-Baptiste restaurera des églises et autres monuments historiques. Comme les gens s'échappent des cases dans lesquelles on les place ! Pourquoi un artisan ne pourrait pas être un artiste ? Nous offrons à Jean-Baptiste une bouteille de pastis, des remerciements et des excuses, et il me promet une pierre taillée quand il en sculptera une. L'un de ses frères est négociant en vin et tandis que nous parlons, je peux sentir le goût du Chablis, les saveurs qui s'intensifient après le premier frisson de fraîcheur jusqu'à la richesse du raisin chardonnay. Je sais que désormais, le Chablis aura toujours pour moi le goût de la pierre froide, marbrée sur mes papilles.

10.

Bad-lands et chocolat à l'huile d'olive

La vie ne se résume pas à la cuisine – ni même à la maison – et nous remplissons des formulaires. Notre demande de carte grise, pour immatriculer notre voiture en France et recevoir nos plaques, a été refusée une fois de plus ou, comme la gentille dame de la mairie nous l'explique : « Je vous l'ai dit, ils aiment la paperasse à la préfecture. »

Nous vérifions ensemble les documents, en ajoutons quelques-uns, en modifions d'autres, et j'explique que nous ne pouvons pas envoyer l'ancienne carte grise avec notre dossier pour la bonne raison que nous n'avons pas ce système-là au Royaume-Uni. En fait, comme je l'ai précisé dans une lettre très courtoise à la préfecture, tout l'intérêt de leur envoyer le dossier est justement d'*obtenir* une carte grise.

La gentille dame comprend parfaitement, mais nous savons toutes les deux qu'il y a peu de chances que cela suffise à briser la glace de la préfecture. Nous souhaitons bon vent au dossier en le renvoyant une fois de plus. La seule chose qui me remonte le moral, c'est de savoir que la bureaucratie française a donné encore plus de fil à retordre à Le Pen, le chef naturel du Front National.

Après une récente percée dans la course à la présidence, où les abstentionnistes ont failli donner le pouvoir au Front National, la chance de Le Pen s'est achevée cette année. Ainsi, il n'a pas pu se présenter dans sa propre circonscription car – oui – il n'avait pas rempli les bons documents.

Alors qu'il était trop tard, quand il ne pouvait plus rien y faire, il a appris qu'il ne répondait pas aux critères de résidence et qu'il ne pouvait pas se présenter. J'imagine le plaisir avec lequel l'employé de la fonction publique chargé du dossier a dû remettre à plus tard l'annonce d'une telle information. Je pense à mes échanges avec la préfecture et j'extrapole en imaginant tous les plans qui se sont écroulés à cause d'une simple question de paperasse. Mes théories du complot sont surpassées par le rival de Le Pen, qui déclare que ce dernier s'est trompé délibérément dans ses documents de déclaration de résidence pour faire parler de lui.

Dans un pays où les enquêtes pour corruption semblent être un prérequis fondamental si l'on souhaite accéder aux plus hautes fonctions, je suis clairement une innocente en terre étrangère. Où sont les petits scandales sexuels, les infidélités conjugales et le népotisme qui fascinent la presse britannique et détruisent les hommes politiques ? Cela ne vaut guère la peine d'être mentionné, pas quand vous avez des hommes politiques de premier plan impliqués dans des fraudes qui se chiffrent en millions.

Comme la vie ne se résume pas à cela, nous partons explorer les bad-lands. C'est le terme consacré, même en français, et je comprends seulement maintenant ce que signifie ce mot. Pour nos enfants, les bad-lands sont les terres dévastées où les méchants évoluent dans les films de science-fiction post-nucléaires ; pour moi, ce sont les déserts rocailleux américains des méchants dans les westerns.

Les deux générations sont passées à côté d'une partie de la question. Les bad-lands, comme m'informe mon dictionnaire, sont des « étendues de strates molles érodées dans le Dakota du Sud et, par extension, toute région identiquement ravinée ». Nos bad-lands sont couvertes de glace, ce sont des falaises de roche blanche scintillante, abruptes au-dessus des vallées verdoyantes, le domaine des trolls et des ours des cavernes.

La dernière fois que l'on a aperçu un ours dans le Vercors, c'était en 1938, mais je suppose que cela ne veut pas dire qu'il s'agissait du dernier ours dans la région. Quand j'étais petite, mon père m'a dit que l'un de ses oncles était mort étouffé par un ours en Russie. Plus tard, une source plus fiable m'a raconté que cet Écossais aventurier s'était bel et bien rendu en Russie où il était tombé amoureux d'une femme et n'était jamais revenu auprès de son épouse. S'il était mort étouffé, ce n'était pas entre les bras d'un ours, mais cette histoire restera toujours dans ma mémoire.

On comprend l'inquiétude des paysans de la région quant aux animaux qui rôdent dans ces montagnes. Il y a bien quelques tentatives pour réintroduire des loups dans le coin, à la grande colère des paysans qui emmènent leurs moutons et leurs vaches dans les alpages en été. Nous nous trouvons dans la vallée et nous regardons les nuages courir le long de la crête rocheuse, leurs ombres étendues virevoltant comme des Nazgul sur les falaises.

Quand le soleil frappe une partie de la glace, nous apercevons un éclat argenté avant que l'ombre retrouve sa noirceur. Éblouis, nous baissons les yeux. Par terre, nos propres ombres minuscules s'accrochent à nos pieds. Nous les raccompagnons à la maison.

La nature sauvage nous a éblouis par sa pureté et nous sommes de nouveau capables d'interagir avec d'autres humains. Nous découvrons Nyons en mode festivalier, par un dimanche d'une chaleur inhabituelle. Nyons est fier de son pont roman bâti au quatorzième siècle (sans doute par des Romains provençaux ayant raté le repli de leurs troupes) ; de sa chapelle médiévale qui se dresse, penchée comme un ivrogne au-dessus du village, telle une pièce montée avec ses étages en pierre et sa statue au sommet ; et de ses olives noires de qualité exceptionnelle, la fameuse tanche.

L'huile d'olive de Nyons est l'une des cinq huiles d'appellation contrôlée, les autres se trouvant plus au sud dans les Alpilles, les Alpes-de-Haute-Provence et Nice. L'AOC de Nyons se vend quatre fois plus cher que l'huile extra-vierge d'importation.

Il me suffit de traverser la route devant chez moi pour acheter de l'huile extra-vierge locale, produite traditionnellement, mais mon voisin m'a stupéfaite dès ma première visite en m'apprenant qu'il faisait venir ses olives d'Espagne. Et ce n'est pas tout, il a ajouté que tout le monde procédait de la sorte, même ceux qui vous affirment le contraire. Les olives espagnoles sont bien moins chères et la production d'huile à l'ancienne est si coûteuse qu'on se demande bien qui peut se permettre de payer le prix des olives françaises ! C'est déjà bien assez difficile pour une affaire familiale de soutenir la compétition avec l'huile importée d'Espagne, d'Italie et de Grèce, savoureuse et bon marché. À moins bien sûr d'être à Nyons, où le label AOC maintient des prix attractifs et où les plantations d'oliviers s'étendent des deux côtés de la rivière Eygues, d'un bleu argenté perpétuel sous le soleil.

Sur la route de Nyons, nous laissons notre St Maurice et les montagnes du Vercors derrière nous pour serpenter le long de la rivière du Lez, toujours dans un paysage de lavande où les champs ondulent en épousant chaque virage et pente escarpée. Dans les lacets d'altitude, nous pouvons apercevoir sur notre droite les plaines industrielles du Rhône, les volutes de la centrale nucléaire de Tricastin et, par temps clair, les promontoires des gorges de l'Ardèche de l'autre côté du fleuve.

Sur notre gauche, les collines se changent progressivement en vergers, nous quittons l'étroite vallée de la rivière et les premières oliveraies se distinguent, éclats bleutés parmi les arbres fruitiers. « Vous êtes au pays de l'abricot » nous annonce le panneau, et nous savons qu'un peu plus à l'est se trouvent les tilleuls et les citrons verts des Baronnies, où se tient le plus grand marché aux herbes aromatiques de France. À vingt minutes de route de chez nous, nous apercevons la marque distinctive du Vaucluse, le mont Ventoux, avec son sommet pelé caractéristique, blanc en raison de la neige ou de l'éclat du soleil sur les rochers.

Sous son point culminant se dresse le mémorial de Tommy Simpson, le cycliste britannique qui y a trouvé la mort lors d'un Tour de France, le corps surmené par les anabolisants. Les cyclistes de passage contribuent à une collection hétéroclite d'hommages : des bouteilles d'eau en plastique, des pinces à vélo, une boussole ou encore les incontournables bouquets de fleurs. Nous avons vu les amateurs s'arc-bouter dans l'ascension du Ventoux et les professionnels défier la montagne. Chaque fois que nous passons par là, la découverte de la vue nous arrache un mot unanime : « Ventoux ». Puis nous descendons à travers les bosquets et les vergers jusqu'à l'agitation de Nyons.

Les gendarmes en service à l'occasion de la fête discutent, appuyés contre les barrières qui bloquent la chaussée. Une journée ensoleillée, des heures supplémentaires, peu de circulation et le contrôle de la foule… Je ne suis pas étonnée de les voir sourire. Je trouve le pull réglementaire de la police plutôt flatteur. Pourquoi l'uniforme est-il toujours associé aux fantasmes ? Si j'avais vingt ans de moins… et mesurais trente centimètres de plus… mais le bleu marine n'est pas vraiment ma couleur.

La confrérie des oléiculteurs est présente, en velours vert et tricornes, verts également. Ils sont accompagnés de quelques collègues du secteur des Picodons – et en effet, leurs capes sont couleur crème (mais pas moisi). Le centre de la vieille place du marché, un cloître ceint par des arches et des boutiques sur ses quatre côtés, abrite une estrade pour les discours, les remises de prix et les divertissements traditionnels.

Les haut-parleurs du village diffusent des discours proches des injonctions de la série *Le Prisonnier*. Vous entendrez inévitablement que notre pure tradition de la culture des olives a connu une saison exceptionnelle, malgré la sécheresse de l'an dernier, et vous apprendrez aussi qui a remporté le prix de la meilleure olive en concours.

J'adore les concours ruraux, c'est juste que je ne suis pas très douée pour y participer. À quinze ans, j'ai présenté un mouton (d'élevage – Derbyshire Grit) sur la piste du Yorkshire Show, avant d'étonner le personnel sous la tente de la Barclays Bank en commandant du café et des biscuits, persuadée qu'il s'agissait d'un stand de thé – ils nous en ont tout de même donné. Comment pouvais-je savoir que les plateaux n'étaient destinés qu'aux clients ?

Par la suite, j'ai connu plusieurs années aussi creuses que mondaines, en ville, avant de déménager dans la campagne du Pays de Galles où ma première mission au bureau du chômage (il n'y avait pas d'agence pour l'emploi à cette époque) fut de passer trois jours à préparer des salades pour le concours des trois comtés. Si vous avez besoin d'une experte en nettoyage de salade, appelez-moi.

J'ai admiré les plus gros légumes de Bancffosfelen, j'ai allaité mon bébé à l'arrière de la tente de la bière à Carmarthen et j'ai subi des comparaisons interminables entre le petit pois et la fleur de sureau (sous forme de vin, s'entend, et il s'agit là de véritables vins de pays. S'ils avaient pu faire du vin à partir des chaussettes qui puent, ils l'auraient fait. Le plus gênant, c'est que nous gardions les meilleurs vins pour les concours et buvions les « pas terribles ». Vous imaginez du vin de betterave « pas terrible » ?)

Puis il y a eu mes tentatives pitoyables de faire concourir mes chats. La première fois, nous avons été disqualifiés à la table du vétérinaire, car le chat avait des puces. Ma mère avait tellement honte qu'elle a dit à ses amies que le chat n'était « pas bien ».

La deuxième fois, nous avons reçu toutes sortes de conseils avisés, comme : « Laissez son bol d'eau au fond de la cage au cas où on essaierait de l'empoisonner », ou : « Si vous lui coupez les moustaches, son visage paraîtra plus large ». Nous avons remporté une cocarde, mais mon chat était tellement stressé qu'il s'est enfui dans les bois à notre retour et il nous a fallu deux jours pour le convaincre de descendre de son arbre. Nous lui avons promis qu'il n'y aurait plus de concours et nous avons tenu parole.

Tout cela pour dire que je sais reconnaître une bonne foire agricole quand j'en vois une. Les producteurs d'huile de Nyons sont venus en force et ils sont en pleine forme. La récolte commence normalement à la fin du mois de novembre, mais l'automne a été doux et ensoleillé, les plants continuent à s'épanouir et les saveurs à se développer, et la récolte se poursuivra jusque tard dans la saison.

L'année a été fructueuse pour les cultivateurs de tanche. Nous avons souvent rencontré des moissonneurs en décembre, leurs échelles contre les troncs, de vieux paniers d'osier empilés. Maintenant l'huile d'olive nouvelle est arrivée. J'achète une bouteille de cet or liquide et l'on me dit que je peux m'en servir tout de suite et qu'elle gardera toutes ses qualités gustatives pendant un an. Il vaut mieux la conserver à l'abri de la lumière, dans du verre ou de l'inox, comme du parfum.

Tous les dérivés de l'olive possibles et imaginables sont en vente et, quand ils sont comestibles, proposés à la dégustation : des tapenades d'olives noires et vertes, ce pâté à l'olive classique ; une crème d'olives plus pure ; des huiles d'olive, nature ou aromatisées au basilic, à l'ail, aux piments ou à la truffe ; du savon, du démaquillant et de la crème hydratante à base d'huile ; et même du chocolat à l'huile d'olive (étrange, de par sa couleur verte, mais très brillant et… eh bien, huileux).

Enfin, bien sûr, il y a les olives elles-mêmes ; la tanche, reine de l'exposition, brun-noir, de taille moyenne et légèrement fripée, contrairement aux billes luisantes couleur corbeau que l'on vend à Nice ou aux grosses olives grecques, et bien plus douces que ces deux variétés ; des olives avec toutes sortes d'herbes aromatiques, fourrées, épicées et piquées (une méthode rapide de préparation à base de sel pour de jeunes olives vertes fruitées, toujours piquantes et qui ne mollissent pas).

Même s'il a lieu le premier dimanche de février, l'événement est une importante attraction et je me fraie un chemin dans la foule des touristes du dimanche pour atteindre les étals, bien déterminée à goûter et acheter. Le marché hebdomadaire vaut largement le déplacement (il est célèbre car, les jours sans actualités, le correspondant à Nyons pour le *Dauphiné* décrit chaque stand du marché avec les noms des commerçants et le prix de leurs produits). Les jours de fête sont encore meilleurs.

Les danseurs de flamenco traditionnel font claquer leurs castagnettes sur l'estrade, au son des guitares espagnoles. Traditionnel ? Ici, les olives ne sont peut-être pas importées d'Espagne, mais… Les adorables chèvres, incontournables avec leurs petits encore plus mignons, mâchent et bêlent dans l'enclos qui délimite la ferme des enfants, où les petits garçons poursuivent les poules et où les fillettes caressent les oreilles des lapins. Si seulement j'étais accompagnée par un tout petit, je pourrais franchir la clôture pour câliner les poules et courir après les lapins.

Nous portons des imperméables, mais les palmiers de Nyons se dressent très haut dans un ciel d'un bleu pur. À l'heure du déjeuner, tout le monde se déshabille pour s'asseoir en t-shirt aux terrasses des cafés, un avant-goût de printemps. Le microclimat de Nyons protège les plantes exotiques en hiver et tire le meilleur parti du soleil, voyant la population quadrupler pour atteindre quarante mille habitants en été.

Je flâne parmi les étals : Picodons, saucissons, pains de campagne (des bombes à retardement qui se transforment en pierre au bout de huit heures), fruits en bocaux, confitures et savoureuses tartinades, directement achetées au producteur, mais je ne trouve

Qu'elle est bleue ma vallée

aucune truffe. Les olives ont peut-être connu une bonne année, mais la période aura été plus rude pour les champignons.

Ce devrait être l'apogée de la saison. Même si la demande pour les diamants noirs connaît un pic à Noël, la récolte est meilleure à partir de janvier et dans les mois les plus froids. Aussi cher que ce soit, il est facile de trouver des truffes en conserve et de l'huile à la truffe, même dans notre Super-U local, mais les truffes fraîches en revanche demeurent entre les mains des négociants, dans un certain café de Tricastin le mardi ou directement dans les coffres de voiture à Richerenches le samedi matin.

Je sais que le prix actuel est de six cents euros le kilo et je ne compte pas en acheter si j'en aperçois. J'ai abandonné mes recherches et me divertis devant des affiches sur le Picodon, notamment celle qui reprend la célèbre fable (un renard qui détale avec, en guise de fromage, un Picodon dans la gueule), quand je repère enfin ce que je cherche, des truffes fraîches.

L'étal offre un curieux mélange de fleurs et de fruits, présentés sous cellophane et fermés par des rubans. Trônant au centre de la table, deux bocaux contenant des œufs ainsi que les boules caractéristiques, sorte de crottin de cheval comestible d'une valeur de six cents euros le kilo. Il doit y avoir cinq truffes dans le grand bocal. J'effectue un calcul rapide : des diamants noirs, en effet.

Quelqu'un passe devant moi pour accéder au stand, et tout s'explique. Il s'agit là des lots mis en jeu pour la tombola, les bocaux de truffes constituant le premier et le deuxième prix. Pourquoi les œufs ? Parce que, d'après Carluccio, mon expert en champignons, les truffes ont « une affinité » avec les œufs. Quand ils sont conservés ensemble, celles-ci leur transmettent leur saveur à travers les coquilles fines et, presto ! vous avez une omelette à la truffe sans qu'il soit besoin d'y ajouter le précieux champignon.

Une fois de plus, je décide d'emmener nos chiens truffiers dans la plantation de chênes de monsieur Dubois, juste au cas où, mais je n'achète pas de ticket pour la tombola. On ne sait jamais quel peut être le dixième prix et pas plus tard que la semaine dernière, John a été tenté de participer à une tombola locale où le premier prix était un cochon (vivant) et le second une chèvre (vivante).

Un marchand entend mon accent et me demande d'où je viens.

Je choisis la facilité et je réponds : « Je suis anglaise », mais ça ne lui suffit pas.

— Anglaise d'où ? demande-t-il. Des États-Unis ? D'Écosse ? D'Irlande ?

— Du Pays de Galles, je lui dis, mais nous vivons à Dieulefit maintenant.

— Ah, fait-il en souriant. Une Anglaise provençale.

Il n'a rien de moqueur, c'est un sourire de reconnaissance. J'aime cette idée et je fais rouler ma nouvelle identité sur ma langue. Je prends alors conscience qu'» Anglaise » ne signifie pas « d'Angleterre ». Quand on a compris que cela veut souvent dire « anglophone », être une « Anglaise du Pays de Galles » n'est plus si saugrenu.

Cela n'excuse pas la description que Le Pub donne du *welsh rarebit* sur son menu : plat typique « anglais ». Et il est difficile d'expliquer le titre du film français *L'Anglaise*, dont l'héroïne est une « jeune Écossaise », mais ainsi nous avons moins l'impression que les Français ne reconnaissent que l'Angleterre comme pays à part entière. Dans un contexte sportif, en revanche, les Gallois sont traités avec beaucoup de respect par les commentateurs français et sont scrupuleusement distingués des Anglais.

Suis-je une Anglaise provençale ? Je devrais peut-être adopter la coutume allemande et créer un nom à rallonge, comme « bustenhalter », soutien-gorge sans trait d'union. Je pourrais bien être une Anglaise-galloise-provençale-de-provenance-écossaise. (Je suis fière de ce « de provenance ». C'est une façon très longue de dire « de » qui m'a complètement déboussolée la première fois que je l'ai vue sur le panneau d'affichage de la gare. Je croyais que « le train en provenance de Lille » avait au moins été construit là-bas pour mériter un mot si long.)

J'ai toujours ma crise d'identité habituelle. Dans les années 60, « se trouver » était un passe-temps reconnu, mais de nos jours, les formulaires de recensement nous offrent plus de cases. Nous sommes censés penser au-delà de ces cases, tout en sachant laquelle cocher.

En bonne Galloise, je remarque que Bonnie Tyler est numéro un des charts en France et chante son vieux tube *Total Eclipse of the*

Heart avec la chanteuse française Karine. Je me rappelle avoir visité une école primaire dans la vallée de Swansea, où un enfant m'a dit : « Bonnie Tyler est ma tata, tu sais. » Quand je dis que j'habite à Dieulefit, personne ne me répond : « Vous devez connaître Montand le boulanger, il a vécu pendant dix ans dans cette maison qui était autrefois un bureau de poste... »

Le besoin qu'ont les Gallois d'associer les gens et les lieux me manque un peu. J'y ai vécu assez longtemps pour avoir connu tel ou tel Jones, et si d'aventure je ne le connaissais pas, je pouvais toujours répondre : « Attendez, était-il de la même famille que les Jones qui ont vendu le parc éolien ? » Et la conversation pouvait ainsi dériver pendant des heures.

La seule fois où j'ai connu une discussion approchante, ce fut par procuration. Tout le monde connaît monsieur Dubois et tout le monde sait de quoi je parle si je dis que j'habite dans sa maison. Quand le carreleur m'a dit qu'il avait passé son enfance juste à côté, dans la maison aux volets bleus, j'ai tout de suite mis cette information de côté pour une future conversation à la mode galloise (« Vous avez reçu le maçon ? Un gentil garçon. Ses parents habitaient... et c'était avant... »). Je note aussi les indications que le carreleur donne au téléphone à un livreur complètement perdu : il doit tourner à droite après la vieille fromagerie Cavet... Je sais où se trouve l'actuelle Cavet, mais il en va des lieux comme des gens. Pour les connaître, il faut savoir d'où ils viennent.

Je soutiens le Pays de Galles dans les internationaux de rugby, même si je ne les regardais jamais quand je vivais là-bas. Je consulte les actualités galloises en ligne, je connais les coulisses de la politique et je suis ravie de voir un ancien directeur de l'éducation se présenter au gouvernement local. J'enrage de cette honte que nous a récemment causée l'assemblée : des aspirations internationales, mais la cervelle au niveau du fondement.

Il y a quelque temps, une motion détaillée quant à l'emplacement exact où lesdits fondements devaient être posés dans la salle avait fait perdre du temps à l'assemblée jusqu'à ce que le président en personne finisse par exprimer son opinion (acerbe) – non pas sur le contenu de la proposition, mais sur son existence même.

En un mot, je me comporte comme une exilée – pas au point

d'intégrer quelque groupe d'anciens patriotes, et sans aucune envie de retour – mais tout de même, il y a en moi quelque chose d'irréductiblement gallois. Autrefois, je reprochais à mes parents d'appartenir à un groupe raciste, la St Andrews Society, avec ses critères d'adhésion étranges (à mes yeux). Je me méfie des « clubs », quels qu'ils soient, dont l'adhésion est restreinte. Mais à présent je comprends mieux ce qui les y a poussés.

Un jour, je découvre Michael Jones. J'ai appris à reconnaître quelques visages clés de la scène populaire française et j'ai remarqué que Jean-Jacques Goldman apparaissait en interview en compagnie du chanteur et parolier avec lequel il travaille, un grand type maigre aux lunettes à verres rouges. J'aurais dû me douter à la consonance de son nom que Michael Jones n'était pas d'origine française. Il chante avec Jean-Jacques le titre culte *Envole-moi*, et je ne crois pas qu'un amateur de musique française moderne puisse ignorer son nom, si bien que je n'ai pas fait le rapprochement avant d'entendre ses paroles bilingues de *Je te donne* :

« *I can give you a heart, bred with rhythm and soul,*
From the heart of a Welsh boy who's lost his home. »

Michael Jones est né à Welshpool, comme son père, qui a pris part au débarquement en Normandie et qui, en plus de remporter une guerre, a trouvé le moyen de tomber amoureux d'une fille de la région, de l'épouser et de rentrer chez lui avec sa femme française. Peut-être pas tout de suite, je l'ignore, toujours est-il que Michael Jones est né et a grandi à Welshpool. Lors de vacances chez sa famille à Caen, quand il avait dix-neuf ans, il a vu la petite annonce d'un groupe de rock français qui cherchait un guitariste capable de chanter en anglais. C'était Goldman, sans doute le nom le plus célèbre de la scène française actuelle, qui avait placé cette annonce et leur partenariat musical dure depuis trente ans. Michael Jones est une superstar ici, et un illustre inconnu au Pays de Galles.

« *Je te donne, je te donne*
Tout ce que je vaux, ce que je suis, mes dons, mes défauts
Mes plus belles chances, mes différences. »

11.

À la recherche de Jean le Blanc dans la Forêt magique de Saou

Dans la brume, à travers un paillis de feuilles humides de neige, je cherche Jean le Blanc dans la forêt magique de Saou. Parmi les premières violettes, les hellébores sauvages sont sur le point d'éclore, silhouettes en forme de fougères également appelées roses de carême, que j'avais plantées autrefois près de ma mare au Pays de Galles.
 La première fois que nous avons vu Saou, le village était doré par le mois d'avril, niché contre la roche devant la haute falaise qui garde la forêt. Nous avons emprunté les chemins touristiques, balisés par des marques sur les troncs, et nous avons soulevé les rabats en bois afin de tester notre français avec les questions pour les enfants. La rivière était un simple bouillon dans lequel se tremper les pieds ou boire une gorgée pour se désaltérer. Un écureuil roux a croisé le chemin de John, mais je l'ai raté, grincheuse d'avoir été mise à l'écart.
 Monde perdu, la forêt s'étend entre les parois rocheuses percées d'étroites entrées à travers les gorges nord et sud. Jusqu'à novembre 2003, c'était une propriété privée, bien qu'ouverte aux chasseurs, randonneurs et familles de sortie, qui se disputaient chacun le territoire. Le champagne fut officiellement sabré quand Saou est enfin devenu un parc départemental, dont nous autres, les Drômois, sommes propriétaires. Pour les chasseurs, les marcheurs et les familles, aucun changement, mais l'avenir s'annonce

intéressant si l'on considère le parc national du Vercors voisin. Dans les brumes de février, j'imagine des hurlements de loups.

Nous n'avons pas reconnu les lieux quand nous les avons à nouveau visités au mois d'août. Le parking était plein et des foules emportaient leurs pique-niques jusqu'à la lisière de la forêt. Peu importe que les tables déjà installées soient toutes occupées, car les nouveaux venus étaient munis de l'attirail indispensable à tout bon pique-nique français. Certains coffres de voiture s'étendaient comme le Tardis de Dr Who pour offrir tables, chaises, paniers, caisses de vin et, bien sûr, des nappes immaculées et des serviettes. Le déjeuner, surtout à l'extérieur, n'est pas à prendre à la légère.

Entre les bébés et les chiens, c'est à qui récupérera les miettes dans l'herbe sous les tables, et personne ne semble gêné par l'affluence tant qu'il y a suffisamment d'ombre pour tout le monde. Et pourtant, malgré l'arrivée de voitures pleines à craquer pendant deux bonnes heures, il ne nous a fallu que deux minutes de marche pour nous éloigner du bruit – et de la foule – entre les arbres.

Il n'y a personne en ce jour de février et les bois enrobent chaque bruit d'un silence doux et feutré. Nos voix sont trop claires et fortes pour cet endroit. La rivière, peu profonde, est assez froide pour causer la mort – ce qui s'est produit au moins une fois cet hiver. Le sentier progresse entre les pierres, même quand la rivière disparaît sous terre pendant dix minutes sans que l'on sache si cette déviation est due à un accident naturel du terrain ou à l'intervention humaine. Les racines à découvert d'un immense arbre mort barrent un chemin de traverse – un autre rappel des mondes sous nos pieds, où l'eau s'enfonce plus profondément que n'importe quelle baleine sous la surface.

C'est depuis la voiture que j'aperçois des Jean le Blanc – ils sont deux. J'en suis convaincue, je distingue une tache blanche sur leurs dos, la forme caractéristique de ces oiseaux de proie, plus petits que des buses. J'ai lu que l'on pouvait découvrir des Jean le Blanc dans la forêt et j'espère bien repérer cette espèce de circaète.

Au fond, ce nom lui donne une personnalité, comme un habitant timide des bois avec qui j'aimerais lier connaissance.

— J'ai vu Jean le Blanc aujourd'hui, ai-je envie de dire.
— Comment allait-il ? me demanderait-on.

— Très bien, répondrais-je.

Je n'explique pas à mes amis gallois en visite pourquoi Jean le Blanc, le mangeur de serpents, aime tellement Saou et je me garde aussi de mentionner les sept variétés de reptiles rampants (dont trois très rares) que l'on peut trouver dans la région. Il y a certains aspects de mes sorties dans la forêt que je préfère taire.

Plus dangereux que les serpents, il y a l'« ambroisie » contre laquelle mon journal local m'a mise en garde, dans un article alarmiste soulignant que l'on en aurait récemment aperçu. Je n'avais jamais remarqué une telle hystérie auparavant, même dans les témoignages sur les loups dans le Vercors. Je suis troublée et le dictionnaire ne fait qu'accentuer ma perplexité. C'est bien le même terme qu'en anglais, alors comment se fait-il que la nourriture des dieux puisse être « une infestation » contre laquelle les articles 1382 et 1383 du Code Civil, ainsi que le 220-221 du Code de l'Environnement, obligent les propriétaires à prendre des mesures ? Il s'avère que l'ambroisie est également une « plante dangereuse pour la santé », appelée « herbe à puce » aux États-Unis. C'est notre « jacobée » britannique. Tout ce que je sais au sujet de la jacobée, la mauvaise herbe à longue tige et aux fleurs jaunes, c'est qu'elle empoisonne les chevaux, et que nous avons aussitôt détruit les spécimens étranges qui avaient fait leur apparition sur notre terrain au Pays de Galles. Je ne me doutais pas du chaos que cette plante cause aux États-Unis ni de la véritable menace qu'elle représente dans la forêt de Saou.

Je ne remarque aucun triffide (un soulagement – que suis-je censée faire si j'en aperçois ?) tandis que nous suivons le détour de 800 mètres pour voir les « arbres remarquables ». J'ai un pincement au cœur pour la partie de la forêt qui ne bénéficie pas de cette distinction.

— Vous êtes tous remarquables, je leur dis en me remémorant cette école où les classes portaient des noms d'arbres (et certains étaient bien plus populaires que d'autres).

Mais je me dévisse tout de même le cou pour admirer les pins sylvestres officiellement dignes d'être admirés, hauts... très hauts. John prend en photo leurs cimes vacillantes... et leurs bases... mais n'a aucune chance d'obtenir les deux sur le même cliché à moins de s'allonger sur le dos dans la boue. Il opte pour des photos tronquées.

On se croirait dans une caverne tant la forêt est chargée de brume et nous chassons toute cette humidité en allant boire un café à *L'Oiseau sur sa branche*. La moitié des tables sont dressées pour le déjeuner et ce sera sans doute bondé, mais nous ignorions à quel point le restaurant était populaire quand nous étions venus l'été dernier, morts de chaleur et de faim, en espérant y trouver un sirop et un sandwich.

Les tables s'étendaient sur toute la terrasse jusqu'au bord de la rue du village et lorsqu'un groupe se levait, un autre prenait aussitôt sa place. Les serveuses agitaient des sets de table, des assiettes fumantes et des bouteilles de vin rouge fraîches dans une danse fébrile entre les clients. Nous n'avions guère d'espoir d'obtenir « juste un sandwich », mais nous avions tout de même tenté notre chance.

Nous avons reçu l'inévitable « non, nous ne servons que des repas » et nous nous sommes apitoyés autour de nos sirops à la menthe, déçus et affamés. Malgré tout, notre faim était trop engourdie par la chaleur pour nous permettre d'apprécier les assiettes garnies de spécialités à la pâte feuilletée ou de ragoûts. Nous n'avions aucune chance de trouver des magasins ouverts entre midi et deux, ni aucun café à quinze kilomètres à la ronde, et nous devions paraître assez pathétiques pour toucher une certaine fibre maternelle, car notre serveuse est revenue nous voir pour nous proposer de prendre un dessert... pourquoi pas une tarte à l'abricot ? Chaque bouchée de cette tarte était comme la véritable ambroisie, sucrée par le soleil.

Le chef cuisinier de *L'Oiseau sur sa branche* porte sans doute un tablier blanc, bien que l'intérieur de son restaurant ne soit pas plus grand que mon salon, et son credo est inscrit sur une vitrine : « Ici, nous n'acceptons aucun obstacle à la liberté d'expression, au débat d'idées, aux utopies ni aux rêves. Nous n'acceptons aucun frein ni restriction à l'exercice du libre arbitre. La seule loi est le défi du débat. » Après ça, qui a encore besoin de Paris et sa Rive Gauche ?

Je consulte le livre des oiseaux, sans succès. Manifestement, les taches blanches aperçues se trouvaient aux mauvais endroits, mais dans le brouillard et en plein vol, sait-on jamais...

Je sais au moins reconnaître un cormoran quand j'en vois un. Ils se déplacent en groupes, précisément aux endroits où l'on s'attend à les trouver, sur les bancs de sable et le bois flotté du canal de Montélimar, avec vue sur les tours d'habitation et les friches industrielles. Comme les renards urbains, les cormorans se débrouillent avec ce qu'ils trouvent. Au Pays de Galles, mes anciens collègues de Port Talbot saluent toujours mon fétiche, perché sur un lampadaire au-dessus du terre-plein central de l'autoroute M4, sur la pente qui descend de Baglan jusqu'à la ville que Dieu aimerait oublier.

Chaque jour pendant trois ans, sur la route du travail, je cherchais cette silhouette, le cou plié en forme de U, les ailes tendues quand il les faisait sécher, comme l'aigle sur un étendard romain, ou voûté dans son sommeil. Si je le voyais, je commençais la journée du bon pied, comme après le baiser de l'être aimé, et si je le surprenais en plein vol entre son lampadaire et les quais, c'était un moment magique.

Il a disparu juste avant mon départ – pour passer à autre chose, ai-je songé. Il est sans doute mort, écrasé sur l'autoroute, m'ont dit mes collègues facétieux. C'est l'un de ces mêmes collègues qui m'a appelée six mois plus tard : non seulement mon cormoran était revenu, mais il avait de la compagnie. Si un jour vous empruntez la M4, entre Baglan et Port Talbot, où les aciéries crachent leurs nuages gris et où les nuages gris rejettent une pluie grise, levez les yeux. Si le lutin des eaux ou l'un de ses amis s'y trouve, il secouera la pluie de ses ailes et s'étirera, en osmose avec les éléments. Il rendra peut-être visite à sa nouvelle statue sur la promenade de Llanelli, l'approuvera et jouera sur les tas de sable de l'été, mais il reviendra toujours à la centrale électrique et aux collines dépouillées qui ouvrent sur les vallées du sud du Pays de Galles.

Les cormorans de Montélimar ont la belle vie. Le vent nous pique les yeux, déchire nos oreilles nues et nous met la peau à vif alors que les secondes s'égrènent. Nous perdons le compte et l'oiseau réapparaît en piqué comme un magicien, loin et hors de portée, dans une direction différente de celle qu'il avait d'abord empruntée. Son cou en U se tord. Nous avons vu des anguilles de soixante centimètres de long succomber à la détermination d'un oiseau et refaire leur apparition avant de disparaître à nouveau, lorsqu'une autre déglutition sonne le glas de la proie agitée. Le petit déjeuner a disparu.

Cela fait maintenant deux semaines que les installateurs sont partis déjeuner et leur échelle est toujours à l'endroit où ils l'ont laissée. Comme on dit, nous sommes passés à autre chose (lorsque le maçon annonce : « Nous pouvons abattre le mur et l'escalier jeudi », et que nous répondons : « Très bien », la cuisine encore en chantier cesse d'être une priorité). En plus de quoi, des questions plus essentielles nous occupent et nous préparons une visite chez le médecin afin d'obtenir une prescription régulière.

Si John est malade, il s'estime trop tendu pour aller chez le médecin (quand il ne se sent pas bien), et s'il est en pleine forme à quoi bon aller consulter ? Cette logique intéressante est encore plus conséquente si la langue de consultation est le français. Je le convaincs de prendre rendez-vous (quand il n'est pas malade, bien sûr – je ne suis pas courageuse à ce point), nous savons de toute façon que tous les docteurs parlent une langue étrange et John bachote le chapitre correspondant dans ses cours de français pendant que je joue avec le gros dictionnaire. Nous apprenons ainsi que les picotements dans les membres sont appelés « fourmis » et ce nouveau vocabulaire nous ferait presque regretter de ne pas avoir plus de problèmes de santé – quel gâchis de ne pas pouvoir employer tous ces mots-là.

Avant de quitter le Pays de Galles, nous avons demandé à notre généraliste, ou plutôt à sa secrétaire, de nous remettre nos dossiers médicaux. Il y a des secrétaires médicales et il y a des rottweilers. Celle-ci appartenait à la dernière catégorie et elle se comportait comme si nous lui demandions de révéler un secret d'État et de trahir la Grande-Bretagne.

Quand les dossiers photocopiés sont arrivés, je les ai lus comme s'il s'agissait du dernier best-seller bourré de sexe et de violence – et c'est sans doute le cas, si l'on connaît l'histoire qui se cache derrière les « trois points de suture au front » (une bien bonne, celle-là – j'ai pissé le sang dans tout le service des urgences de Llanelli quand, conforme à la procédure, le médecin m'a dit : « Bon, voyons, qu'est-ce qui ne va pas ? ») ou celle qui commence par : « vomit depuis 16 h, a mangé des huîtres le 28/08... » J'ai l'impression de retomber en enfance et de laisser traîner mes oreilles, ou de lire des notes entre professeurs sur lesquelles figure mon nom. Je suis fascinée par les courriers que s'échangent généraliste et spécialiste au sujet de John, à cause d'une épaule bloquée ou d'un problème approchant.

Spécialiste au généraliste : « Merci de m'adresser ce très agréable patient de 57 ans... »

Généraliste au spécialiste : « Merci de recevoir ce très agréable patient de 57 ans... »

Et s'il n'avait pas été très agréable ?

Je consulte mon propre dossier, mais tout ce que je trouve, c'est l'espace curieux qui suggère qu'une partie a été soigneusement effacée de la photocopie. J'en tire mes propres conclusions... « Cette patiente de 47 ans très **** **** **** » ?

La communication passe mal entre les médecins et moi. Je ne comprends pas pourquoi, car mon vétérinaire gallois est devenu mon ami et j'apprécie beaucoup mon vétérinaire français, à qui je fais confiance même si je ne partage pas son enthousiasme pour l'anatomie intérieure des chiens. Les docteurs, en revanche...

Il y a eu ce médecin qui a suggéré que si j'avais l'impression de souffrir d'une infection vaginale, c'était peut-être parce qu'on en entendait beaucoup parler à la télévision à ce moment-là... J'ai changé de docteur.

J'ai connu cet autre praticien qui prescrivait toujours du jus d'orange, un exemple parmi d'autres, dans des situations où il refusait d'avoir recours aux antibiotiques au prétexte que les gens en abusaient de manière générale. Mes difficultés ne se limitent pas aux professionnels de la santé de sexe masculin, ni aux médecins d'ailleurs. Il y a cette infirmière qui m'a expliqué à quelle fréquence je devais prendre un certain médicament et qui, lorsque je lui ai demandé l'effet qu'il me ferait, m'a répondu : « Vous le découvrirez bien assez tôt » avant d'éclater de rire. J'étais une jeune femme très naïve, à l'hôpital, car il s'agissait d'un suppositoire laxatif.

J'ai donné une lecture publique de mon premier roman dans une unité neurovasculaire. Les infirmières, trop occupées, se sont contentées d'installer quelques victimes dans la salle de séjour, dont mon adorable maman pleine de vitalité. À la fin de la lecture, je me demandais si quatre d'entre eux étaient encore vivants (mais ils l'étaient, car ils étaient capables de tenir le marque-page que je leur avais donné).

Bien sûr, il y a aussi des anges – une sage-femme qui vous écoutait et vous croyait, et un généraliste qui prescrivait de la pénicilline – mais ils sont rares. Le système de santé au Royaume-Uni semble fonctionner sur le principe que si les patients attendent leur traitement assez longtemps, il en mourra suffisamment pour permettre à l'État d'économiser et de perdurer ainsi tant bien que mal.

À leur décharge, je dois avouer que je ne suis pas une très bonne patiente. Je suis désolée pour l'infirmière qui m'a demandé quelle était ma religion – elle ne faisait que son travail en remplissant ses formulaires. Quand j'ai répondu avec humeur : « Indéterminée », elle m'a demandé innocemment : « Qu'est-ce qui est terminé ? »

Parfois, je sors d'une consultation particulièrement déprimée ou écumante de rage. La seule fois où je me rappelle avoir été positivement enchantée, c'est quand un podologue de Llanelli, à l'accent du Tyneside, m'a demandé d'apporter mes chaussures pour qu'il y jette un œil.

— Toutes ? lui ai-je demandé en véritable Imelda Marcos de Llannon.

Nous avons décidé que je lui en montrerais une sélection et j'ai passé une demi-heure de bonheur à choisir mes chaussures favorites.

Toutes mes habitudes de consommation ont été légitimées quand j'ai regardé la lettre qu'il a écrite au podologue du sport qu'il me recommandait : « Cette dame a d'excellentes chaussures. » Depuis, je rebats les oreilles de mon mari avec cette citation.

Par conséquent, notre visite chez notre nouveau médecin français est d'ores et déjà assombrie par de mauvaises expériences. Nous nous y rendons en traînant des pieds et observons sans conviction les tapisseries africaines tout en feuilletant des magazines.

La secrétaire médicale est une gentille fille, il n'y a que cinq minutes d'attente, c'est un bon début. Nous tendons le dossier Gill/Pilborough et je me demande ce que le médecin français pensera de mon « patient très agréable ».

Il parvient à exprimer son dédain pour le système britannique sans pour autant nous manquer de respect. Il nous propose une prescription « plus moderne » et peut prévoir un rendez-vous avec un spécialiste dans trois semaines, si nous le souhaitons.

Nos archives demeureront *nos* archives. Nous les emportons pour les montrer aux interlocuteurs médicaux que nous choisirons et cela fait des années que je n'avais pas eu à ce point l'impression que notre santé – bonne ou mauvaise – était entre nos mains.

Je sais que le ministre de la Santé français a démissionné l'an dernier, car de nombreuses personnes âgées sont décédées, chez elles et à l'hôpital, pendant la canicule exceptionnelle. Je sais aussi que la sécurité sociale a du mal à s'assumer financièrement, mais comme j'ai grandi en croyant que le système de santé britannique était le meilleur au monde jusqu'à ce qu'il me trahisse, je sens que moi et les miens serons mieux soignés ici, à Dieulefit.

12.

Panais et partisans

Le printemps danse avec l'hiver, faisant étalage de jacinthes et de primevères dans le soleil, avant de se figer le jour suivant sous une chute de neige. Un matin très tôt, vers la fin du mois de février, nous apercevons quatre oreilles aux pointes noires dans le verger. Ce sont deux lièvres qui se courent après dans un ballet complexe. C'est la première fois que nous voyons plus d'un lièvre. Nous narguent-ils à tour de rôle ? J'attends avec impatience la folie du mois de mars, mais peut-être faudrait-il un autre mâle pour cela ? J'ai lu un article au sujet d'une Australienne assommée dans son propre jardin par un kangourou qui avait surgi des bois voisins. Je crois que je pourrais survivre à un lièvre, même de très mauvaise humeur.

Des V d'oiseaux migrateurs passent en direction du nord. Les premiers visiteurs de l'été arrivent pour les remplacer avec, parmi eux, un passereau noir et blanc qui dévoile une couleur jaune vif en déployant ses ailes et des bergeronnettes qui n'ont pourtant pas la démarche que je leur connais. Pour la première fois, mon jardin aura des jonquilles à la St David, car les premières pointent déjà leurs jupons le long de l'allée. Selon la coutume locale, au début du mois de mars, des groupes de Montiliens (habitants de Montélimar) se rendent à la campagne pour cueillir des jonquilles sauvages. Monsieur Speedy et ses installateurs de cuisine en train de sautiller dans les champs avec des bouquets de jonquilles ? Je ne pense pas.

Je suis stupéfaite de recevoir un appel du concepteur de cuisine – cela fait maintenant trois semaines que ses gars sont partis déjeuner et que leur échelle trône toujours contre notre mur. Apparemment, le concepteur était très malade à l'hôpital et il est prêt à se pencher à nouveau sur nos « petits soucis ». Nous le pardonnons, convenons de ce qu'il reste à faire et nous séparons bons amis – trois autres semaines s'écoulent.

Si au Pays de Galles nous avions une fenêtre orientée vers le couchant, ici c'est un mur. Il est teinté de rose à l'aube, donne aux soirées une nuance dorée et les ombres et silhouettes s'y détachent par les journées pluvieuses du printemps. Nous découvrons toujours notre propre maison, qui nous réserve de petites surprises quotidiennes, certaines plus pratiques que d'autres. Nous dénichons trois abreuvoirs en bois dans un cabanon et les repeignons pour en faire des jardinières. Un mât à la pointe arrondie nous sert d'outil pour appliquer le mortier autour des colonnes de la nouvelle pergola. Je mélange le mortier, agitant la pâte à gâteau grisâtre jusqu'à ce qu'elle se change en boue pour hippopotame.

Tout en travaillant, nous entendons le pic-vert cogner. Le « carpe diem » que chantent inlassablement les passereaux est repris par le motoculteur d'un voisin et par le tracteur d'un autre. Personne n'oublie que l'été arrive – ni à quoi ressemblait celui de l'an dernier, sans un nuage ni goutte de pluie pendant des mois.

Nous plantons nos tomates en espérant qu'elles mûrissent et nous consultons notre manuel de jardinage français pour découvrir des graines plus audacieuses. Il nous recommande non seulement à quelle période et à quelle distance planter nos semailles, mais aussi quelles combinaisons sont fécondes ou inutiles, et même quelle phase de la lune est idéale pour quelle plantation.

Nous n'avons pas encore pris la lune en considération, mais je comprends mieux cette tendance quand je regarde par la fenêtre de ma chambre et aperçois l'étoile du berger ou l'étoile du grand chien, tellement brillantes que je me demande si je les voyais vraiment auparavant.

Il y a bel et bien une nouvelle étoile dans le ciel, ou plutôt une planète déjà découverte et désormais officiellement reconnue. Si une planète scintille et que personne ne la voit, existe-t-elle réellement ? Quelle que soit la réponse du philosophe, Sedna est désormais répertoriée par les humains. Je regarde par la fenêtre et je prononce « Sedna », mais j'ai l'impression d'être une employée de bureau en train de héler la femme qui distribue le thé (« Psst, Edna ! »). J'ai oublié ce que je savais autrefois, à savoir que Sedna était un esprit inuit, une déesse de la terre, et je me sens coupable d'un tel manque de respect quand on me le rappelle. Encore une fois, la langue se joue de moi avec ses faux amis.

Mon français s'améliore, mais les programmes télévisés me contraignent toujours à inventer la moitié de l'intrigue et les dénouements m'ont laissée plus d'une fois perplexe en condamnant le type que je prenais pour le héros. J'ai parfois l'impression que mon ouïe me fait défaut, le pire étant ce passage du *Seigneur des anneaux* (heureusement, comme l'ont révélé les sous-titres, ils parlaient elfique), talonné par *Shogun* (pas de sous-titres et aucune distinction entre le doublage français et les bribes de japonais originales).

De moins en moins de produits britanniques nous manquent, car nous trouvons ici tout ce qu'il nous faut ou son équivalent local. Jusqu'à présent, nos invités nous ont apporté de tout, depuis les vidéos de nos séries policières anglaises préférées jusqu'à la farine à pâtes (j'imagine la conversation intéressante aux douanes : « Donc, vous dites que cette poudre blanche est en réalité de la farine… et ils n'ont pas de farine en France ? »).

En utilisateurs enthousiastes d'une machine à pain, nous avons plus de mal à trouver des farines variées ici qu'au Pays de Galles. Mon beau-frère pyrénéen est allé encore plus loin en écrivant au magazine *Good Housekeeping* avant de déménager en France, pour demander où il pourrait acheter de la bonne farine dans son nouveau pays. Il a reçu une réponse très sarcastique, du style : « Je crois que vous vous rendrez compte que les Français savent faire du pain plutôt bon… »

Quelques essais désastreux avec plusieurs sortes de farines françaises m'ont rapidement appris qu'elles étaient complètement différentes, qu'elles semblaient donner un volume plus important pour le même poids et qu'autre chose que la T55 de base rendait votre miche lourde comme du plomb, si bien que les farines britanniques sont toujours des cadeaux accueillis avec plaisir.

L'envie nostalgique la plus étrange dont nous ayons souffert, c'est le panais.

Nous avons écumé les marchés et les supermarchés, qui offrent tout ce que l'on peut imaginer, des lychees aux laitues feuilles de chêne, mais pas de panais. Il ne nous restait qu'une solution, recommencer depuis le début. John est revenu comme convenu d'un week-end à Londres avec un sachet de graines de panais (et huit cartouches de gaz pour mon fer à friser, qui curieusement n'existent pas ici). Une autre discussion potentielle plutôt intéressante aux douanes : « Vous êtes bien conscient, M. Pilborough, qu'il n'y a pas de panais sur tout le territoire français car ils sont porteurs du virus francophobe mortel qui s'active au premier "oui". »

Craignant d'être mariée à un contrebandier de légumes clandestins, je cherche « panais » dans mon manuel de jardinage français. Je tombe sur une double page rassurante. En toute logique, si je le trouve dans mon Traité Rustica, alors il pousse en France. Mais dans ce cas, pourquoi la région qui produit quatre cinquièmes des légumes du pays en est-elle dépourvue ?

C'est en désherbant un recoin du jardin broussailleux et récalcitrant que je reçois le plus inattendu des cadeaux. La parcelle est une étendue sauvage de l'autre côté du mur d'enceinte de notre jardin, mais malgré toutes les vieilles briques et les pierres, le terreau est riche et noir, et l'automne dernier, des courgettes ont soudain mûri entre les mauvaises herbes. Ce devait donc être, autrefois, il y a bien longtemps, un potager cultivé.

Je soulève une autre pierre et sens une résistance dans ma main. Je reconnais le légume qui pointe sa tête blanche et je déterre précautionneusement la racine conique. C'est peut-être le seul panais de toute la Provence et je suis aussi fière que si j'avais trouvé une truffe. J'annonce à John que c'est un signe et j'ignore sa réponse.

Le jeudi 11 mars 2004 frappe tout le pays, toute l'Europe et au-delà. C'est un signe bien différent, cette fois. Aucun foyer ne peut échapper à l'annonce des attentats dans les trains de Madrid, le millier de blessés et le bilan officiel de cent quatre-vingt-dix morts – et combien à cause des services d'urgence débordés ?

Ma sœur dans les Pyrénées vit désormais près du Pays basque, où l'indignation était forte à l'idée qu'on ait pu penser un instant – sans parler du gouvernement qui a jugé cette thèse « probable » – que l'ETA soit à l'origine de l'attaque. Ma sœur me parle d'un homme qui se trouvait à New York le 11 septembre, qui y a perdu des amis et a déménagé avec sa famille dans une ville plus sûre – Madrid.

Cela me fait penser à cette vieille histoire, au sujet d'un homme qui voit la Mort en train de marcher dans sa rue. Elle est étonnée de le voir, mais l'homme détale et s'enfuit jusqu'à l'autre bout du monde où, le lendemain, la Mort vient à sa rencontre et lui dit : « J'avais du mal à le croire quand je t'ai vu là-bas hier parce que je savais que je devais te rencontrer ici aujourd'hui. » Ce n'est pas évident de survivre alors que vos amis n'ont pas eu cette chance. Mais à deux reprises ?

C'est la réaction qui me choque. Si les élections avaient eu lieu le mercredi, le gouvernement serait resté au pouvoir… Or voilà qu'il s'effondre. Ce revirement dans les votes procède d'une morale que je ne saisis pas. Ce que je sais, en revanche, c'est que je vais devoir porter ma valise sur mes genoux quand je prendrai le train pour Paris, que le personnel de l'aéroport ne me sourira pas quand ma pince à cheveux fera sonner le détecteur de métaux, que dans les transports je serai une terroriste potentielle et serai traitée comme telle. Je comprends la leçon de cette vieille histoire, à savoir qu'on n'est à l'abri nulle part…

Mais certains endroits sont plus sûrs que d'autres. Depuis que nous avons emménagé ici, Dieulefit a connu une petite vague de crimes à l'échelle locale. Le premier meurtre en douze ans a été commis (aucune commune mesure avec Llanelli), une dispute entre voisins dans un immeuble. L'excitation d'avoir de vraies actualités (et de pouvoir laisser tomber le compte-rendu détaillé de chaque étal du marché de Nyons) a emporté le journal local dans une frénésie d'interviews. Tout le monde a été interrogé, chats compris, et tous les témoins s'accordaient à dire que la victime était « sans histoire ». Être décrite comme une femme « sans histoire » serait la pire épitaphe possible. Même si je sais qu'» histoire » est ici employée dans le sens de « précédent », c'est une phrase qui me hante. Tout le monde a une histoire, même un homme mort dans un accès de violence et dont on peut reconnaître le balcon car c'est le seul couvert de fleurs – sa vie ainsi illuminée par toutes sortes de paniers et vases suspendus.

Je ne nous tiens pas responsables du meurtre, mais je me suis posé des questions sur mon rôle dans un certain vol. Quand j'ai visité une poterie de la région pour la troisième fois et essayé tant bien que mal d'attirer l'attention d'un vendeur, j'ai surpris un appel téléphonique à la gendarmerie, suivi d'une reconstitution paniquée de la manière dont la recette avait bien pu disparaître.

— Tout le monde peut se promener dans la boutique, m'a dit le gérant, comme vous en ce moment.

J'ai acquiescé, car j'avais passé les deux visites précédentes à flâner dans le magasin, incapable d'obtenir de l'aide et peu encline à aller frapper à la porte du fond, derrière laquelle j'apercevais des femmes en train de peindre des olives ou des brins de lavande sur des assiettes.

— C'était peut-être ce type qui traînait par ici la semaine dernière, a avancé la décoratrice.

Ni elle ni son patron n'ont semblé me considérer comme une suspecte – en fait, ils étaient même ravis de partager avec moi tous les détails de leur système de sécurité et nous nous sommes attristés à l'idée qu'il leur faille sans doute mettre désormais sous clé leur caisse enregistreuse.

Malgré cette légère régression, les réactions stupéfaites que ces vols mineurs suscitent dans le coin m'indiquent que nous vivons une fois de plus dans une région où l'on peut oublier de fermer sa porte sans – en règle générale – courir le moindre risque. Les graffitis que je remarque çà et là proclament un certain idéalisme politique, « Liberté pour José Bové » et « Le Pen, danger » au lieu des obscénités urbaines habituelles. Un ami enseignant m'a dit un jour qu'il estimerait avoir réussi dans la vie quand il verrait son nom sur le mur des toilettes de son établissement – peut-être Le Pen partage-t-il son opinion.

L'attitude des médias français envers le crime nous est familière, mais celle qu'ils adoptent à l'égard des criminels, ou plutôt des suspects, est complètement différente par rapport à la Grande-Bretagne. Non seulement est-on « coupable jusqu'à preuve de l'innocence », mais on est carrément pendu, écartelé et découpé en petits morceaux sur la scène médiatique bien avant le procès.

Les affaires sont étalées dans les journaux avec force détails, sans le fameux « aucun commentaire » des gendarmes – non, vraiment. Ils fournissent des informations éclairantes sur le contexte et annoncent sans ambages qui est coupable – dans leur opinion.

L'une des affaires qui a provoqué de forts remous dans tout le département fut celle d'un ex-chef maquisard (membre de la Résistance) dont l'abri jardin a été délibérément brûlé avec, à l'intérieur, trois mille exemplaires de ses livres sur l'époque de la guerre. Sur la clôture de son jardin, on a peint une croix gammée noire et, comme les articles nous l'ont appris, la communauté a largement exprimé son indignation dans de nombreuses lettres de soutien et de compassion, depuis le préfet jusqu'à l'homme de la rue.

Quand la police a fini par retrouver l'ex-femme de la victime et son conjoint actuel, les forces de l'ordre, le rédacteur en chef et nous autres, les lecteurs, avons bien compris qu'il s'agissait d'un crime purement mesquin. La seule décision qui restait aux tribunaux fut la sentence à appliquer – tout le reste avait été réglé (le bon vieux « triage » à l'œuvre, une fois de plus).

Je me demande si le fait que ce crime passionnel ait eu lieu au sein d'un couple récemment divorcé de quatre-vingts ans environ est réconfortant ou au contraire déprimant. Je sais que mon plus vieil ami a quatre-vingt-cinq ans, mon plus jeune en a cinq, et leurs passions sont plus profondes et plus vives que je l'aurais cru possible quand j'avais vingt ans.

Cependant, si ce crime *avait* trouvé racine dans le passé du maquisard, cela n'aurait pas été difficile d'imaginer qu'il se soit déroulé ici, où les chemins de grande randonnée le long des crêtes montagneuses suivent les routes de communication de la Seconde Guerre mondiale, entre les hautes Alpes et les montagnes du Vercors où chaque sommet est une forteresse naturelle et où les sources claires étaient autrefois des armes empoisonnées. La version officielle de l'histoire locale ne cherche pas à dissimuler l'enthousiasme avec lequel la Drôme a accueilli le compromis avec les Allemands qui lui a permis, sous le régime de Vichy, de maintenir une illusion d'autonomie.

Les filles de l'école primaire du coin chantaient *Hommage au Maréchal*, célébrant Pétain comme un héros qui avait sauvé la France, et des témoignages rapportent qu'à l'occasion d'un jour de fête, la foule scandait « Anglais assassins », « Longue vie à Jeanne d'Arc » et « Les Anglais sont des bouchers ». Le soutien officiel pour « la paix » ne manquait pas dans la Drôme, mais il faut croire que si la façade publique était une chose, il en allait autrement des actions privées.

Dieulefit semble bénéficier de son propre microclimat, politique autant que météorologique. Même pendant la Révolution, la seule mort enregistrée fut celle d'un homme qui avait refusé de crier « Vive la République » et à qui l'on avait coupé la tête. En accord avec l'édit républicain contre Dieu, Dieulefit fut rebaptisé Mont-Jabrou – avant de récupérer son nom, tout naturellement, une fois que le danger fut écarté.

Ce qui est aujourd'hui une source de grande fierté dans la Drôme, c'est l'ancienne réputation qu'avait Dieulefit en tant que refuge. Cette tradition fut entretenue au cours de la Seconde Guerre mondiale par les nombreux habitants qui hébergeaient des juifs, des dissidents et des fugitifs de guerre de toute sorte.

Il existe des centaines d'histoires, notamment sur des enfants juifs cachés par la communauté : Marguerite Soubeyron et Catherine Krafft (« Mamie » et « Athie ») qui cachaient des enfants juifs dans leur école de Dieulefit ; Suzanne Vallette-Viallard, une infirmière de la Croix Rouge qui gardait des fugitifs dans sa maison – hébergeant même des hommes blessés échappés d'un train à destination de l'Allemagne – puis leur procurait des faux papiers et les faisait passer clandestinement dans un lieu sûr ; la secrétaire du maire à Dieulefit, qui s'est spécialisée dans les faux papiers (plus ça change, plus c'est pareil, dit-on…).

Et puis il y avait cette religieuse mexicaine, Sœur Thérèse d'Avila, qui est restée bloquée en Italie quand la guerre s'est déclarée et qui s'est cachée dans un couvent pour échapper à l'internement inévitable auquel était condamné tout ressortissant d'un pays ennemi. Elle est ensuite passée en France par le col de Gap et s'est retrouvée dans un hôpital à Buis les Baronnies, au sud de notre maison, où elle s'est fait connaître sous le nom de la « Sœur du Maquis » pour son travail au chevet des blessés.

Même l'évêque qui publiait chaque déclaration de Vichy dans la lettre d'actualités du diocèse ouvrait ses portes à tous ceux qui étaient persécutés par le régime nazi. De petits gestes faisaient aussi preuve de provocation, quand on hissait le drapeau tricolore sur sa grange à l'occasion d'une fête, et de plus grands, comme la désertion élégante du jeune lieutenant Narcisse Geyer, qui a demandé à ses hommes, le onzième régiment de cuirassiers, de le suivre dans les montagnes – avec l'étendard du régiment. Ils sont ainsi devenus le premier noyau de la résistance armée du département, fondant le « 11ᵉ cuir. ».

De plus en plus nombreux, mieux organisés et en contact avec Londres, le Maquis a mené des raids et a fait exploser… des trains. En fin de compte, les gentils sont-ils toujours ceux qui gagnent au regard de l'histoire ?

Quel type de réfugiés Dieulefit a donc abrités ? Vous l'aurez sans doute deviné… c'étaient les intellectuels, notamment les écrivains dissidents, les musiciens et les artistes, qui fuyaient les régions de France occupées par les Allemands. La Gestapo a qualifié Dieulefit de « nid de juifs et de terroristes » et le village s'est mis à donner plus de concerts et de conférences que jamais, grâce à son nouveau stock de noms illustres. Le compositeur Barlowe, lui-même réfugié, a dit : « Il se passe plus d'événements ici que dans les grandes villes. »

La lettre d'information destinée aux résidents dieulefitois renforce l'image de marque du village : notre maire nous dit que nous formons une communauté diversifiée et que nous devons aider chacun à se sentir accueilli. On y trouve des excuses pour la brièveté d'un compte-rendu, au prétexte que nos conseillers locaux ont dit des « saletés » pendant la réunion – évidemment, il s'agissait des futurs projets de recyclage. Nous ne sommes pas bien classés dans la ligue locale des villages et nous devons nous améliorer.

Depuis notre emménagement, John et moi, le symbole même de la diversité culturelle, avons personnellement augmenté le recyclage à Dieulefit de mille pour cent (estimation grossière basée sur le volume des déchets recyclables des Gill/Pilborough en comparaison avec la taille et l'ampleur hebdomadaire des bennes à recyclage du village). En bons immigrés, nous sommes des citoyens exemplaires et nous contribuons dans tous les domaines à notre communauté.

Contente de moi, je prépare le rôti de porc, les pommes de terre au four et le panais rôti rituel. Je le hume et les premiers doutes s'immiscent. Ça ne sent pas du tout le panais. Ça ressemble à un panais, ça se cuisine comme un panais – je me prépare à être déçue et à obtenir un drôle de plat.

Ce à quoi je ne suis pas préparée, c'est cette bouchée de jus amer comme de l'absinthe, avec un arrière-goût encore pire. John laisse le sien dans son assiette, comme je le lui ai recommandé. Ça ressemble tellement au panais cuit qu'il se dit que c'est peut-être un panais retourné à l'état sauvage depuis dix-huit ans. Ce n'est pas le cas, c'est une racine toxique dont les moines du Moyen-Âge se servaient pour s'assassiner les uns les autres, et voilà que je vais mourir, affreusement empoisonnée. Quel genre de signe est-ce donc ?

13.

Sommeil agité à l'aéroport de Cardiff

Je pourrais bien être la seule personne à avoir jamais passé la nuit à l'aéroport de Cardiff. J'aurais dû m'en douter quand le chauffeur de taxi m'a dit : « Ah », comme un mauvais présage, en ajoutant que rejoindre l'aéroport à 22 h pour un embarquement à 5 h n'était pas une bonne idée. Mais à quoi bon réserver une place sur un vol low-cost si l'on gaspille la différence dans une chambre d'hôtel pour y dormir seulement trois heures ? Si vous avez déjà dormi par terre pendant la traversée de la Crète jusqu'au Pirée, alors l'aéroport de Cardiff ne peut que vous paraître luxueux, non ? Même si vous aviez vingt-trois ans à l'époque et que cette période est révolue.

Sans doute est-ce l'invitation à séjourner dans une résidence étudiante lors de ma première visite depuis mon départ qui a réveillé mon sens de l'aventure. C'est pourtant ce même manque de considération qui m'a déjà envoyée aux urgences une paire de fois. Dieu merci, mon fils étudiant m'a laissé *le* lit. Comme je ne pouvais m'empêcher de me lever tôt, nous avons décidé d'un commun accord qu'il terminerait sa nuit dans *le* lit pendant que je sortirais explorer Bristol au point du jour.

Quand vous avez déménagé « à l'étranger », on vous demande toujours ce qui vous manque – d'après un sondage récent, le podium de ce qui manquerait aux Britanniques s'ils prenaient une initiative aussi folle serait 1) les dîners rôtis 2) un repas au restaurant indien 3) les *fish and chips*. Ces gens ne cuisinent donc pas ? Et que seraient-ils ravis de laisser derrière eux ? Les émissions de télé-réalité. Croyez-moi, il est impossible d'échapper à la télé-réalité ni aux idoles pop. Je pose la grande question à Bristol : que peux-tu m'offrir que je ne peux pas avoir chez moi en France ? Ce ne sont pas les magasins – je me lasse vite ; ce ne sont pas les journaux – j'ai le sentiment de trouver plus d'informations européennes et internationales dans les médias français ; et ce n'est certainement pas ma compréhension de la langue (je trouve que le bristolien est plus difficile à comprendre que le français provençal). Non, ce que je chéris, ce sont certains moments…

Incapable de trouver un petit déjeuner ni quoi que ce soit de vaguement approchant, je laisse les étudiants endormis et m'aventure dans les rues. Au bout de Park Street, je découvre un café qui déborde sur le trottoir et me tente avec ses sandwiches au bacon. Des clients en costume se ferment à tout contact humain en s'absorbant dans leurs ordinateurs portables ou les journaux offerts par le café, s'entassant dans des recoins ou sur les bancs en bois de chêne sombre du salon de thé anglais traditionnel. C'est ce que nous faisons avant d'aller travailler, nous autres les Britanniques citadins, et les chaises en terrasse ont beau être en osier, ce ne sera jamais l'extérieur du café Le Pub à Dieulefit. J'adore cette différence, presque autant que le sandwich au bacon fraîchement préparé. Des couches de viande matinale entre deux tranches de pain aux céréales, assorties d'un réveil à la caféine.

On dirait que nous devons faire semblant qu'il s'agit là d'une habitude quotidienne purement pratique avant le travail, et cacher le plaisir sensuel que nous procure ce petit paradis. On ne lit sur aucun visage que le pain est chaud et croustillant ni que chaque commande est préparée soigneusement et vous est apportée à table avec le sourire, et pourtant ces clients reviennent toujours. Je le sais parce que je suis là, solitaire et satisfaite, chaque matin. Dit-on parfois à la cuisinière à quel point son sandwich au bacon est fantastique ? Moi, oui. Je donne l'impression d'être une pimbêche condescendante ou une riche Américaine, mais je vois qu'elle est tout de même ravie. Cela fait partie de ma mission dans la vie, de dire aux gens quand ils font quelque chose de bien, mais je suppose que c'est un trait de caractère légèrement gênant en Grande-Bretagne. Bah, depuis quand je m'arrête à ce genre de considérations ?

J'appelle à la maison, persuadée qu'il ne peut pas s'être passé grand-chose en trois jours, mes trois premiers jours d'absence en sept mois. Je me suis trompée. Le premier appel est divertissant. J'ai raté l'arrivée d'un camion chargé d'un escalier entièrement construit, qui est forcément resté coincé dans l'encadrement de la porte. Après le retrait des volets et de la porte, l'escalier a progressé pour prendre approximativement la position dans laquelle il sera utile – indispensable, à vrai dire – avant d'être abandonné sans être terminé. Le français de John n'était pas assez bon pour lui permettre de savoir si le menuisier lui en a expliqué la raison, ni s'il lui a donné plus de détails quant à la suite des opérations. Sans doute pas.

Le deuxième coup de téléphone est beaucoup moins amusant. Apparemment, nous avons reçu la visite de cinq responsables de l'entretien de la voirie et nous sommes fichus. Je m'y attendais. Je savais depuis le début qu'on allait raser notre maison pour construire une autoroute, mais je pensais qu'on attendrait la fin des rénovations pour nous annoncer la mauvaise nouvelle. Pourtant, ce n'est pas une autoroute.

Nous apprenons que notre tout nouvel évier et notre lave-vaisselle flambant neuf se déversent illégalement sur la route principale, et pas du tout dans la fosse septique. On a utilisé de la teinture verte pour montrer à John l'emplacement exact dans le fossé où nos eaux usées nuisaient à l'environnement.

Nous devons organiser l'acheminement de toutes les eaux usées de la maison dans la fosse septique, ce qui demandera sans doute une pompe et la destruction de tout le jardin. Et il nous faut y ajouter un réservoir de filtration, qui sera construit sur le terrain de monsieur Dubois, car il n'y a pas suffisamment de place sur le nôtre. Ça semble mal en point, mais il est probable qu'avec des « merde » et des « putain », on trouve une solution avant d'être complètement foutus. Nous ne le saurons pas tant que nous n'aurons pas parlé au plombier. Et tout vaut mieux qu'une autoroute. De toute façon, je ne peux rien y faire en étant à Bristol.

Mon fils et moi visitons la cathédrale, en nous disant sans enthousiasme que nous avons déjà vu mieux, puis nous parvenons à lire entre les pierres. Ce sont les femmes qui me surprennent, dont nombre d'entre elles (de grandes dames) sont expressément nommées, depuis les commerçantes jusqu'aux traductrices, ainsi que les épouses et les filles. Les rappels du passé commercial et esclavagiste de Bristol sont partout. La Jamaïque et la Barbade figurent souvent comme lieux de naissance et de mort. Une effigie me plaît particulièrement, un chevalier qui ne gît pas mais se dresse, comme pour dire : « Certes, je suis mort, et alors ? »

Ensuite, ma soif de culture est comblée par une exposition de portraits qui nous met au défi de comparer la Marilyn Monroe d'Andy Warhol avec un Rembrandt. Nous savons devant quels tableaux nous devrions être impressionnés, mais ce n'est pas le cas. Au contraire, c'est un portrait démodé de trois sœurs qui me fait sourire : l'artiste a si bien su capter leurs ressemblances et leurs différences !

Le mieux, c'est la bière, et pourtant j'ai l'impression d'en profiter par procuration ces derniers temps. Assaillie par les illusions acoustiques d'une galerie aux échos amplifiés dans un pub Wetherspoon de Bristol, je vois et je sens les clients en train de boire quand soudain, il me semble qu'on me susurre une conversation à l'oreille. À peine ai-je associé les paroles que je viens d'entendre à la belle Chinoise assise avec douze autres convives qu'elle éclate de rire, se penche en avant et disparaît.

— Ils peuvent m'entendre ? je demande un peu trop fort.

Pour une fois, la paranoïa me cloue le bec.

C'est en échangeant des au revoir devant un arrêt de bus, ma valise à la main, que je comprends ce qui me manque le plus, et ça n'a rien à voir avec le lieu où je me trouve.

Mon retour de Bristol à Rhws implique un bus, un train et un taxi, car l'aéroport de Cardiff en dehors de la ville n'est pas facilement accessible la nuit. Ce n'est peut-être pas pour rien. J'aime l'aéroport de Cardiff – comme Boucle d'Or dans la maison des trois ours, j'estime qu'il est pile à la bonne taille. On ne peut pas se tromper de terminal. On retrouve sa voiture sur le parking – on peut même rejoindre le parking à pied depuis le hall des arrivées.

Le chien renifleur est un adorable golden retriever qui me fait penser à mon petit-chiot de Nouvelle-Zélande. Les panneaux sont bilingues et, quand je suis arrivée, lire du gallois m'a fait regretter de ne pas avoir de voiture sur le parking, de ne pas avoir de maison dans la vallée de Gwendraeth et de prendre un bus dans la mauvaise direction, celle de la gare de Cardiff.

Ce qui m'a remonté le moral, ce sont ces deux vieux messieurs qui ont discuté pendant tout le trajet, évoquant les bombardements de Swansea pendant la guerre auxquels est venue se rajouter la fermeture des mines, au grand amusement d'une Hollandaise, fraîchement débarquée du même avion que moi, et qui cochait sans doute chaque sujet mentionné sur sa liste des « incontournables gallois ».

J'attendais qu'ils se mettent à chanter *Bread of Heaven*, mais c'est visiblement la seule chose qu'ils n'ont pas dite. L'aéroport « très bien desservi » proposait en tout et pour tout un unique bus, qui s'arrêtait aussi devant tous les commerces le long de la route à travers la vallée rurale de Glamorgan avant d'arriver cahin-caha devant la gare centrale quarante minutes plus tard. On effectue plus rapidement les trente kilomètres qui séparent l'aéroport Charles de Gaulle du centre de Paris.

En revanche, on peut aussi passer sa vie à se perdre dans les navettes qui relient les différents points du complexe aéroportuaire de Charles de Gaulle. On a le temps de mourir d'une crise cardiaque en tirant sa valise vers les panneaux de sortie qui sont en réalité des portes condamnées alors que vous vous trouvez au deuxième niveau et que vous ne cherchez qu'un taxi. Enfin, on peut se laisser désorienter par les nombreuses boutiques et se dire que l'on achètera de l'eau un peu plus loin, mais bientôt, il est trop tard, on a franchi la porte et il n'y a plus aucun magasin. L'aéroport de Rhws vous l'annonce tout de suite : « Pas de nourriture après ce point » précise le panneau sur le café fermé pour la nuit.

— Qui a gagné le match de foot ?

Je discute pour passer le temps avec le chauffeur de taxi, sur la route.

— Le Pays de Galles, répond-il avec un accent du Moyen-Orient.

Je souris à la nuque du chauffeur. Il n'y a que de ce côté de la frontière que l'on peut me donner une telle réponse – la bonne réponse pour deux raisons.

— Très bien. Vous savez quel score a fait l'Angleterre ? je demande.
— Égalité, il me semble, me répond-il évasivement.
J'emporte ce petit clin d'œil gallois avec moi dans l'aéroport désert. Je découvre alors que s'il n'y a pas de transport public en direction de l'aéroport la nuit, c'est parce qu'il est fermé.

Les portes restent peut-être ouvertes, mais les seules personnes qui s'y trouvent entre 23 h et 4 h sont les gardes de la sécurité qui patrouillent, braquant leurs torches dans les coins sombres. Ce soir-là, il y a une femme entre deux âges roulée en boule sur deux sièges dans l'un de ces recoins obscurs, avec une écharpe en laine en guise d'oreiller. Les vigiles font mine de ne pas la remarquer et elle semble juger tout à fait normal d'essayer de dormir quelques heures, seule parmi les chaises retournées sur les tables.

J'ai beaucoup de mal à trouver un endroit pour la nuit, malgré le choix qui s'offre à moi dans tout le salon des départs, entre les sièges de bar et de café – au moins ceux-ci ne sont pas retournés ni empilés. Je m'attendais à la compagnie d'autres voyageurs courageux pelotonnés sur leurs sacs à dos. Je passe la lanière d'un sac dans la poignée de ma valise et dissimule mon sac à main sous mon foulard rouge, juste au cas où l'on tenterait de me le voler pendant mon sommeil.

Je prends toutes ces précautions, mais je dois dire qu'elles ne sont pas vraiment nécessaires. Mon premier choix de lit est un banc très confortable à double rembourrage, dans un espace bien éclairé. Au fond, je me sens plus en sécurité ici. S'il y a de la lumière, c'est parce que les seuls équipements disponibles la nuit à l'aéroport de Cardiff sont les distributeurs automatiques, qui diffusent des bribes de musique pop aux paroles ineptes, à intervalles irréguliers mais fréquents. Après dix occurrences de *At the car wash* en autant de minutes, j'aurais avoué avoir assassiné la reine en personne si on me l'avait demandé. Je me déplace alors vers un coin reculé du bar. Au diable le vol, le meurtre ou le viol – maintenant, je n'entends presque plus la musique, ce qui me permet de somnoler pendant plusieurs minutes d'affilée.

Je survis à Rhws et à Charles de Gaulle, et dors dans le train de Valence, malgré les bagages qui s'entassent au-dessus de ma tête. À cause des menaces terroristes récentes, les compartiments à bagages sont tous fermés et comme nous sommes montés à la gare de l'aéroport, une compétition musclée fait rage pour caser nos grandes valises dans les petits casiers au-dessus des sièges. Personnellement, je ne joue pas. J'attends que la guerre soit terminée avant de demander poliment à la personne en face de moi si je peux poser ma valise sur le siège vacant à côté d'elle. Ce n'est pas très bien vu, mais à la condition que je les enlève si quelqu'un monte à la prochaine gare, elle accepte.

Le train est un TGV français, rapide et efficace avec peu d'arrêts, et je peux enfin dormir et échanger quelques mots avec un jeune Français extrêmement poli qui me demande si cela me dérange qu'il mange ses sandwiches. Il habite à Paris et passe quelques mois à Valence en tant que stagiaire dans une rédaction de journal, pour apprendre le métier.

Les Français semblent avoir un système bien organisé de stages, qui permettent une expérience approfondie du métier choisi. Mon compagnon de voyage a reçu des conseils sur la vie en pleine nature et il me montre les vêtements qu'il emporte : anorak molletonné, bonnet de laine, gants…

L'atmosphère s'est sûrement rafraîchie chez moi. John est tendu et je dois tout de suite prendre une décision au sujet de l'évier hors la loi, de la fosse septique illégale et de l'escalier inachevé… Je lui explique que l'aéroport de Cardiff n'est vraiment pas un bon endroit pour dormir et, à 14 h, je sombre dès que ma tête touche l'oreiller.

Un jour après mes coups de fil angoissés (mais tout en retenue), les plombiers arrivent (c'est une affaire assez sérieuse pour nécessiter les cerveaux de deux professionnels) et trouvent « une solution » (notre mot préféré) qui consiste uniquement à déplacer temporairement le réservoir de pétrole, de percer le béton sous la base du nouvel escalier et de terminer le trou pour le tuyau d'écoulement en forant à partir de l'abri à mazout. Aucun problème.

La fosse septique ? Ça peut attendre. Les plombiers s'affairent et, une heure plus tard, un menuisier arrive et annonce : « Je suis venu terminer votre escalier », ce qu'il fait, travaillant jusqu'à près de vingt et une heures un vendredi soir, le sourire aux lèvres une fois qu'il a fini. Nous aussi, nous sourions, car nous avons repoussé l'heure du dîner jusqu'à son départ et que nous mourons de faim. Nous mangeons, oublions le trou percé dans le béton et commençons à nous détendre.

John a enregistré mes feuilletons policiers préférés pendant mon absence et me dit qu'il y a un épisode que je dois absolument regarder. Intriguée, je découvre le détective, le « flic » de la série, qui essaie d'attirer l'attention de sa femme en apprenant par cœur du... Gérard de Nerval. Il cite ce fameux poème et je vois avec stupeur l'un de nos moments intimes diffusé au monde entier sur une chaîne française populaire.

— Non ! m'exclamai-je en me demandant si je n'aurais pas écrit un épisode de polar français qui se serait échappé des manuscrits en train de moisir au fond des tiroirs de mon bureau, ou s'il n'y aurait pas une sorte de Jean Gill française aussi vraie que nature.

— Je n'ai jamais fait confiance à leur relation, me dit mon mari.

Ma fille kiwi écoute avec intérêt le récit de mon séjour à Bristol et compatit quand je lui parle de l'écoulement des eaux.

— Nous avons des champignons dans la cave, je lui annonce.

— Non ! fait-elle, atterrée.

Nous avons enfin trouvé des champignons d'élevage après avoir longuement cherché sur internet (qui proposait également de nombreux hallucinogènes intéressants mais dont nous ne voulions pas) et insisté auprès de nos invités britanniques pour qu'ils nous en dégotent. Il nous suffisait pourtant d'attendre la bonne saison pour que notre jardinerie locale en propose tout un assortiment, allant des champignons de Paris au shiitake. L'un des points forts de notre maison, qui nous a tout de suite attirés, est la cave à vin. Elle offre l'environnement idéal pour faire pousser des champignons. Nous aurions eu l'impression de passer à côté de quelque chose si nous n'avions pas trouvé cette précieuse boîte de moisissure. Elle atterrit dans la cave où je l'humecte quotidiennement (sans la tremper) et nous devons attendre trois semaines pour découvrir ses « filaments blancs ».

C'est moi qui me charge de l'entretien des champignons, car nous avons essuyé bien trop de déceptions en matière de jardinage ces derniers temps pour que John ait envie de tenter à nouveau l'expérience. J'avais hâte de faire pousser des tomates et je les ai sorties trop tôt, si bien qu'elles ressemblent maintenant à des épinards cuits. Je dois donc également planter de nouvelles tomates. Nous avons découvert un cadre qui ressemblait à un châssis de jardin (mais dont nous savons aujourd'hui qu'il servait à faire du miel) et nous avons soigneusement déposé des semis à l'extérieur, sous son couvercle en verre. Malheureusement, nous avons oublié de l'ouvrir par une journée ensoleillée et les plants ont grillé. Du coup, je vais devoir également replanter du basilic.

D'un autre côté, j'ai reçu une critique de trop sur mon manque de rigueur en peinture. J'ignore comment de la peinture verte laquée a bien pu apparaître trente centimètres au-dessus des volets que je peignais, sur l'évier de la salle de bain et la brosse à ongles, et même sur mon ventre. Et pourtant, je faisais particulièrement attention. J'ai horreur de la peinture laquée et maintenant, c'est John qui est chargé de peindre le reste des volets.

14.

Les rugbymen toulousains battent les Scarlets

— Non, nous ne suivons pas le rugby.
Le barman du Pub hausse les épaules et retourne à ses autres clients. C'est une catastrophe, nous avions prévu de regarder les quarts de finale de la Coupe Heineken à la télévision du Pub pour profiter de l'ambiance française. Tout cela sur demande spéciale de mon amie fan de rugby qui n'en revient pas d'être à Dieulefit pour me rendre visite alors que les Scarlets jouent contre Biarritz chez eux, à Llanelli, au Stradey Park.

Son téléphone portable est brûlant tant elle envoie de textos pour « s'assurer que tout le monde est bien arrivé ». Qu'elle parle de sa mère ou de l'équipe, je n'en sais trop rien, mais son besoin d'être là-bas avec eux diffuse de l'électricité statique dans toute la pièce où nous essayons de créer une atmosphère acceptable – ou du moins, de ne pas accroître la tension.

— Ce n'est pas pareil sans chanter, se plaint-elle en se levant pour se rassoir aussitôt.

Je lui offre une interprétation de *Penblwydd hapus y ti* (Joyeux Anniversaire), la seule chanson galloise que je connais en entier, mais un regard de travers me cloue le bec.

Quand j'étais directrice d'établissement, j'ai appris l'intégralité de *Mae'n hen flad* pour ces occasions où il me faudrait prendre la parole devant une salle comble afin de présenter des concerts, des remises de prix ou même la St David, mais je ne me souviens plus que des deux premiers vers, suivis de quelques marmonnements incompréhensibles, avant de lancer un enthousiaste : « Gwlad, gwlad » (qui ressemble à *glad*, « heureux » en anglais, car nous nous réjouissons d'être gallois et de chanter ce qui est, en toute objectivité, le meilleur hymne national du monde).

Je lui propose presque l'hymne gallois non officiel, mais je sais que ni John ni mon autre invitée ne se joindront à moi dans cette version délirante de *Delilah* et j'ai le sentiment que je suis en train de devenir impopulaire auprès de mon amie fan des Scarlets.

Si vous vous êtes déjà trouvé dans un pub gallois alors que quelqu'un y entonnait *Delilah*, vous savez à quel point cet air est contagieux. Pourquoi une chanson sur l'adultère et le meurtre est-elle si ancrée dans le cœur des Gallois, c'est un mystère. Le représentant de Llanelli à l'assemblée galloise a même tenté de faire interdire la chanson sous prétexte qu'elle était « inappropriée », ce qui n'a fait que l'enraciner encore plus dans la psyché collective. Si seulement je connaissais l'intégralité de *Sospan Fach*, la chanson de la « petite casserole » et accessoirement l'hymne de Llanelli, je pourrais me rattraper.

J'étais mieux dans le restaurant de l'hôtel à Charles de Gaulle. Quand *Belle*, une chanson d'amour populaire, s'est fait entendre dans les haut-parleurs, je faisais partie de ceux qui chantaient tout seuls. Les serveurs, les clients qui attendaient pour payer leurs additions et les voyageurs pressés fredonnaient les passages romantiques en poursuivant leurs affaires – tous ceux qui parlaient français, s'entend.

Je suis assise en silence dans la pièce où nous regardons le rugby et je suis la seule à ne pas connaître les règles. John jouait autrefois et mon amie qui murmure à l'oreille des chevaux a le rugby dans le sang, même si elle n'assiste plus aux matchs. Je n'ai pas l'oreille chevaline, mais elle y murmure ce qui va se passer et il s'avère qu'elle a raison. À la mi-temps, une conversation par téléphone interposé permet à mon amie fan des Scarlets d'entendre l'ambiance du stade et de partager son angoisse. La situation se présente mal. Le téléphone portable me transporte ailleurs. Parmi les clameurs de Stradey se trouve sans doute mon fils, qui crie à en perdre la voix, à la fois si lointain et si proche.

Les Scarlets attaquent, le public exulte. Nous ne voyons pas l'écran, car mon amie passionnée essaie d'entrer dans la télévision et de courir sur le terrain. John tape du pied en prenant part aux réjouissances, mais nos efforts ne sont pas récompensés. La défense résiste – ils sont tous bâtis comme des tanks – et Llanelli se bat, mais finit par perdre. J'ai honte. Je suis une mauvaise hôtesse, j'ai laissé l'équipe de mes amis perdre alors qu'ils sont invités dans ma maison. Si j'étais japonaise, j'aurais tiré mon sabre et serais morte honorablement, mais ce n'est pas le cas, alors je reprends du vin. J'ai bu joyeusement et grignoté pendant tout le match, mais mon amie fan des Scarlets n'a pas couru le risque de se laisser distraire.

Je n'ai rien contre le fait de jouer les supporters – et je connais les défaites – mais ma préférence va au football (le ballon rond). La France est presque un paradis pour une supportrice d'Arsenal (par alliance, femme inconstante que je suis). Les commentateurs soutiennent l'équipe avec un parti pris éhonté. Ils sont même capables de prononcer correctement la majeure partie des noms des joueurs, à l'exception des noms anglais. L'époque est révolue depuis longtemps où l'on entendait l'entraîneur « Arson » Wenger ou « Robert » Pirès, et je suis étonnée d'entendre à quel point Arsène et Rrrrobair s'expriment clairement et aisément dans les interviews – en français.

Bien sûr, je savais que l'anglais n'était pas leur langue maternelle, mais je ne m'étais jamais rendu compte à quel point la personnalité de quelqu'un pouvait être biaisée par son niveau de langue, même quand celle-ci est maîtrisée. Dans ma propre langue secondaire, je suis désormais capable de formuler un commentaire correct à propos d'un match et de me laisser aller à des élans émotionnels, beaucoup de rires et des remarques occasionnelles sur la curiosité du comportement britannique.

Un match était disputé à Portsmouth sous une pluie battante et une majeure partie des commentaires tournaient autour de ce thème : « Un temps typiquement anglais... regardez ces supporters, ils n'ont même pas de chapeaux ! Mais que voulez-vous ? Ils sont anglais. »

Nous n'avons pas non plus oublié Beckham, ou plutôt « Baykam ». Le Real Madrid apparaît souvent à l'écran et ce dernier fait l'objet de nombreux commentaires au même titre que Zidane. Les anecdotes au sujet de Beckham constituent une formidable opportunité pour la presse française, tant pour leur contenu en tant que tel que pour l'occasion qu'elles offrent de se moquer des médias anglais – toujours un but ouvertement assumé.

Notre quotidien local s'est fait un plaisir de commenter « ce journal britannique typique », *The News of the World*, qui affirmait au sujet de l'infidélité supposée de Beckham que c'était une qualité « admirable » aux yeux des Français. D'un même coup, *Le Dauphiné* réussissait à nous régaler avec les derniers ragots tout en nous donnant, à nous autres Français, un merveilleux sentiment de supériorité sur les Britanniques et leurs stéréotypes ridicules.

Peut-être l'absence d'équipe de rugby de haut niveau à Dieulefit n'est-elle pas une mauvaise chose, étant donné le résultat de Llanelli. Heureusement, aussi, que nous sommes loin de Biarritz. Mais toutes les blessures guérissent avec le temps… à l'aide d'une thérapie à base de savon, d'huiles parfumées et de nougat. Nous commençons à établir notre propre parcours touristique, qui comprend l'un des nombreux producteurs de nougats de Montélimar.

Je sais que Montélimar est l'endroit idéal pour cette confiserie et que le nougat de grande qualité doit présenter un bon ratio pistaches/miel. En ce qui me concerne, le moelleux est essentiel. Le nougat dur devrait être utilisé pour réparer les routes et vos dents finissent elles aussi par avoir besoin d'une bonne réparation. En contraste, le nougat tendre fond dans la bouche, évoque le passé mauresque de Montélimar et a un goût de revenez-y.

Dans les années soixante-dix, quand la route principale des vacances, la N7, passait au centre de Montélimar et bouchonnait pendant des heures, les nougatiers se précipitaient vers les voitures, prenaient les commandes et livraient leurs nougats aux familles frustrées dont les véhicules n'avaient avancé que d'une cinquantaine de mètres – si elles avaient de la chance. Quand l'autoroute fut construite, Montélimar est devenu un centre où vous passez sans vous arrêter en direction du sud et a subi une crise commerciale. Des campagnes de publicité et des stratagèmes marketing, tels que des expositions à Amsterdam pour promouvoir le tourisme, ont ramené les visiteurs et Montélimar tire profit de sa proximité avec l'Ardèche.

Par ailleurs, malgré son statut drômois, Montélimar ne semble reconnaître que sa voisine, l'Ardèche, et l'on ne trouve aucune espèce de publicité pour la Drôme provençale à l'office du tourisme. La vie intellectuelle, la poterie et le bon air pur de Dieulefit auraient tout aussi bien pu ne pas exister si l'on en juge par ce que l'on trouve à ce sujet à Montélimar. Je flaire l'animosité, et mon instinct est confirmé par la rubrique sur Dieulefit dans le *Dauphiné*.

Montélimar organise une fête de la poterie et les membres du comité dieulefitois demandent à notre maire comment il a bien pu laisser l'usurpateur s'en tirer avec cette parodie. Notre maire est gêné et s'agite, mais il reconnaît qu'il n'a pas été consulté et qu'aucun des potiers invités ne vient de Dieulefit. Comble de l'horreur.

Comme si cela ne suffisait pas, notre comité a décidé dans son infinie sagesse, afin de préserver la qualité de notre Fête de la Poterie et les intérêts publics qu'elle défend, de n'organiser qu'une fête biennale. La Fête de la Poterie de Montélimar non loin de là, l'année où Dieulefit n'en propose pas, est une « pilule amère à avaler » et il est évident d'après l'article que tout bon Dieulefitois boycottera cette déclaration de guerre. Nous évitons scrupuleusement Montélimar pendant deux jours en nous demandant si l'année prochaine Dieulefit organisera un Festival du Nougat...

Le verger se change en peinture impressionniste et pour la première fois, nous faisons l'expérience d'un véritable « tapis » de fleurs.

Au lieu d'un parasol et d'un petit enfant, c'est avec un gros chien que je flotte entre les arbres, un treillis en guise de crinoline. D'abord, l'herbe se pare d'une teinte bleutée grâce aux grappes de jacinthes sauvages. Une semaine après, le jaune des chélidoines, des pissenlits et de ces fleurs mousseuses et délicates que je ne connais pas prend le dessus, pour se fondre encore une semaine plus tard avec des étoiles blanches. De curieuses tiges poussent. S'il n'y en a qu'une, c'est sans doute une orchidée, je les identifie comme telles mais je peux me tromper. Enfin je remporte l'or, ou plutôt le rose, quand les boules mouchetées de brun, espacées parmi les petits bouquets à la corolle ouverte, me persuadent que j'ai trouvé une ophrys abeille.

Les véritables insectes bourdonnent, d'abord autour des poiriers aux fleurs blanches, puis des pêchers roses et enfin des fleurs de pommier blanches. La glycine, dont j'ai désormais la certitude qu'elle a plus de cent ans, forme une canopée de cônes violets odorants et l'on se tient en dessous à ses risques et périls, comme si l'on passait une audition pour *L'Attaque des abeilles tueuses*. En apercevant ces ombres bourdonnantes, vous éprouvez instinctivement des démangeaisons et l'envie de taper des mains, mais quand vous levez les yeux, vous restez pétrifié. Les abeilles les plus grosses, les plus noires et les plus bruyantes que vous ayez jamais vues font ripaille dans la glycine. Pas besoin qu'on vous prévienne qu'elles sont dangereuses : « Les abeilles et les guêpes, elles vous piquent et... » – haussement d'épaules – « c'est tout. Ceux-là... » – nous levons les yeux vers l'Escadron 633 au-dessus de nos têtes – « ceux-là sont dangereux. » Je cherche le mot français que l'on m'a donné pour « ceux-là » : ce sont des bourdons. Mais laissez-moi vous dire une bonne chose, il n'y a absolument rien de commun entre ces boules pelucheuses jaunes et noires toutes mignonnes qui figurent chez nous dans les livres d'images pour enfants et ces monstres-là.

Je suis fière de l'élagage soigneux accompli pendant l'hiver quand monsieur Dubois vient entretenir son verger et que je lui montre mon œuvre. Il apporte ses sécateurs et ses cisailles et réduit ma vigne vierge à du petit bois pour le feu.

Une fois qu'il est certain de m'avoir bien fait comprendre ce qu'il fallait faire, il réitère la manœuvre avec le kiwi. Nous arpentons le jardin et je reçois des conseils détaillés en jardinage, mais j'ai laissé passer la saison des rosiers, qui auraient dû être taillés en automne et de nouveau élagués en février. Je commence à lui expliquer que je les ai élagués, mais je connais la réponse – je dois couper davantage, voire les hacher menu.

Nous examinons l'olivier et il m'explique que je ne peux le tailler qu'à la nouvelle lune. C'est quelque chose que je ne comprends pas.

Mon manuel de jardinage français, très scientifique et pratique, regorge d'instructions quant aux phases de la lune appropriées pour telle ou telle opération, alors que tout cela me paraît juste du charabia superstitieux.

Je me rappelle un voisin à Bancffosfelen, un prof de science, qui avait fini par succomber au folklore à l'occasion de sa bataille contre les taupes dans son jardin. Il avait posé ses pièges à bière en fonction des marées. Cela fut-il efficace ? D'après mes souvenirs, ça n'a pas moins bien fonctionné que ses autres « solutions » – ni mieux, les taupes ont déménagé avant qu'il trouve la solution ultime.

Il y a quelque chose d'angoissant, comme pour un entretien, à faire visiter à quelqu'un sa propre maison de famille, en cours de destruction par les électriciens, le plombier et compagnie. Mais c'est aussi fascinant d'entendre toutes sortes d'histoires sur les lieux – toujours connus dans le coin comme la « maison Dubois » – , leurs habitants et le village.

Mes récits au sujet de la bureaucratie française font pâle figure en comparaison. J'apprends qu'un permis de construire pour une villa dans le verger a été rejeté – mais qu'il a été accordé pour une maison de retraite « dans la rivière » où les pensionnaires doivent s'asseoir « les pieds dans l'eau ». Après avoir accepté pendant vingt-cinq ans les taxes foncières pour deux parcelles constructibles, quand il a fallu délivrer des droits de construction en bonne et due forme, la mairie a débouté la requête sous prétexte qu'à cet endroit-là, le terrain était « trente mètres carrés plus petit que nécessaire ».

Un jour, monsieur Dubois a découvert que, depuis sa dernière visite, un réservoir d'eau avait fait son apparition – sur son terrain. Sans qu'il en soit averti, et encore moins consulté. Nous lui avons dit qu'un membre du conseil municipal avait suggéré que l'on trouve une sortie plus sécurisée au lieu de l'allée qui donnait directement de notre propriété sur la route principale. Figurez-vous qu'il avait lui-même proposé de modifier l'accès à son propre domaine, à ses frais, à partir d'un chemin déjà existant – refusé.

Notre voisin avait demandé de déplacer son allée privée pour l'avancer plus loin sur sa propriété afin que sa vue, à la sortie, ne soit pas gênée par une maison – refusé. Sécurité ? Ils ne connaissent pas le sens de ce mot, ils n'ont aucune idée de ce qu'ils veulent et tant qu'ils engendrent plus de paperasse, ils sont satisfaits.

— En règle générale, nous pouvons nous débrouiller entre nous.

Ce n'est pourtant guère mieux dans les Alpes, où monsieur Dubois habite à présent et où sa tentative pour installer une station-service l'a conduit devant les tribunaux parisiens. J'apprends à cette occasion que les stations-service en montagne doivent être équipées pour ravitailler en essence les avions et les hélicoptères, avec tous les règlements de sécurité et le carburant spécial que cela implique. Un voisin a fait appel contre son projet commercial, si bien qu'on lui a demandé toutes sortes de détails, de rapports d'ingénieurs et d'études de faisabilité.

— On exige douze critères et forcément, vous n'en remplissez que onze.

Nous avons dû lui faire bonne impression, car monsieur Dubois invite sa femme à venir nous rencontrer. Elle peuple la maison avec les fantômes bien-aimés de ses beaux-parents, qui n'ont pas éprouvé le besoin de faire installer une chaudière avant d'avoir quatre-vingts ans – et encore, un jour de Noël, ils ont affirmé à leur fils qu'il ne faisait « pas assez froid » pour allumer le chauffage. Un couple qui faisait son propre vin et sa liqueur de verveine à une époque où l'on pouvait trouver des truffes sous les chênes, qui produisait du miel dans les ruches toujours debout au fond des bois derrière notre maison, qui avait un âne dans l'atelier et une chèvre dans la cave, qui se rappelait le temps où des vers à soie vivaient dans nos mûriers et qui cultivait les melons les plus sucrés jamais goûtés (contrairement à leur vin qui, d'après leur petit-fils, était imbuvable).

Je sais déjà que deux chiens sont enterrés dans mon jardin. L'un d'eux, très cher à leur cœur, avait quatorze ans, il devenait aveugle et sourd et s'est égaré sur la route principale, sans doute pour suivre la piste d'un blaireau. Ce n'est pas une mauvaise mort, un rêve de chasse puis… l'oubli. Je suis à l'aise avec les fantômes et les tombes – c'est ce qui fait de cette maison un foyer – et je sens qu'ils sont à l'aise avec moi.

Je pense aux blaireaux. Je n'ai jamais réussi à en voir un vivant, mais on m'a souvent expliqué où en trouver. À Crwbin, soi-disant, le « blaireau de neuf heures » traversait la route chaque soir, avec ponctualité, mais je ne l'ai jamais aperçu. Et puis il y avait ce récit, au pub, d'un homme de la région au grand cœur qui avait écrasé un blaireau sur une route de traverse et avait voulu faire marche arrière pour s'assurer de bien l'avoir tué. Quand il avait regardé dans son rétroviseur, le blaireau avait disparu. « Foutrement coriaces, ces blaireaux », telle était la morale de l'histoire. L'une de nos fiches de randonnée m'explique que les amoureux de la nature verront des « traces » de blaireaux, ainsi que d'autres animaux sauvages, et je regrette les lacunes de mon éducation. À quoi ressemblent les crottes de blaireaux ? Et comment les appelle-t-on dans un langage soutenu ?

Autour d'un café, je ne pose pas de questions à monsieur Dubois sur les crottes de blaireaux, mais je lui dis que John aimerait avoir un billot. Aussitôt, il traverse la route en direction des travaux, où les ouvriers municipaux nous ont fait la surprise d'instaurer une circulation alternée et d'installer à demeure une pelleteuse mécanique pour tenter de rejoindre notre fille kiwi à l'autre bout du monde en creusant des canalisations.

Cela signifie au moins que nous voyons toujours des ouvriers, même si ceux qui devraient être à l'œuvre dans notre maison – oui, ils ont succombé à leur image brossée par Peter Mayle – sont aux abonnés absents, soi-disant en déplacement. Les ouvriers municipaux semblent ravis de céder un tronc d'arbre à notre foyer démuni et nous nous servons dans les débris qu'ils ont entassés sur le bas-côté.

La question : « Votre mari a-t-il une tronçonneuse ? » entraîne un moment de gêne. Nous savons tous ce que ma réponse signifie, à savoir qu'il n'est pas un Vrai Homme.

Après cet instant délicat, monsieur Dubois nous dit qu'il nous apportera la sienne. Tout se déroule comme prévu. Un tronc d'arbre apparaît devant notre abri, suivi le lendemain par un monsieur Dubois efficace avec sa tronçonneuse. Le billot est coupé à la bonne taille (aucune combinaison protectrice, pas même de lunettes, et je me souviens que les Vrais Hommes dans le coin sont du genre à tirer régulièrement sur leurs amis dans la forêt pendant la chasse), mais tout se passe bien jusqu'à ce que John pose négligemment le petit bloc sur le plus gros – et se coince le doigt. Il s'en va chercher un pansement et monsieur Dubois sort son ordinateur portable pour que nous l'aidions, comme convenu, à se familiariser avec son nouveau jouet.

Deux heures plus tard, je suis enchantée de nos progrès en matière d'intégration sociale. John a donné des cours d'Excel, je me suis posée en experte de Word et nous avons beaucoup appris sur le cyclisme. En tant qu'adepte du Tour de France, j'aime préciser lors de mes échanges sociaux limités que son parcours passera dans le coin au mois de juillet.

Je l'annonce à quelqu'un qui, à plusieurs reprises, a fait partie du « cadre », l'escorte policière du Critérium du Dauphiné qu'il considère meilleur que son célèbre concurrent ; moins d'argent pour plus de sport. Apparemment, il est très difficile de suivre une course cycliste en tant que policier à moto, car il faut à la fois être plus rapide que les roues des vélos pour rester en tête dans les pentes sans dégringoler des falaises dans les virages, et plus lent dans les montées, quitte à faire vaciller son deux-roues juste devant les cyclistes. Je le crois. Je suis cependant troublée par la mention des Alpes et John est plus vif que moi pour se rendre compte que *Le Dauphiné* fait référence non à la région, mais au journal qui sponsorise la course, et que le Critérium du Dauphiné est un immense événement.

Après le départ de monsieur Dubois, je me félicite encore que nous soyons devenus des Dieulefitois si agréables et bien intégrés quand je me souviens brusquement du doigt abîmé de John. Je l'accompagne au placard des premiers soins pour découvrir que son doigt est affreusement écrasé, coupé, contusionné et qu'il va sans doute perdre son ongle. Je comprends alors ce qu'est un Vrai Homme. C'est quelqu'un qui passe deux heures à déployer tous ses efforts pour essayer de comprendre et de parler le français et pour résoudre des problèmes informatiques avec un débutant, sans cesser un instant de penser « aïe, aïe, aïe » ou son équivalent.

15.

Abeilles étrangères en chaleur

Le premier coucou du printemps nous fait un effet « waouh ». Vingt coucous plus tard et cela a tout le charme de la chanson *Carwash* d'un distributeur automatique à l'aéroport de Cardiff. Je suis peut-être un peu nerveuse en voyant les croix sur le calendrier, qui m'annoncent qu'une large part de notre famille arrivera dans trois semaines – et cela fait autant de mois que nous n'avons plus revu les électriciens.

La patience n'est pas l'une de mes vertus. Lors d'un entretien d'embauche, un directeur perspicace m'a demandé : « Diriez-vous que vous êtes une personne patiente ? » et j'ai répliqué : « Oui », tout en ajoutant mentalement : « Sinon je ne répondrais pas aux questions d'un vieux schnock comme vous. » Il a lu dans mon regard – je n'ai pas décroché le poste. J'estime que le fameux « qui vivra verra » est une forme de torture mentale. On peut donc dire que je suis presque une sainte quand je réponds aux artisans français. La moitié de la maison est privée d'électricité, ce qui est pire que lorsque nous avons emménagé. Certes, les installations étaient mortellement dangereuses, mais j'ai atteint l'étape où j'aurais encore préféré risquer la mort en allumant un interrupteur douteux plutôt qu'en trébuchant sur un chat dans l'obscurité. Les ouvriers sont-ils seulement venus travailler un jour, sans parler de ponctualité ?

Monsieur Dubois nous recommande d'enfermer leurs outils dans la cave à la fin de chaque journée de travail, mais pour cela, encore faudrait-il qu'ils reviennent. Je passe des appels téléphoniques, développant mon répertoire théâtral depuis la patience à toute épreuve jusqu'à l'incompétence ridicule et le déploiement de larmes, en passant par l'esclandre « explosif » (ce qui semble fonctionner pour monsieur Dubois). « Ce n'est pas une résidence secondaire ! » est mon expression favorite. J'aime bien l'adjectif « explosif » – cela pourrait bien être ma nouvelle personnalité française et, grâce aux artisans, je dispose d'une partie du vocabulaire nécessaire.

Tous les nouveaux oiseaux ne sont pas aussi agaçants que le coucou. Dans un champ voisin pullulent des douzaines d'aigrettes à longues pattes, qui arpentent les rangées de verdure comme les professeurs d'antan en patrouille dans les couloirs. Peut-être, à l'image de nos récents invités, ont-elles quitté les zones humides de Llanelli pour prendre des vacances au soleil. Nous n'apercevons la moindre aigrette nulle part ailleurs, même si des épouvantails en sacs plastiques qui scintillent dans la lumière du jour nous induisent en erreur, et nous commençons à croire que nous avons rêvé ces espèces de hérons chimériques hors de l'eau.

Nous passons une nouvelle fois devant le champ. En effet, les aigrettes sont bien là. Nous les ajoutons à notre carte mentale, notant aussi l'emplacement précis sur la route principale où nous avons des chances d'apercevoir un hobereau au-dessus de nos têtes – un faucon à n'en pas douter malgré sa silhouette d'hirondelle.

Nous y inscrivons aussi le virage de l'étroit sentier le long des gorges où, par un dimanche matin, nous avons rencontré un cavalier solitaire sur son pur-sang arabe à la démarche chaloupée, qui nous a souri pour nous souhaiter une bonne journée sous son chapeau de gaucho avant de poursuivre son chemin, sinuant entre les ombres du ravin. Nous savons où nous arrêter sur la route d'Eyzahut pour lever les yeux vers les falaises érodées par le vent et voir le « Trou de Furet », une ouverture remplie de ciel. Quelques pas plus loin, le rocher nous fait un clin d'œil et le trou disparaît.

Les points de repère de notre courte histoire se mêlent avec les jalons de la grande Histoire, comme le vieux village des Chevaliers de Poët-Laval, qui accroche la lumière de manière incroyable même quand vous jureriez qu'il n'y a pas un seul rayon de soleil. L'explication scientifique de John, c'est qu'un ancien maître de l'ordre de St Jean a vendu son âme au diable en échange du soleil éternel.

C'est l'hypothèse la plus rationnelle que nous pouvons trouver et nous en connaissons quelques-uns qui vendraient leur âme au diable pour un peu de soleil – ou du moins, qui vendraient leurs enfants aux animateurs du camping – quand les touristes commencent à arriver dans leurs caravanes et sont frustrés de découvrir la grisaille inhabituelle pour la saison. Notre coiffeur est philosophe : mauvais temps signifie plus de clients.

Il y a des douzaines d'ophrys abeilles maintenant et je suis déçue par l'éducation sexuelle moderne en qui vous explique comment dérouler un préservatif sur un pénis en plastique, mais ne vous dit rien sur les oiseaux, les abeilles et les fleurs. Par conséquent, j'ignore si ce que j'ai lu est vrai, à savoir que les abeilles méditerranéennes essaieraient de s'accoupler avec ces orchidées alors que les abeilles britanniques n'en feraient rien. Vous imaginez aisément l'abeille britannique qui vole en bourdonnant et s'exclame en apercevant l'une de ces séduisantes abeilles factices sur une fleur : « Un sex-toy, hein ? Nous, les Britanniques, ne faisons pas ce genre de choses », et sur ces mots, il (ou elle) s'envole. Alors que votre abeille méditerranéenne, ivre de soleil et de fleurs, profite de ce qu'on lui offre sans y regarder de trop près. Avez-vous une meilleure théorie ?

En dépit des promenades fréquentes avec nos chiens parmi les ophrys, nous n'apercevons pas une seule abeille méditerranéenne amoureuse. En revanche, il y en a environ vingt mille qui s'adonnent à leur rituel reproductif annuel. Je descends tant bien que mal de la forêt sur les pas de mon chien de montagne des Pyrénées et remarque un nuage noir ondulant suspendu à une branche, une dizaine de mètres plus loin.

En forme de ballon de rugby, légèrement plus grand, il mesure à peu près soixante centimètres et ne se trouve pas loin des vieilles ruches. Je sais qu'au moins deux d'entre elles sont en activité et je comprends soudain ce que je vois. C'est curieux comme on peut brusquement percevoir plus de détails une fois que l'on a identifié ce que l'on a sous les yeux. Je distingue à présent nettement les abeilles à la périphérie de cette communauté dense. Entraînant les chiens derrière nous, nous ne prenons aucun risque et nous dirigeons dans la direction opposée. Ce n'est que plus tard que j'ai envie de revenir mener ma petite enquête.

Même si je lui explique que les abeilles sont plus dociles dans un essaim, gorgées de miel et comblées par la compagnie de leur vieille reine, John me déçoit en refusant de revêtir l'antique combinaison d'apiculteur (toujours dans le garage).

J'espérais pouvoir prendre l'un de ces clichés « homme avec barbe d'abeilles », mais je suppose que je devrais déjà m'estimer heureuse si j'arrive à le photographier en train de s'enfuir ventre à terre. Quand nous revenons sans les chiens et munis de notre appareil photo, l'essaim s'est déplacé. Sans doute les éclaireuses sont-elles rentrées pour leur signaler que la voie était libre et qu'elles pouvaient emménager dans leur nouvelle maison. Dans l'ancienne ruche, les reines vierges nouvellement nées se battent à mort jusqu'à ce que la seule survivante puisse poursuivre le travail – la reproduction.

Bien sûr, c'est la bonne période de l'année et nous découvrons de nouveaux habitants dans l'ancien nid sous notre porche. Notre porte de derrière est surmontée d'un vieux porche en pierre qui ressemble à une version miniature du portail du château de Cawdor, jusqu'au volet en bois qui protège le fenestron à travers lequel le portier de Macbeth pouvait observer les visiteurs. C'est dans une ancienne niche près du toit que nous apercevons un mouvement fugace.

Les oiseaux sont d'un noir qui tire sur le brun, en forme de pinsons avec des taches rouge orangé sous leurs queues, et ils pépient avec irritation quand ils reviennent de leurs explorations pour découvrir que nous donnons à manger à nos animaux pile entre les oiseaux et leur nid. L'un d'eux volète dans l'encadrement de la porte et se sert de ses plumes de queue comme d'un éventail pour stabiliser son vol, avant de battre en retraite vers la glycine jusqu'à ce que l'heure de la pâtée soit terminée. On n'aperçoit nulle part les chardonnerets, ainsi nommés car ils mangent les chardons, une espèce dont font partie les cardons, ces légumes d'hiver qui nous laissent si perplexes.

Au lieu des chardonnerets, ce sont les martinets qui s'installent. Il y a des oiseaux partout, qui transportent des brindilles, et même les coccinelles semblent évoluer deux par deux. Ce n'est donc pas une grande surprise quand nous apprenons que nous allons avoir un autre petit-enfant. Nous espérons simplement que notre nid ressemblera un peu moins à un piège mortel quand les enfants nous rendront visite.

Après un printemps maussade et humide comme au Pays de Galles, nous avons enfin le plaisir de voir le jardin sécher. C'est le moment d'essayer le système d'arrosage. John ne comprend pas pourquoi tous ces nouveaux tuyaux parfaitement disposés, avec des trous à intervalle régulier pour diffuser goutte à goutte, n'arrosent pas du tout. Il extrait alors une fourmi de l'un des trous. Puis une autre... et encore une autre... ah! Les fourmis utilisent les tuyaux percés comme autoroutes à couvert et obstruent chaque orifice d'évacuation. Tout en réfléchissant à son système enrayé, John aperçoit d'autres fourmis qui prélèvent méticuleusement les graines de gazon que j'ai semées hier. Elles les amassent sans laisser un seul brin sur la zone que j'essayais d'ensemencer.

Jusqu'à présent, deux champignons ont poussé, bien que j'asperge quotidiennement les pousses. J'ai beau savoir que la cave à vin offre le plus propice des environnements, seuls de rares filaments blancs apparaissent. Sans me laisser décourager, je tente les champignons shiitake en prenant soin de faire germer les granules dans un placard avant de trouver un endroit aéré et ombragé où mes feuilles de carton moisi se changeront en un produit de fin gourmet. Malheureusement, c'est précisément l'emplacement que choisit John pour jeter la machine à pâtes ainsi que plusieurs bouteilles de lotion – par-dessus les shiitakes en devenir. Comment pouvait-il deviner que ce n'étaient pas les ordures ?

Pour nous deux, tout est prétexte à apprendre la patience. Je peins d'autres volets en vert brillant. J'avais juré de ne plus y toucher, mais je vais uniquement peindre ceux qui donnent sur la fosse septique. Est-il vraiment besoin d'être minutieux ? Oui, apparemment. John m'appelle et ouvre la fenêtre de la salle de bains pour me montrer un tournevis collé par la peinture sur le volet, qui se balance avec lui. Je me demandais justement où il était passé.

La bonne nouvelle, c'est que le plombier a réorienté l'évier afin qu'il ne se déverse plus sur la route principale mais dans la fosse septique. La mauvaise nouvelle, c'est que personne n'arrive à savoir où se vident les toilettes.

La très mauvaise nouvelle, c'est que la fosse septique est fissurée et qu'il va bientôt falloir la remplacer. Nous gérons une catastrophe à la fois tandis que les électriciens travaillent joyeusement (ce n'est plus leur « putain » de problème ou, plus exactement, leur « merde »). Nous téléphonons à monsieur Dubois, qui sait précisément où s'écoulent les toilettes et qui vient le montrer au plombier –et à nous.

Vous vous souvenez quand la teinture verte envoyée dans les toilettes n'est pas ressortie sur la route et que nous pensions que tout allait bien ? Figurez-vous que le plombier a découvert qu'elle n'était pas non plus apparue dans la fosse septique – tout n'allait pas si bien, en fin de compte. Devinez quoi. Les toilettes ont rejeté la teinture verte dans leur propre fosse septique vieille de plusieurs siècles sous le sol de l'atelier. Si cette fosse se remplit trop, un vieux tuyau tout aussi vieux charriera ses eaux usées sous la maison et se déversera, vous l'aurez deviné, sur la route principale, un peu plus loin que celui de l'évier.

Trois plombiers soulèvent avec enthousiasme la vieille trappe dans l'atelier. L'un d'eux m'appelle pour que je vienne jeter un coup d'œil, sachant que j'apprécie les détails de leur métier d'artisans. « Une belle construction », approuvent les plombiers tandis que deux d'entre eux ont la tête en bas et braquent des lampes torches dans les eaux verdâtres de la fosse septique que nous venons de mettre au jour. De la pierre solide, un réservoir grand et propre datant de cent ou deux cents ans – qui ne nous est cependant d'aucune utilité.

Donc si je comprends bien, il nous faut une nouvelle fosse septique, ainsi qu'un réservoir de filtration, le tout conforme aux nouvelles normes en vigueur, puis nous devons refaire la plomberie des toilettes pour la diriger vers la nouvelle fosse. John a pris un air absent. Le plombier est déjà en train de prévoir le trou dans le mur entre les toilettes et l'extérieur et demande un devis à l'installateur de fosses septiques. Notre maçon passe voir si nous pouvons trouver une solution qui évitera d'utiliser le terrain de notre voisin et règle cette question avec moi. Nous nous rendons près de la fosse condamnée. Le maçon, un homme peu loquace, dit simplement que c'est « foutu ». Mon dictionnaire me traduit le mot, plutôt vulgaire, que j'avais compris toute seule. Quel dommage que personne ne nous en ait parlé un an plus tôt. J'envoie un e-mail à une amie : dans la merde jusqu'au cou – sans parler de la fosse septique.

Il y a des progrès. Je ne cesse d'allumer, peinant à croire que si j'appuie sur cet interrupteur – ici – cette chose au plafond s'éclairera – dans toutes les pièces de la maison. Je suis ébahie qu'il y ait donc bien de la lumière, après des mois passés dans des salles de torture avec des ampoules nues suspendues à des fils électriques. J'ai découvert qu'en 1888, Dieulefit était (ainsi que Valréas) la toute première ville de France à s'éclairer à l'électricité, grâce à la centrale hydro-électrique de Béconne. Qui donc installait les lumières électriques avant que les électriciens soient inventés ?

Les serruriers, bien sûr. À Dieulefit, c'étaient les Sestier, qui ont installé pas moins de seize lampadaires publics et quatre-vingt-dix-neuf lampes privées et que l'on peut donc considérer comme les précurseurs des électriciens. J'essaie d'imaginer l'époque où l'électricité était disponible, mais où les électriciens n'existaient pas – ce n'est pas une expérience si nouvelle, en fin de compte. D'un autre côté, les électriciens semblent avoir mieux réussi historiquement que les maçons. Les fortifications de Dieulefit prévues en 1345 ont été achevées en 1425.

Ce n'est sans doute pas pour bâtir des fortifications aujourd'hui, mais le centre du village compte plus de grues et de pelleteuses mécaniques que la route devant notre maison, car le conseil municipal retire et remplace toutes les anciennes canalisations d'eau de ville. Nous n'avons peut-être pas choisi le meilleur endroit, finalement – en tout cas, nous n'avons clairement pas choisi le bon moment. Le conseil municipal de Dieulefit considère que c'est l'occasion idéale pour changer le revêtement des routes et des trottoirs, si bien qu'une visite à la banque devient un parcours du combattant, où l'on risque à tout moment de se tordre la cheville en trébuchant, agrippé au ruban rouge et blanc salutaire. Nous recevons des lettres d'information enjouées qui remercient les citoyens de supporter ce chaos, dans l'intérêt d'un Dieulefit tout neuf et meilleur. L'esprit de la Révolution est encore vivant et tenace, mais pas forcément chez moi.

Nous avons été de bons citoyens à Llanelli quand, pendant trois Noël consécutifs, le centre-ville piétonnier était devenu un véritable chantier. Une fois, c'était carrément à cause du nouveau revêtement qui s'était complètement et inégalement affaissé. Je grommelle et frôle les pavés, vaguement amusée de constater que la loi du béton mouillé de Jean demeure universelle. Un homme, un enfant et un chien approchent de leur porte d'entrée. Pour l'atteindre, ils vont devoir traverser une planche en bois tendue au-dessus du trottoir en ciment humide. Deux rubans rouge et blanc flottent en guise de rampes de fortune qui attendent que l'on s'en empare pour pouvoir s'effondrer et entraîner une chute inévitable.

Mais la loi de Jean n'a pas encore été confirmée. Pendant un moment, je crois bien être déçue quand la chienne s'assoit sur commande, juste devant la passerelle. Puis « Viens ! » et vlan ! la voilà partie, un pied par-dessus le rebord, en plein dans le béton en train de sécher.

On a vraiment l'impression d'un moment historique quand on assiste à cet instant précis où l'empreinte est fixée, irrémédiablement, nouveau point de repère à Dieulefit. Il y a un pub à York qui s'appelle, sans grande imagination, « Les Bains Romains », car il est construit sur d'anciens thermes. Autrefois, on pouvait regarder à travers un cercle de verre pratiqué dans le sol de la salle principale pour apercevoir les pavés des vieux bains. Il m'a fallu un moment, mais j'ai fini par la remarquer : une empreinte ancestrale de chien romain.

En rentrant chez moi, je découvre que les ouvriers municipaux ont creusé une tranchée qui commence de l'autre côté de la route et se termine sous la fenêtre de mon salon. Je souris aux gentils messieurs en casque de chantier, qui ont une vue imprenable sur nos meubles depuis leurs sièges pivotants, dans leurs minuscules engins rouges et jaunes.

Puis un gentil monsieur en casque de chantier m'appelle pour me dire qu'ils ne trouvent pas les canalisations conduisant chez nous. Nous ne pouvons pas l'aider. Il trouve enfin la conduite. Bruyamment. Nous entendons à ce moment-là tout un chapelet de « merde » et de « putain ». Il revient pour m'annoncer qu'ils ont cassé la canalisation, mais qu'ils vont effectuer un remplacement temporaire et qu'ils la répareront demain de manière permanente.

Pourquoi le mot « demain » ne me rassure pas ? À présent, il est très affable et quand il revient pour nous aider à arrêter l'écoulement d'un fluide brunâtre par le robinet, il est dépité en me voyant diriger le tuyau vers le parterre de fleurs.

— Vos belles fleurs, dit-il d'un air attristé avant de me prendre le tuyau des mains pour le déplacer vers la pelouse moins délicate. Ce serait dommage de les abîmer.

Je dois manœuvrer sur le chantier pour pouvoir assurer notre approvisionnement et prendre contact avec le monde extérieur. J'achète *Le Dauphiné* au supermarché et je sais précisément ce qui va se passer en faisant la queue devant la caisse de Fleur. Comme je l'avais prévu, et sans tenir compte des huit personnes qui attendent derrière moi, Fleur lâche les articles qu'elle faisait défiler pour feuilleter le journal en prenant tout son temps.

— Que faites-vous ? demande l'homme qui me succède dans la file.

Comme les Français sont moins adeptes du sarcasme que les Gallois, Fleur lève la tête d'un air innocent et lui dit :

— Je lis le journal.

Tous les clients derrière moi affichent une expression qui semble vouloir dire : « Ah, voilà, tout s'explique », mais Fleur est d'humeur bavarde et elle poursuit.

— Je lis toujours les gros titres du premier journal qui passe – ça m'évite de devoir l'acheter.

Sur ce, elle finit de lire le verdict du procès des cambrioleurs à Valence. Peut-être est-ce son honnêteté ahurissante qui nous laisse tous sans voix – après tout, c'est mon journal –, mais je trouve surtout que c'est amusant et les clients attendent patiemment.

Enfin, je peux lire mon quotidien légèrement froissé et je remarque que les manifestants contre le nucléaire sont plus mécontents que d'habitude et que nous allons avoir des réacteurs encore plus gros en aval du Rhône.

Ai-je oublié de mentionner un autre aspect moins attirant de notre belle maison ? Nous vivons à moins de cinquante kilomètres d'une centrale nucléaire, notre vallée étant décrite dans mon Almanach comme « la plus nucléarisée au monde ». Pour faire bonne mesure, les réacteurs sont apparemment construits le long d'une ligne de faille à forte probabilité de séisme et, comme si cela ne suffisait pas, il a fallu que l'on ferme provisoirement ces réacteurs pendant la canicule l'an dernier, et l'on craint que la chaleur exceptionnelle ait entraîné des fissures.

Quelle consolation y a-t-il dans le fait que Dieulefit ne présente qu'une menace modérée de tremblements de terre, n'exigeant que des mesures antisismiques standard selon les règles de construction ? À quoi correspondent exactement ces mesures antisismiques ? Sont-elles affectées par les ouvriers municipaux qui démolissent notre cave et par les plombiers qui saccagent le reste de la maison ? Ai-je jamais demandé à être ébranlée jusque dans mes fondations ? Si je l'ai dit, c'était évidemment une métaphore lancée sur un coup de tête. J'étais plus jeune à l'époque. Depuis, j'ai changé d'avis.

Je ne peux rien faire contre les catastrophes, chez moi comme à l'international. Au lieu de quoi, je suis une Cléopâtre qui navigue sur le Nil avec de beaux esclaves agitant devant moi d'énormes feuilles de palmier, des pétales de rose bruissant sous mes pieds et flottant dans le vent. Je suis moi, tout simplement, sous les éventails des branches d'acacia à travers lesquelles le ciel bleu m'offre son été. Oui, je me prélasse, mais c'est de la recherche – deux faits intéressants au sujet de Dieulefit pour deux heures de rêverie au gré du ciel, parmi les roses. Les derniers arômes de lilas et une touche de thym apportent leurs nuances à une quantité de roses capable d'assommer Marc-Antoine lui-même. Des pivoines vermillon extravagantes étalent leurs étamines jaunes dans cette palette de rouges qu'offrent les roses surannées.

La préférée de John a une tache obscure qui vient assombrir ses pétales cramoisis, mais sa loyauté vacille quand des épis jaunes éclosent et que de minuscules pompons se regroupent sur la nouvelle pergola... Ils poussent comme des mauvaises herbes et s'épanouissent comme dans un conte de fées. Les roses sont à l'intérieur du mur d'enceinte et, au-delà, ce sont les coquelicots parsemés dans les fossés, les terres en friche ou cultivables, qui embrasent soudain un champ tout entier par leur rouge flamboyant. Nous portons un toast à ce début d'été avec un rosé Côtes du Rhône.

16.

Étude du gravier et cueillette des roses

Nous ramassons de petits cailloux et les examinons soigneusement avant de les déposer sur un morceau de bois à côté duquel nous nous asseyons. Il y a des arêtes grises sur certains gravillons et des reflets roses sur d'autres. Nous nous retenons de les mettre dans nos bouches, même si cette pensée nous effleure. Au lieu de quoi, nous soupesons un caillou après l'autre, refermant la main tout autour pour sentir avec précision sa nature pierreuse.

Même un philosophe chinois ne pourrait pas méditer infiniment sur le gravier et nous allons chercher le ballon. Après avoir essayé quelques passes à la Beckham, dribblant autour de deux chiens des Pyrénées surexcités rompus à l'exercice, nous nous plaçons de part et d'autre d'une chaise longue en plastique, inclinée pour mieux faire glisser le ballon.

Nous le faisons rouler sur la surface verte et lisse, et découvrons les lois élémentaires de la physique quand il utilise l'énergie humaine pour remonter jusqu'au sommet. Beaucoup d'énergie humaine.

Nous nous lassons de la pesanteur et choisissons d'aller cueillir quelques belles roses. C'est bien plus amusant que de couper uniquement les fleurs fanées, mais il faut bien avouer que la destruction a souvent ce parfum. J'essaie de choisir des roses déjà déclinantes et j'éprouve quelques affinités avec les partisans de l'euthanasie, mais je déchante un peu quand les pétales de velours se détachent et tombent en pluie sur le gazon. Nous avons déjà chanté et mimé *The Grand Old Duke of York*, maintenant, c'est au tour de Khayyam :

Regarde la Rose qui fleurit près de nous. – « Voici »,
Dit-elle, « avec un sourire je m'épanouis en ce monde
Et déjà les cordons de soie de ma bourse
Se déchirent et je jette sur le jardin son trésor. »

Cette petite rose nouvelle s'est épanouie en ce monde en riant et elle s'attend à ce que je la rejoigne.

Dix minutes se sont déjà écoulées. Je fais du baby-sitting avec ma belle-petite-fille de dix-huit mois et je suis épuisée. Vous avez oublié, n'est-ce pas ? Son père et sa mère enceinte gravissent la Miélandre. Comme il avait le choix entre escalader une montagne ou divertir un bébé, John a vite enfilé ses chaussures de randonnée.

Dieu merci, ma belle-fille, la tante de la petite, me permet d'abandonner mon rôle de grand-mère pour préparer une pizza. Une vraie maison familiale. Avec le bébé et la cuisine, nous entrons dans de toutes nouvelles zones temporelles. Un bébé résume un an en vingt-quatre heures, avec des périodes de cinq minutes d'action chacune et des moments calmes d'une dizaine de minutes si vous avez de la chance, suivis de longues heures de récupération pendant qu'il dort.

La préparation du pain ralentit le rythme, prend le temps qu'il faut. Voilà un vrai sujet de méditation pour un philosophe : regarder la pâte lever. La confection du risotto est un autre de mes grands classiques. Il n'y a pas que le bouillon qui est absorbé pendant que je remue et surveille le riz et le liquide tournoyants.

La confection de ce plat a le même effet sur moi que la pêche. On commence avec impatience, en se demandant pourquoi une telle perte de temps, on consulte sa montre et seulement trois minutes se sont écoulées. Puis, alors que vous regardez les vaguelettes et que vos mains lancent la ligne (ou remuent le bouillon) et que votre esprit s'évade, votre amie vous tapote le bras et vous annonce que cinq heures sont passées. Vous ne la croyez pas, mais vous vous sentez plus légère, comme si vous aviez jeté vos soucis à l'eau.

Je prends le relais de ma fille-tante et nous jouons à l'intérieur. C'est assis sur le rebord de la fenêtre que l'on voit le mieux l'assortiment de pelleteuses mécaniques de toutes sortes, dignes d'un magasin de jouets. Si la plupart sont d'une couleur crème décevante, certaines sont d'un jaune aussi vif que peut le rêver un enfant de deux ans.

La pince sur chenilles nous paraît menaçante quand elle se balance trop près du mur de la maison, descendant dans le sol avec des saccades d'ivrogne pour excaver plus de gravats qu'une fillette pourrait en tamiser dans toute une vie. Le rouleau compresseur gronde comme le tonnerre et fait tinter les abat-jour en céramique telles les cloches du tram, quand il passe pesamment près de la maison et provoque un petit tremblement de terre avant de répéter la manœuvre dans l'autre sens.

Depuis le rebord de la fenêtre, nous pouvons directement sourire au conducteur de la pelleteuse et saluer de la main les hommes aux casques de chantier, nos meilleurs amis français qui nous répondent avec l'enthousiasme dû à une belle blonde aux yeux bleus – elle, pas moi. Ma belle-petite-fille est le genre de bébé à être abordé par un inconnu au Super-U, qui demande à sa belle-grand-mère : « À quel rayon l'avez-vous trouvée ? » et qui reçoit en réponse des sourires mutins – d'elle, pas de moi. Elle pourrait jouer les mignonnes du Pays de Galles alors que j'en serais bien incapable.

Après plusieurs journées de bébé équivalentes à quatre heures et vingt-trois minutes en temps d'adulte, ma belle-fille intrépide revient de son ascension de la montagne. Comme la majeure partie des mères, elle est à la fois soulagée et déçue que ma petite-fille soit toujours en un seul morceau ; soulagée parce qu'elle s'inquiète quand elles sont séparées, et déçue parce qu'elle voudrait presque être irremplaçable, ne serait-ce que pour quelques heures.

Je me souviens de cette panique passagère, quand vous vous sentez coupable (comme toutes les mères) en vous rappelant que c'était sous votre garde, et non entre les mains d'une mère de substitution, que votre bébé est tombé dans l'escalier / a mangé la moitié d'une pince à linge / s'est fait griffer par un chat qu'il tourmentait.

Je suis contente de moi, car non seulement rien de tout cela ne s'est produit, mais je n'ai pas laissé ma petite-fille s'endormir. Je sais ce que l'on ressent quand quelqu'un vous annonce que le bébé a été parfait et « a dormi toute la matinée », ce qui signifie pour vous une longue après-midi et une nuit interminable. Je suis aussi fière de moi, car j'ai respecté les règles alimentaires que tous les parents modernes vous imposent en vous confiant bébé.

Ce point-là, je suis mal placée pour m'en moquer. L'heure des repas au zoo Gilborough est une opération délicate. L'un de nos chiens des Pyrénées a une tendance à faire des ulcères à l'estomac et lors de notre déménagement en France, nous avons dû remplacer sa nourriture poulet-et-riz de la marque vétérinaire Kidwelly par une nouveauté, étrangère et donc risquée (mes chiens ont le palais aussi délicat que nos grands-mères). Nous avons opté pour une « alimentation spéciale pour gros chiens aux estomacs sensibles » au repas, et des biscuits « plaisir garanti » au petit déjeuner. Je suis très tentée par les biscuits.

Pour les chats, nous avons choisi des croquettes avec de beaux birmans sur le paquet. L'une de mes sœurs m'a demandé :

— Tu n'as pas l'impression que le marketing t'a un peu influencée ?

Mais d'après moi, si chez les humains le sexe fait vendre, des voitures jusqu'aux déodorants, alors pourquoi mes animaux de compagnie édentés et puants ne pourraient-ils pas s'imaginer qu'ils ont dix ans de moins en admirant les photos de ces vainqueurs de concours tout en savourant leurs biscuits ?

Au bout d'un mois de ce nouveau régime français, notre chienne sensible a cessé de s'alimenter. J'ai essayé toutes les astuces habituelles, y compris les pilules dont regorge le « kit de premiers soins » fourni par mon vétérinaire gallois. Malheureusement, nous avons avancé de deux pas pour reculer de trois. Je me suis dit que c'était juste son estomac qui faisait des siennes et qu'elle ne se languissait pas du Pays de Galles, mais un matin, elle m'a pourtant semblé avoir désespérément besoin d'un vétérinaire.

Comme c'était l'anniversaire de John, son cadeau pour la journée fut notre première visite chez le vétérinaire français. Quand il a vu ma tête et a compris que je sortais du cabinet de consultation sans la chienne, il a cru que son anniversaire s'annonçait très mal. En réalité, tout allait dépendre du vétérinaire, du chien et d'un peu de chance. Je m'étais laissé induire en erreur par son historique en matière de santé et notre chienne sensible avait en réalité développé une infection de l'utérus. Il lui fallait une hystérectomie d'urgence pour lui sauver la vie. Notre nouveau vétérinaire nous a téléphoné personnellement à l'heure du déjeuner pour nous annoncer que l'opération s'était bien passée, puis à l'heure du thé pour nous dire que sa patiente se rétablissait bien (ce qui nous a rappelé la vieille blague : « L'opération s'est bien déroulée, mais… »).

Le lendemain matin, on nous expliqua que tout se passait bien… mais. Ce « mais » était prévisible… en l'occurrence, elle ne pouvait pas rentrer à la maison tant qu'elle n'aurait pas mangé quelque chose – et elle refusait d'avaler quoi que ce soit. Bien sûr, que croyez-vous ? C'est une chienne sensible dans une prison pour chiens où l'on ne parle même pas convenablement l'humain. Il leur a fallu trois jours pour la persuader de manger quelque chose (ou pour finir par baisser les bras et inventer un mensonge) et nous avons pu préparer son retour triomphal à la maison. Quand je suis passée la chercher au cabinet de consultation, en songeant que notre changement de pays n'avait presque pas altéré l'excellente qualité des soins, le vétérinaire en personne est venu me saluer.

— Veuillez attendre ici, m'a-t-il demandé avant de disparaître derrière le comptoir, dans l'arrière-salle, pour réapparaître avec une bassine remplie d'une substance poisseuse dégoûtante.

Tout sourire, il m'a demandé :

— Voulez-vous voir à quoi ressemble ce que j'ai retiré ?

Je n'ai pas eu à réfléchir bien longtemps pour décliner sa proposition, à sa grande déception. Décidément, certaines choses sont très différentes ici.

L'Autre Moitié de la Meute commençait à se morfondre et elle a été ravie de la voir revenir. Leurs queues remuèrent lorsqu'elles se saluèrent mutuellement jusqu'à ce que notre chienne en bonne santé prenne une grande inspiration et inhale des effluves de vétérinaire à pleins poumons. Elle a pris ses pattes à son cou et est restée à l'écart pour éviter tout contact – et tout risque de contamination – pendant des jours, laissant notre Chienne Sensible méditer sur l'injustice de la vie et regarder ses points de suture se dissoudre.

Depuis lors, nous avons connu plusieurs phases de « mangera, mangera pas » et la solution que nous avons trouvée inclut du riz soufflé, du bouillon de poulet (fait maison, naturellement) et un beau morceau de charcuterie – fois deux, évidemment, car même si nous formons une meute, nous nous entretuerions si la nourriture était meilleure dans l'autre gamelle.

J'imagine que les réactions sont similaires à l'heure du repas au parc des crocodiles, même si je n'y ai pas encore assisté. Elle a lieu tous les mardis et dimanches après-midi. Apparemment, les crocodiles ne mangent que deux fois par semaine. Si vous tombez dans leur bassin un autre jour, il faut croire qu'ils vous laisseront intact.

J'ai la chance de voir les crocodiles quand je deviens Tante Jean. J'ai alors le droit d'avoir à nouveau dix ans et de contempler la surface de l'eau sous laquelle clignent des yeux préhistoriques humides que l'on croirait rattachés à une bûche, ou encore une quinzaine de monstres entassés, qui semblent morts jusqu'à ce qu'un avant-bras s'agite et qu'une main étrangement humaine se contracte. Je leur lance : « sacs à main », ou « chaussures », mais ils m'opposent leurs corps parfaitement adaptés, leur absence de prédateurs à l'exception des humains et, par-dessus tout, leurs mouvements absolument silencieux.

Le rôle de Tante Jean est fatiguant, mais il est différent de celui de Mamie. Nous nous déguisons en apiculteurs provençaux (ces chapeaux et la combinaison blanche du garage sont utiles, en fin de compte) et nous rendons visite à la ruche jaune dans les bois. Elle est active et bourdonne d'animation en cette fin de journée, alors que les ouvrières rentrent avec leurs trouvailles.

Nous regardons le nid vide sous le porche en pierre où deux familles de rougequeues à front blanc ont éclos depuis le printemps. Nous cueillons des poires et les transformons comme par magie en confiture (je peux prouver que c'est la confiture du jour, car elle porte la date d'aujourd'hui). Je disparais lors d'une partie de cache-cache grâce à la magie que me procure l'architecture d'une vieille maison et je suis flattée que ma sœur ait pu croire, ne serait-ce qu'une minute, que je me suis enfuie par la cheminée ou la fenêtre.

Nous nous promenons dans le jardin et grignotons quelques fleurs (comme les avertissements en petits caractères, je vous préviens qu'il ne faut pas essayer cela chez vous sans la présence d'un adulte irresponsable). Nous mangeons les fleurs de bourrache bleues et le cresson de fontaine orange, dont nous donnons les graines à maman d'un air détaché, avant d'éclater de rire quand sa langue prend feu. On a le droit de se moquer gentiment des autres quand on a moins de dix ans, mais pas longtemps, et pas si cela les fait pleurer. Maman ne pleure pas, pas même quand elle essaie à son tour de se cacher et que l'on finit par la découvrir coincée dans un placard. Au lieu de quoi, elle se met à rire et nous nous joignons à son hilarité. Les échos de leurs voix résonnent encore dans la maison après leur départ.

Nous allons assister à un concert de jazz donné par un orchestre à sept instruments dans le vieux village chevalier de Poët-Laval. La salle vibre d'énergie estivale tandis que la nouvelle génération se laisse émouvoir par ces anciennes musiques. Quand on a dix ans, on n'est pas trop jeune pour jouer de la clarinette ; ni trop jeune pour dire que si l'on entend les mêmes morceaux joués sur les mêmes instruments, mais par des interprètes différents, ils ne se ressembleront jamais ; ni trop jeune, enfin, pour être considéré avec sérieux en tant que confrère musicien par le clarinettiste de jazz qui vous signe un autographe tout en vous donnant des conseils techniques sur les embouchures. Il est allemand, je suis écossaise-anglaise du Pays de Galles, et nous discutons en français. Sa musique a parlé à tout le monde, dans une salle pleine de touristes aux langues diverses.

Et si neuf ans n'est pas trop jeune, soixante-dix ou quatre-vingts ans n'est pas trop vieux pour le présentateur qui, encouragé par le public, remplace le pianiste à la fin de la seconde et dernière partie pour jouer le jazz qu'il aime. Pendant toute la durée du concert, sa bouche n'a cessé d'esquisser de petites moues en rythme. Il a suivi les envolées improvisées avec un grand sourire et en hochant la tête, et à présent ses mains sont à l'endroit où elles désiraient être et poursuivent les touches du piano jusque dans le passé, hors du temps, avant de revenir à l'instant présent quand retentissent les applaudissements enthousiastes.

Avoir neuf ans et être rempli de curiosité. Ou avoir six ans, avant que le mot « réalité » ait le pouvoir de détruire ce recoin où les jouets discutent de leurs devoirs d'arithmétique. Ma nièce et mon neveu se démènent, puis se fatiguent, se démènent et se fatiguent, tandis que les adultes se relaient pour jouer leur musique et – la plupart du temps – tomber de fatigue. Les parents imposent leur cadence avec entrain et dynamisme, et chaque musicien apporte sa contribution, fermant les yeux sur quelques fausses notes quand quelqu'un improvise et que les autres perdent le rythme, avant de se rejoindre dans un mélange de familier et d'individuel. Nous réinventons les vieux airs du mieux que possible.

J'ai beaucoup appris sur moi grâce à mes invités, et ce n'est pas toujours agréable à savoir. Je suis plus vieille que je le pensais, engoncée dans mes habitudes. Je me lève trop tôt le matin, me couche trop tôt le soir, et pendant la journée j'aime manger à heures fixes. Je préfère que la spontanéité soit planifiée pour que je puisse prévoir les repas. Je me sens légèrement humiliée à devoir étendre les sous-vêtements de mes invités.

Que les choses soient bien claires : personne ne m'a jamais demandé d'étendre ces sous-vêtements, mais comme le linge était abandonné dans la machine et que les invités étaient sortis profiter des vacances... Je suis ramenée en arrière, à ce vieux ressentiment au sujet de l'égalité des sexes et des rôles dont je croyais être débarrassée depuis des années. Comment pourrais-je reprocher à mes invités masculins de partir du principe que ce sont les femmes qui s'occupent du linge alors que c'est réellement le cas ? Comment pourrais-je en vouloir à mes invitées féminines quand elles me remercient de les avoir aidées ? J'obtiens des réactions très différentes quand je dis – et c'est parfois vrai – que c'est John qui a étendu le linge. Je perçois toujours un sentiment de culpabilité à l'idée que le pauvre homme ait pu se charger d'une telle corvée (ou de stupéfaction à mon égard à l'idée que j'aie pu charger le pauvre homme d'une telle corvée). Ce test des sous-vêtements s'est révélé intéressant, une sorte de jauge pour évaluer la répartition des rôles, mais je suis qui je suis, et à partir de maintenant, je serai une grand-mère, une mère, une tante, une amie et une hôtesse sans pour autant être reléguée au comportement stéréotypé que je n'ai jamais adopté dans le passé.

J'ai décidé il y a longtemps que les tâches ménagères étaient un agaçant jeu de « c'est qui le plus fort », systématiquement remporté par la personne dotée du seuil de tolérance le plus élevé pour la saleté et le désordre. Malheureusement, en règle générale, ce n'est pas moi. Un jour, par curiosité, j'ai laissé la boule de poils expulsée par un chat à l'endroit où je l'avais trouvée, sur le plan de travail de la buanderie. Non que les deux adultes avec lesquels je partageais ma maison aient refusé de la nettoyer, ils ne s'en sont tout simplement pas rendu compte. Quant à vous, si la présence de cette boule de poils finit par vous obséder, il vous reste quatre options : devenir folle, partir pour toujours, la nettoyer vous-même ou demander à quelqu'un d'autre de le faire. Si vous choisissez l'option numéro quatre, aussi poli que vous soyez, vous passerez pour un tyran ménager et, quoi qu'on en dise, la personne que vous aurez chargée de cette tâche se demandera pourquoi diable vous ne l'avez pas nettoyé vous-même et pourquoi vous faites une telle histoire pour une broutille. Parfois, la vie est pleine de boules de poils.

17.

Lavande et cafard

Le bonheur est une émotion éminemment égoïste. Comment peut-on être heureux alors qu'un proche ne l'est pas ? Comment peut-on être heureux devant la guerre, la famine, la pauvreté… et pourtant. En quoi votre malheur améliore-t-il la vie des autres ? Qui votre dépression aide-t-elle ? Ne faut-il pas être un tant soit peu confiant pour tendre la main à son prochain ?

Je suis entourée, et parfois submergée, par le cafard des autres. Je connais bien la culpabilité du survivant et il ne faut pas nécessairement avoir survécu à un génocide et à la guerre pour la ressentir. C'est également le fardeau de ceux qui éprouvent, en dépit du bon sens, un sentiment sous-jacent de bonheur, ou dans le pire des cas, ont l'assurance qu'il est possible d'être heureux.

J'échappe au blues qui règne dans la maison grâce au bleu du dehors. La lavande est en fleurs. Brin par brin, les champs ondulés de la vallée se parent d'un bleu lavande. Le lavandin hybride le long des chemins est le premier à s'épanouir. Le champ suit les contours de la route sinueuse. Sur des pentes incroyablement raides, là-haut dans les montagnes, la vraie lavande est plus tardive.

Il existe un débat autour de l'adjectif bleu. Pourquoi, alors que la couleur est lavande, une nuance violette, les Anglais et les Français font-ils référence au « bleu lavande » ? Je me demande quel est le terme gallois, sachant que la couleur « glas » peut à la fois désigner le bleu du ciel et le vert des prés, particularité que l'on doit sans doute à la météo du Pays de Galles. Quels que soient nos désaccords en matière de couleurs, on ne peut pas se tromper sur le parfum, si délicat dans les champs ou sur les marchés d'été, et qui envahit la voiture quand nous passons devant une distillerie. Alors que nous nous prélassons dans le jardin, une soudaine bouffée de lavande nous atteint, dans le sillage de chaque remorque grillagée remplie de ballots mouchetés de bleu (ou plutôt de lavande) qui passe en direction de la Roche St Secret ou de Nyons.

Là, dans les distilleries, on peut voir des hommes ruisselants de sueur qui attisent le feu sous de vieux ballots tout en extrayant l'essence des nouveaux brins. Distillation à la vapeur, a murmuré amoureusement John, chimiste de cœur, la première fois qu'il a assisté au procédé. J'ai beau lui demander régulièrement de me l'expliquer, cette technique revêt pour moi la même magie que les micro-ondes. Je dois juste croire ce que je ne comprends pas.

Mes méthodes peu scientifiques entraînent des heurts dans la cuisine, où j'utilise des cuillères de tailles variables pour mesurer les ingrédients, alors que John dispose de tout un éventail d'outils précis – pots gradués, tasses, cuillères à mesurer en acier inoxydable – et qu'il en utilise fréquemment quatre différents pour la même recette. Je préfère qu'il soit mon sous-chef, mais il s'est vite imposé comme le maître des confitures et nous en confectionnons suffisamment pour ravir toute une tablée lors d'une fête du Women's Institute.

Pourquoi la conservation des fruits a-t-elle une réputation si négative au Royaume-Uni ? Qu'y a-t-il de plus sensuel que de cueillir des fruits mûrs, de mordre quelques bouchées juteuses en chemin, de les faire bouillir dans un chaudron (oui, c'est ce que mijotaient en réalité les sorcières dans *Macbeth*), de regarder le sucre se dissoudre et la lumière se refléter sur la surface soudain lisse, qui se met alors à bouillir et à écumer jusqu'au moment magique où la confiture commence à prendre ? Ou plutôt, le moment pas-si-magique où le sirop se forme, déguisé en nappage pour desserts et en milk-shakes, mais toujours identifié par les chefs cuisiniers comme de la confiture ratée.

Inspirée par Delia, j'ai essayé un jour de faire de la marmelade de Séville, doublant les quantités dans mon enthousiasme. J'ai connu un moment douloureusement retentissant quand, imitant point par point la recette télévisée, j'ai lâché la poche en mousseline remplie de pépins et de peau blanche dans le liquide bouillant d'où je venais juste de la retirer – Delia, pourquoi ne m'as-tu pas dit de la laisser refroidir d'abord ?

Tout en soignant ma main droite à vif, j'ai suivi le reste des instructions avec méfiance et je me suis vite rendu compte que la casserole allait déborder (peut-être doubler les quantités n'était pas une si bonne idée, en fin de compte) et j'ai presque réussi à empêcher la substance poisseuse de se déverser sur le sol carrelé. Je crois qu'il m'a fallu attendre une semaine avant que mes baskets perdent ce crissement qu'elles produisaient depuis qu'elles avaient piétiné la marmelade. Pendant un moment, il était toujours possible de faire du moonwalk à un certain endroit de la cuisine. Sans me laisser démonter, j'ai procédé à deux cuvées, l'une dure comme de la pierre et la seconde liquide comme du miel. On ne peut pas dire que le succès ait été au rendez-vous.

Étant donné mes échecs dans ce domaine, j'appréhendais de faire de la confiture avec la difficulté supplémentaire que représentaient les ingrédients français – les catégories de poires ou de pêches non identifiées, je pouvais encore faire avec, mais mon dictionnaire m'a laissé tomber, une fois de plus, en évoquant deux sortes de sucre différentes. Nous avons passé une heure très divertissante à lire le dos des paquets de sucre avant de découvrir le sucre magique. Les ingrédients nous apprennent qu'il convient aux végétariens – pas de gélatine –, qu'il contient divers extraits végétaux dont je ne reconnais aucun et qu'il donne une confiture parfaite en sept minutes à partir de n'importe quel fruit émincé et bouilli. Nous n'y regardons pas à deux fois.

Maintenant, quand nous goûtons des bocaux au marché annuel du Picodon à Dieulefit ou ailleurs, je peux regarder la marchande dans les yeux et lui demander, de confiturière à confiturière, ce qu'elle fait de sa gousse de vanille, en sachant qu'avec le coup de pouce du sucre magique, nous pouvons tenter quelque chose chez nous.

Après avoir réglé la question de la confiture, nous poussons l'expérience au chutney, mais une fois de plus, les différences culturelles nous arrêtent. Nous ne trouvons nulle part les épices à marinade, même si l'on peut acheter des graines de coriandre, des baies de genévrier, du piment séché, des feuilles de laurier – n'importe quelle épice que vous voulez, disponible aux cent grammes dans les marchés.

Je ne comprends pas non plus ce qu'est le « vinaigre de malt » et quand je retourne à l'étal des confitures pour poser la question à une professionnelle, elle me dit qu'elle emploie différents vinaigres selon les ingrédients – vinaigre de cidre avec le chutney aux pommes, vinaigre de vin blanc avec l'abricot... J'épluche ma collection de livres de cuisine à la recherche d'une recette pour les épices à marinade, mais je ne trouve rien, ni dans la section « comment réussir ses conserves » ni dans « tout sur les herbes aromatiques et les épices ».

Je dois remercier les centaines d'Américains qui postent leurs recettes en ligne pour la variété qu'ils m'offrent. Maintenant, je sais à quoi sert le macis – je m'étais toujours posé la question. J'apprends à respecter un peu mieux la cuisine britannique. Mon Larousse de la cuisine m'explique que le chutney (il n'existe pas d'équivalent français) est un condiment anglais d'origine indienne, idéal avec les viandes froides.

Je suis deux fois plus fière de mes ancêtres britanniques, qui ont démontré la double force de leur gastronomie maternelle : savoir apprécier la nourriture étrangère (une fois que vous parvenez à les convaincre d'y goûter, s'entend) et en adapter les recettes avec les ingrédients et les techniques de cuisine locaux. On peut se demander si la Grande-Bretagne ou les différents pays qui la composent ont une cuisine qui leur est propre, mais on ne peut nier qu'ils ont de vrais experts en fusion, dont le mot d'ordre est : « Voler et substituer ».

Qu'avons-nous appris sur la cuisine, à l'école ? Je suis issue du système scolaire britannique, ou plutôt d'un mélange de deux systèmes. Mon premier établissement du secondaire (après six écoles primaires) était un collège mixte avec une classe spéciale, sélectionnée parmi les meilleurs élèves en anglais et en mathématique. Cette classe d'élite étudiait alors trois langues, et aucune matière technique. Le terme même de « technique » faisait ricaner.

Ma place au sein de ce groupe de tête me convenait parfaitement, si ce n'est que mes notes subissaient une chute libre depuis que j'avais découvert les garçons et appris à me battre. Ce fut donc un choc quand, à l'âge de quatorze ans, j'ai intégré un lycée de filles à York, où les cours de couture et de cuisine faisaient partie intégrante de l'éducation d'une femme bien élevée. Je pouvais survivre à la couture, que je connaissais déjà car je devais confectionner moi-même mes propres vêtements si je voulais porter quelque chose qui n'ait pas été acheté chez Marks et Spencer et qui ne soit pas trop ample pour moi (mes tenues devaient me suivre pendant ma croissance jusqu'à ce que je sois trop grande et qu'elles soient trop abîmées). Malgré tout, mon expérience ne m'a pas aidée à me faire aimer des professeurs. Mon carnet de notes était entaché par un C en couture et des blâmes pour « insolence » (si vous ne le dites pas, comment peut-on vous le reprocher ?) dès l'instant où l'on m'a surprise en train d'effectuer directement une couture piquée à la machine. J'ai été punie pour arrogance, car je ne l'avais pas cousue manuellement au préalable, et j'éprouve encore aujourd'hui un sentiment de folle rébellion en cousant des mètres de tissu à rideaux simplement fixés par quelques épingles.

Les cours de cuisine ont remplacé l'allemand. Les heures passées à essayer de cracher les sons « ss » et « ch » furent remplacées par de la pure torture. Depuis que j'avais échoué à confectionner un moulin en papier à l'âge de cinq ans, ma maladresse ne m'avait plus causé une telle humiliation. Quand il fallait utiliser son cerveau et parler, tout allait bien. Dès que je devais me servir de mes mains et d'un peu de bon sens, en revanche, j'étais perdue.

Le professeur a baissé les bras après la première leçon, décrétant que j'étais « trop à la traîne », et m'a confié la tâche de préparer un cake tout simple à chaque cours jusqu'à la fin de l'année, où mes « options » m'ont sauvé la mise. Je suppose que, chaque semaine, mes camarades emportaient chez elles quelques denrées comestibles. Si elles n'étaient pas dégoûtées à vie de la cuisine, sans doute cela leur apprenait-il quelques astuces de base – pour les filles, bien sûr. Les garçons (dans l'autre section de notre lycée) travaillaient le bois et apprenaient le dessin technique. La seule chose que j'ai apprise, c'est que je ne savais pas cuisiner.

Ce que je faisais chez moi ne comptait pas comme de la cuisine et confirmait seulement quelle empotée j'étais. Mais comme j'étais la seule fille à la maison en âge de savoir cuisiner, je devais assumer cette responsabilité les rares fois où ma mère n'était pas là pour préparer le repas. Mon père redoutait ce moment, mais jamais au point de prendre le relais, ce dont je sais à présent qu'il était parfaitement capable. Il n'était pas content de découvrir que son pique-nique du déjeuner contenait des carottes crues et des sandwiches au miel (eh bien, quoi, c'était ce que j'aimais manger). Il fut encore plus fâché le jour où, alors qu'il m'avait bien précisé ne pas vouloir d'ail dans son omelette et après que je lui eus assuré ne pas en avoir mis, il s'était rendu compte que les œufs étaient tout simplement mauvais.

À quatorze ans, je n'avais jamais remis en question mes responsabilités, pas même la fois où j'avais essayé de repasser des draps en les étendant sur quatre chaises et en les faisant glisser petit à petit sur la planche. Personne ne mettait en cause mes corvées, mais on me faisait clairement comprendre que je n'étais pas très douée pour être mère, surtout quand je risquais ma vie ou celle des autres par mon ignorance, comme ce jour où j'avais lavé le grille-pain.

Les professeurs de « technologie alimentaire » avec lesquels j'ai travaillé par la suite m'ont avoué que la cuisine leur manquait, l'occasion d'enseigner des compétences pratiques utiles dans la vie, notamment aux jeunes dont les parents en sont dépourvus. J'interroge les filles, individuellement, au sujet de leur éducation culinaire et je fais une curieuse découverte. Les élèves d'une école secondaire, dans une petite ville du Pays de Galles, peuvent se reconnaître à une espèce de code maçonnique qu'elles doivent à leurs cours de cuisine – et c'est tout ce dont elles semblent se souvenir. Les anciennes de Penyrheol peuvent toutes réciter la chanson de la vaisselle : « Verre, argenterie, couverts, poêles et casseroles, planches à découper... »

Pour que l'authenticité soit totale, il faut la chanter en prononçant « argen-re-tie » au lieu d'« argen-te-rie ». C'est rassurant de savoir que notre vaisselle sale est lavée dans le bon ordre, mais je suis toujours dubitative à l'idée que les familles de Gorseinon possèdent toutes de l'argenterie.

Oublions ces considérations abstraites. Je découvre les figues et la « recette de salade la plus sexy » du cuisinier Jamie Oliver. Je lui emprunte l'idée et remplace la mozzarella par du fromage de chèvre... Je dois faire imprimer mes « cinquante recettes de fromage de chèvre ». L'infrastructure est déjà en place – je suis désolée, quand on a été inspecteur des écoles, difficile de parler simplement. Ce que je veux dire par là, c'est que mes voisins fabricants de Picodon me reconnaissent maintenant et ne m'enverront peut-être pas balader si je leur propose l'opportunité unique de vendre mes recettes de Picodon dans leur crèmerie.

Une employée de chez Cavet me dit qu'elle nous plaint de subir les travaux si près de notre maison. Oui, nous aussi, nous nous plaignons. Je lui pose des questions sur mes cale-porte qui « ramollissent » toujours dans l'huile d'olive, huit mois plus tard. Oui, dit-elle, les gens les mangent vraiment comme ça, tels quels. Personnellement, elle n'aime même pas les Picodons dieulefitois au goût trop prononcé. Elle leur préfère les fromages fermiers plus doux et frais.

Je comprends à sa tête que choisir les Picodons plus forts, c'est un peu comme opter pour le vindaloo épicé, quelque peu viril, au restaurant indien. Je me dis que je devrais peut-être me réconcilier avec ma féminité et j'avoue que je n'aime pas du tout l'arôme de chaussettes que dégagent mes vieux Picodons, sans parler de leur texture d'écorce et de leur amertume. Je me demande quel goût aurait le pain si j'y ajoutais quelques copeaux de Picodon...

Après avoir fait le plein de fromages conformes à mes goûts, je me dirige dans le sens opposé, vers mon voisin producteur d'huile d'olive, pour remplir mon bidon en inox vide d'huile extra-vierge de Dieulefit.

— Il y a quelqu'un ?

Je m'égosille pendant dix minutes avant qu'un bâtard brun fasse son apparition, suivi d'un homme bien plus âgé que le producteur de la dernière fois. Quand je me présente, d'une voix forte car il est un peu dur de la feuille, je me demande si cet habitant traditionnel, sans doute né et élevé dans la région, se dit : « Oh mon Dieu, encore une autre foutue étrangère incapable de parler correctement le français. » Si tel est le cas, il ne le montre pas. Son sourire et sa poignée de main sont chaleureux quand il répond : « Une voisine », comme si cela faisait une différence. C'est en tant que voisine qu'il me présente à sa petite-fille, responsable des ventes en l'absence de ses parents.

Elle s'intéresse le moins possible à moi, ma sœur et l'huile d'olive, et fait mine de ne pas connaître un mot d'anglais. J'aurais fait exactement la même chose à son âge. J'achète mes cinq litres, pressés à froid (on m'a dit que ce n'était pas forcément un gage de qualité), produits traditionnellement (idem), extra-vierge (ce sont ces mots-là qui comptent – ainsi que le sourire de l'homme à qui vous l'achetez).

Chaque cuisine devrait avoir un robinet d'huile d'olive – et chaque cave sa cuve de vin en vrac, un conteneur en plastique rempli à partir d'une pompe à pétrole, directement chez le caviste. Vous pouvez même obtenir des étiquettes professionnelles. Ainsi, si vous choisissez de le mettre en bouteille au lieu de conserver vos cinq litres en cubi, vos amis liront que ce Côtes du Rhône a été « embouteillé par l'acheteur ». Il y a là matière à poésie (avec quelques emprunts et remaniements) :

« *Une tranche de pain (imbibée d'une délicieuse huile d'olive), un verre de vin, un Picodon et votre compagnie...* »

C'est difficile, mais je parviens à dire non au plombier. Mardi ne nous convient pas pour l'installation des deuxièmes toilettes. Nous allons regarder le Tour de France. Il se montre indulgent et nous conseille de prendre des parapluies. En effet, il fait gris le lundi soir et il tombe vingt malheureuses gouttes de pluie. Nous venons de passer trois mois sans pluie, rivalisant avec la sécheresse de l'an dernier, la chaleur accablante en moins. La couverture nuageuse du mardi matin signifie que nous ne frirons pas en attendant le passage des coureurs.

Nous avons choisi notre emplacement à l'avance, évitant le village de la Bégude (trop de monde) et la rase campagne (stationnement difficile, pas d'ombre, aucune chance de repartir par la route) et nous nous installons dans un hameau du nom de Charols, où nous buvons tranquillement un café avant de passer aux choses sérieuses. Deux semaines plus tôt, j'avais taillé une bavette avec un serveur, à la Bégude :

— Vous serez très occupé quand le Tour passera ?

Il avait haussé les épaules avec indifférence.

— Ils passeront, fit-il en désignant la rue. Et c'est tout, terminé.

Pas découragée pour deux sous, j'ai hâte d'y être.

J'ai mis du temps à apprécier le Tour, incapable de comprendre pourquoi mon mari passait de si nombreuses heures devant la télévision, à regarder des hommes à vélo alors qu'on ne pouvait même pas savoir si l'on voyait le peloton de tête à l'écran, ou bien les coureurs qui fermaient la marche, en retard de deux jours sur tout le monde.

Ma première révélation eut lieu lors d'un échange scolaire, quand j'ai traversé la route devant le musée Dali à Figueres pour entrer dans une boutique de souvenirs. À l'intérieur, j'ai aperçu une vitrine qui exhibait fièrement le maillot jaune d'Indurain, signé par le grand homme lui-même. Mon fils de neuf ans m'a alors expliqué son importance et j'ai trouvé qu'il y avait quelque chose de magique dans la manière dont nous l'avions découvert. Par la suite, après plusieurs vacances dans diverses régions de France, regarder le Tour m'a fait l'effet de feuilleter un album photo : le col du Galibier dans les Alpes, la route à travers les Pyrénées en Andorre, le mont Ventoux – oui, j'y suis allée, j'ai vu le maillot jaune. Enfin est arrivée la période où j'ai commencé à rêver immobilier. J'en ai beaucoup voulu à la caméra de passer si rapidement devant ce mas de pierre au cachet pittoresque, entouré d'un vaste domaine, que j'avais entraperçu derrière le peloton qui filait sur les routes du Vaucluse.

Nous habitons à quinze minutes du parcours de cette année et l'étape cruciale se situe entre Valréas et le Vercors. C'est la première fois depuis sept ans que le Tour traverse la Drôme et c'est la moindre des politesses que de faire le déplacement pour les applaudir et les saluer. Nous faisons partie des derniers à rouler sur la route du Tour et j'ai l'impression gênante d'être la reine, encadrée par des motos et des voitures de police, tandis que la foule se regroupe déjà derrière les barrières du village et installe ses chaises pliantes près des voitures garées à l'entrée de chaque allée ou au bord des champs.

Charols est tel que nous l'imaginions. Après notre café, nous nous mettons en place, assis sur un mur de pierre surplombé par des arbres. Le personnel du café a accroché une bannière en travers de la route, « Richard, Chef du Jour ». Quant au coureur à encourager à la française, la question ne se pose pas. Même s'il a plus de trente ans, Richard Virenque arbore une fois de plus le maillot du meilleur grimpeur et accorde des interviews avec une modestie désarmante. Le peuple français rend hommage à ses idoles de manière traditionnelle : Virenque a reçu une vache Salers de la part du maire de Saint-Flour, au nom de l'association UPRA des éleveurs bovins.

En parlant de légendes, Lance Armstrong est une valeur sûre pour le maillot jaune, mais il est trop fort, trop imbattable et surtout trop américain pour ravir l'attention du public français avec autant d'intérêt. Il parle français en interview, il est bouleversé par les accusations de dopage et il essaie de toutes ses forces de se montrer humain. Tyler Hamilton me paraît plus convaincant en matière de sensibilité, attristé parce que son golden retriever, Tugboat, vient juste d'être piqué. Je prends conscience du jeune âge de ces cyclistes quand j'apprends que Tyler avait neuf ans lorsqu'il a adopté son jeune chiot Tugboat.

À notre gauche se trouve une Française d'une quarantaine d'années, qui surveille trois enfants et une jeune femme de vingt ans atteinte de trisomie. Elle leur demande à tous les quatre de s'asseoir sur le mur et de ne pas bouger, pendant que Madame court devant eux et se prépare au passage de la caravane. Les quatre jeunes gloussent et s'agitent, impatients. Sur notre droite, il y a une famille, des parents et deux enfants plus âgés. Le garçon, qui doit avoir treize ans, a l'air de s'ennuyer ferme, avec ce désintérêt affecté propre aux adolescents.

Une heure avant le passage des cyclistes, précédés par d'autres gendarmes, les premiers véhicules de la caravane arrivent. Ce sont des voitures commerciales, déguisées comme des chars de carnaval, qui diffusent de la musique et klaxonnent en passant à vive allure.

Manifestement, leurs occupants sont des grains de café pelucheux ou des elfes chargés de lancer des cadeaux gratuits à la foule. Madame risque sa vie et manque de perdre un membre quand elle se jette pour attraper les bandes dessinées gratuites, les sifflets en plastique et les éventails en papier, encouragée par ses quatre jeunes hilares, qui forment de petits tas avec leurs trésors. « Ne bougez pas », les avertit-elle tout en réalisant une performance athlétique à 6.0. Elle nous sourit quand nous lui donnons les babioles qui ont atterri près de nous.

Quel que soit votre âge, il y a toujours une certaine satisfaction à attraper des cadeaux gratuits. Pour moi, c'est le retour à mon enfance dans les années soixante, quand nous arrachions le rabat des boîtes de céréales pour découvrir les lunettes 3D en papier cachées tout au fond. On éprouve aussi un sentiment d'injustice quand les cadeaux n'arrivent pas dans votre direction. Madame est une professionnelle pour attirer l'attention. Elle agite la main et sourit, tandis que son gang de quatre récupère à la volée les poignées entières de gadgets que chaque voiture jette en passant. Certains nous atteignent, sans doute des erreurs de visée, mais je remarque que John porte autour du cou un cordon avec le logo d'une équipe.

Les cadeaux ne vont pas très loin et n'arrivent pas jusqu'à l'adolescent qui a tendu la main sans grande conviction avant de se replier dans ses épaules en constatant que rien n'atterrit près de lui. Il le savait, ce n'est jamais pour lui.

Soudain, quelque chose vole dans sa direction et il l'attrape. Ses épaules se redressent légèrement, il fourre l'objet dans sa poche en feignant la nonchalance et se rapproche un peu de la route. Il fait d'autres prises, commence à se rengorger et quand la procession de costumes extravagants et de véhicules déguisés avec encore plus d'excentricité se termine, une heure plus tard, le garçon rivalise avec Madame et agite la main, crie et sourit à pleines dents.

La bonne humeur est contagieuse. Il est possible que je glousse lorsqu'un faux pompier nous arrose depuis son fourgon, mais personne ne pourra jamais le prouver. J'achète le paquet souvenir du Tour : une casquette, un t-shirt jaune, un ours en peluche vêtu du maillot à pois du meilleur grimpeur, ainsi qu'un sac jaune gonflable. Bien sûr, je ne pense qu'à ma nièce et à mon neveu quand je m'offre ce petit plaisir, mais même si ce n'était pas le cas, j'aurais quand même demandé d'échanger le t-shirt extralarge qu'ils m'ont donné. Ce détail me laisse songeuse. Ils m'ont regardée et ont choisi « extralarge » dans leur camion.

Après la caravane, nous attendons encore. Nous savons d'après le journal gratuit (l'une de nos premières prises), et d'après nos recherches préalables en ligne et dans les journaux locaux, à quelle heure les coureurs sont attendus. On nous a donné deux options, à la minute près, en fonction de la vitesse probable calculée. John m'a prévenue que nous étions trop près du départ de la course (environ quinze minutes avant qu'ils nous atteignent) pour que les cyclistes se soient distancés les uns les autres. Par ailleurs, nous sommes en terrain plat, ce qui garantit le passage d'une foule compacte. Nous apercevons un mouvement sur la route, puis *pfiou*, *pfiou* et – exactement comme l'avait prédit le serveur de la Bégude – ils ont disparu.

Deux heures d'attente, des mois d'anticipation, pour trente secondes d'excitation. J'écarte les comparaisons sexuelles qui me viennent à l'esprit (mais John a l'air de les trouver drôles). Alors, qu'avons-nous vu ? Nous comparons nos notes pour mettre en commun notre expérience.

Nous avons clairement vu les équipes, des groupes de coureurs aux couleurs identifiables. John a reconnu l'équipe US Postale, avec Lance Armstrong quelque part au milieu. Il a également aperçu le maillot jaune, porté par un jeune Français très populaire. Quant à moi, je suis déçue – je ne l'ai pas vu.

Je crois avoir repéré le maillot à pois de Richard Virenque, parmi les premiers coureurs, mais ce n'est qu'en regardant le Tour à la télévision ce soir-là que je suis convaincue d'avoir raison. Je m'attendais à voir des pois sur tout le maillot, comme sur celui de l'ours en peluche, mais ce n'est pas le cas. Il y a des rayures roses sur les côtés et les pois ressemblent davantage à des taches de dalmatiens qu'à une éruption de rubéole. Pourquoi personne ne me l'a dit ? Tant pis, je le saurai la prochaine fois.

18.

Seules les femelles sont mortelles

C'est vrai, aussi difficile à croire que ce soit, j'aimerais qu'il pleuve. Je suis une personne transformée après quatre mois sans cette manne mouillée (à moins que vous ne comptiez les quelques gouttes qui n'altèrent même pas la couleur des pavés).

Il y a des restrictions d'arrosage, mais nous pouvons ne pas en tenir compte car nous avons de l'eau de source, une vraie richesse. Ce rituel quotidien commence dès que le soleil nous fait comprendre sous quels astres sera placée la journée et nous sommes fiers de nos fleurs et de nos récoltes, qui ont poussé pendant la sécheresse. Monsieur Dubois jette un œil, secoue la tête et déclare que nous n'arrosons pas assez.

— D'après vous, de quelle quantité d'eau quotidienne un pommier a-t-il besoin ? demande-t-il.

Je ne suis pas douée pour les quantités. Et je ne suis pas non plus très douée pour l'équivalent français des quantités. J'ai récemment commandé un pichet de cinquante litres de vin dans un restaurant et ma serveuse souriante m'a apporté le petit récipient habituel – centilitres n'est pas un mot qui roule bien sur ma langue. Et puis, il y a eu l'achat d'un siège pour bébé quand nous avons reçu la visite de notre petite-fille. On m'a demandé : « Quel âge a le bébé ? » et les quatre personnes qui faisaient la queue pour être servis ont éclaté de rire en entendant ma réponse, ainsi que le vendeur et mon propre mari, qui m'a porté secours en corrigeant mes « dix-huit ans » en « dix-huit mois ». Ma faute vient du fait qu'en anglais, on n'ajoute pas l'unité de temps après l'âge, comme j'ai essayé de l'expliquer à John par la suite. C'est une habitude française que de préciser systématiquement « ans ». On ne m'a pas fait de *quartier* – à moins qu'il me faille aussi effectuer la conversion dans cette expression : vingt-cinq centilitres ? Mais cela pourrait être pire, je pourrais m'appeler Connor comme la fille d'une connaissance irlandaise. C'est délicat de se présenter devant des personnes françaises quand votre nom sonne comme « connard » dans leur langue.

Pour plus de sûreté, j'ai bafouillé une réponse inaudible à monsieur Dubois, qui m'a expliqué : « Cinquante litres par jour » (mon unité pour le volume du vin), « cinquante litres par jour... ils sont comme les humains. »

Je regarde mes pommiers, impeccablement taillés sur leurs espaliers, chargés de fruits. De quelles sortes d'humains s'agit-il ? Des voleurs de bétail pendus haut et court ? Des femmes enceintes à la clinique ? Des fermiers débonnaires aux joues roses accompagnés de leurs épouses, tout droit sortis de la comptine *Old Macdonald* ?

Manifestement, ce n'est pas ce qu'il voulait dire.

— Tout comme les gens. Pour être en bonne santé, ils ont besoin d'eau chaque jour, un peu à la fois, pas tout d'un coup...

Dites-le au ciel provençal qui s'obscurcit et se charge avant d'aller déposer son trésor dans la vallée voisine, quelles que soient les prévisions météo. Nous rejouons la scène de *Jean de Florette*, quand le citadin brandit une fois de plus le poing vers les nuages orageux qui sont encore passés au-dessus de son jardin.

Nous utilisons toutes nos astuces pour faire tomber la pluie. Nous étendons le linge dehors, John arrose le jardin, nous promenons les chiens... rien ne fonctionne. L'air est lourd de vapeur humide, nos chemises sont trempées de sueur, nous nous prenons le bec en attendant l'orage qui ne vient pas. C'est comme subir les douleurs de l'enfantement sans jamais accoucher. Nous sommes épuisés par deux longues journées d'il-va-pleuvoir-c'est-sûr-enfin-peut-être, quoique... Puis le soleil revient et nous reprenons nos vies sans pluie.

C'est le mois d'août et tous les chantiers de voirie sont suspendus pendant les vacances des ouvriers municipaux. J'anticipe l'arrêt des travaux et parviens à convaincre deux hommes armés d'une pelleteuse d'éloigner l'excavatrice stationnée dans notre allée pour que la barre de remorquage ne raye pas notre voiture quand nous tournons. Avant cette nouvelle route magnifique, il n'y avait aucun problème et l'on me promet qu'elle sera refaite à neuf... courant septembre. Les ouvriers municipaux ne sont pas les seuls à prendre des congés au mois d'août. Même mon opticien ferme son magasin et je ne pourrai pas aller acheter mes nouvelles lunettes à verres progressifs avant son retour, ce qui me laisse le temps de rassembler les fonds nécessaires – le coût d'un nouvel ordinateur portable.

Si vous vivez à Dieulefit, où partez-vous en vacances ? Dans les Alpes, me dit-on, en Bretagne ou dans les Pyrénées. Visiter la France est une question de fierté locale, mais les vols bon marché et les séjours tout compris attirent de plus en plus de clients. Un vendeur du marché revient juste de Thaïlande et mon opticien part pour... l'Irlande. Quand il apprend que je viens du Pays de Galles, il rit sous cape avant de s'excuser. Je lui demande de s'expliquer et il me répond :

— Non, je ne devrais pas le dire.

J'insiste pour le convaincre :

— Allez-y.

Il vient juste de regarder un film sur une montagne du Pays de Galles.

— Non, corrige-t-il aussitôt, sur *la* montagne du Pays de Galles.

Si je connais son altitude ? Oui. Il se met à rire :

— Et ils en sont fiers.

Je rétorque que s'il n'avait qu'une seule montagne, il en serait fier lui aussi.

Juste devant sa boutique, on peut apercevoir les montagnes environnantes, la crête de Dieu-Grâce, la chaîne de St Maurice, la Miélandre... culminant toutes à mille mètres d'altitude ou plus, et considérées comme insignifiantes par les locaux, qui vivent à une heure des Alpes. Je pose des questions sur l'Irlande pour éviter de penser à la douleur du devis, à peine atténuée par l'ajout gratuit d'une paire de lunettes à ma vue – à ce prix-là, on devrait aussi me donner un gentil chien d'aveugle.

Mon opticien attend avec impatience la campagne, la culture, les gens, les plages préservées, la baignade… la baignade ? L'Irlande ressemble beaucoup au Pays de Galles, lui dis-je avec tact, et ce ne sera sans doute pas aussi chaud ni ensoleillé qu'ici. Je ne me souviens que trop bien de la baignade… chaque fois que j'ouvrais ma porte de derrière – mais je me garde bien de le lui préciser.

Il pleut enfin, avec des cymbales et des tambours qui mettent ma Chienne Sensible dans tous ses états. Elle a presque surmonté sa peur des hommes en vestes jaunes grâce à la thérapie quotidienne par immersion que lui fournit la mairie de Dieulefit. Elle n'a plus peur des ambulances et des camions de pompier et elle chante même avec eux désormais – cette note si particulière des sirènes françaises lui a appris à hurler pour la première fois de sa vie. Fini le traumatisme du ballon bleu dans le ciel : les risques d'incendie ont entraîné une interdiction des feux d'artifice, ce qui nous évite une nouvelle crise d'hystérie, mais les détonations naturelles dans le ciel sont capables de déclencher de l'hyperventilation chez cette chienne, pourtant de la seule race réputée capable d'affronter un loup, et de la rendre toute tremblante et pleurnicheuse comme une fille à maman.

Je ne suis pas étonnée qu'un nombre croissant de loups inquiètent les moutons dans le Vercors, si les chiens de montagne des Pyrénées sont censés les arrêter. Je soupçonne les chiens d'être tout aussi inquiets que leurs troupeaux et si vous avez déjà vu un chien de montagne des Pyrénées inquiet, vous savez que ce n'est pas très joli. Vous obtenez grosso modo une bête lourde et haletante qui tourne en rond dans la pièce en essayant de bondir sur les meubles. Pourquoi le parquet peut leur paraître dangereux, je ne l'ai toujours pas compris.

Pourtant, en dépit des traumatismes qu'elle cause chez les chiens, et par conséquent chez les hommes, la pluie tombe dru. Je savoure la fraîcheur de l'air et nous laissons même les fenêtres ouvertes pour recevoir de fines gouttelettes. Nous écoutons l'orchestre que forme la maison, entre le toit aux tuiles d'argile, les volets métalliques, les gouttières et les tuyaux d'écoulement. Je me rappelle alors que je n'aime pas la pluie et boude à cause du manque de lumière. Les chiens ne sortiront pas et ils ont la queue basse ; les chats doivent être portés sur le pavé mouillé pour rejoindre leur gamelle. Retour à la normale.

Après l'averse, tout est sale. Ce n'est pas la douce eau de pluie galloise, celle-ci est chargée de minéraux qui laissent des traînées et des traces sur chaque surface, sur les chaises de jardin et les fenêtres. Les supermarchés vendent une centaine de produits anticalcaires à mettre dans sa machine à laver et sa bouilloire, et même sur son pommeau de douche. Les camions-quincaillerie proposent tout autant de gadgets – des cercles magnétiques à pincer autour de vos tuyaux pour ioniser l'eau et transformer le calcaire en dépôt inoffensif – et autres articles pseudoscientifiques.

Les gadgets sont à peu près aussi efficaces que les astuces tue-mouches et je dois me rabattre sur le même type de mesures – un nettoyage classique, fastidieux et à l'ancienne. Je découvre à quel point le vinaigre est efficace contre le calcaire et j'ajoute le détartrage de ma bouilloire à la liste des corvées du dimanche. En vingt-cinq ans au Pays de Galles, je n'ai pris conscience qu'à une seule occasion que l'eau pouvait laisser des traces de crasse, et c'était quand un curieux vent venu du Sahara avait déposé des traînées de sable sur les voitures et les fenêtres. Le savon moussait toujours, le bain moussant laissait la baignoire propre et les bouilloires ne s'entartraient jamais. Maintenant, je récure la baignoire et les carreaux, et même si j'apprécie d'avoir les cheveux plus brillants, je sais exactement d'où cela provient. On appelle ça les « minéraux », et c'est toujours plus joli que « la crasse ».

Malheureusement, ce n'est pas le vinaigre qui embaume la salle de bains, mais de toute évidence la nouvelle fosse septique. Le plombier suggère d'utiliser beaucoup de Scotch en guise de mesure provisoire. Il va même m'en chercher dans son fourgon. Mes parents m'avaient prévenue que l'alcool n'était jamais la solution, même provisoirement et même avec du très bon Scotch, mais je suis tout de même tentée. Le plombier réapparaît avec un rouleau de ruban adhésif orange vif. Il faut croire que les relents de notre fosse septique très active parviennent à remonter par la baignoire. Pour traverser la saison des visites, nous devons sceller le trop-plein ainsi qu'un interstice entre les carreaux avec du Scotch, et laisser la bonde fermée et un fond d'eau en permanence dans la baignoire. Nous demandons à notre expert en fosses septiques pourquoi cela ne nous arrive que depuis l'installation de notre nouvelle fosse flambant neuve. Il répond en détournant le regard. Parce que, dit-il, l'ancienne était « foutue ». Ah. J'évite de demander où s'écoulaient alors les eaux usées.

Vous avez cru, d'après leur absence, que les électriciens avaient terminé ? Manque de chance. Nous ne sommes pas du tout surpris d'apprendre qu'ils ne travaillent pas au mois d'août et que nous les retrouverons en septembre, s'ils tiennent leur promesse. Comme il n'est plus question des installations nécessaires pour vivre, nous sommes plus détendus.

Quand André a activé la boîte à fusibles tout en chantant, j'ai su que je vivais un moment déterminant. Toujours enclin à pousser la chansonnette et à marmonner en travaillant, il a créé un opéra folk autour de l'apogée triomphal des opérations, quand il a connecté la douzaine de câbles à la nouvelle boîte à fusibles. J'étais en train de réaliser ma propre magie dans la cuisine au même instant et je n'en croyais pas mes oreilles. Chaque câble avait droit à sa mélodie bien distincte et, accompagné d'un : « Voici le micro-ondes », ledit câble s'est enclenché comme par enchantement.

Chaque fois que j'allume un interrupteur, je sais qu'il fait partie du circuit sécurisé par ce magicien des câbles qui nous a donné la clé du placard magique, avec sa propre écriture manuscrite. Quand l'orage éclate, la protection contre les surtensions installée par André fait sauter tout le système et la maison est plongée dans l'obscurité par égard pour les éléments, avant de revenir à la vie en cliquetant et en vrombissant quand tous les gadgets se réveillent.

La pluie fait sortir d'autres insectes, qui atteignent un pic de population – ou « pique » pourrait-on dire, comme peuvent en témoigner mes bras et mes jambes. Je lis un prospectus très intéressant trouvé à la pharmacie du coin, qui m'apprend quelle bestiole a les plus grandes probabilités de me tuer pendant l'été et que faire pour m'en prémunir. Mon beau-frère regarde les images et il est convaincu d'avoir déjà tenu l'un de ces millepattes mortels dans sa main un jour, dans le Lot.

Je suis rassurée de lire que nos gros bourdons noirs (différents de ceux que l'on trouve en Angleterre, quoi qu'en dise le dictionnaire) sont inoffensifs et ne piquent qu'en de rares occasions – tant mieux, étant donné qu'ils mesurent entre 24 et 28 millimètres et ont des corps plutôt imposants. Mais ça, je le savais déjà.

Je suis contente de ne pas nager dans la mer et risquer de rencontrer des méduses mortelles, des galères portugaises et des phlébotomes, ces affreux petits moustiques rayés aux yeux noirs. Ils transmettent des maladies « extrêmement dangereuses », mais seule la femelle pompe le sang. Tant que vous traînez avec les garçons, vous ne craignez rien.

Quand je lis que les tiques font partie des petites créatures les plus dangereuses, je me félicite de connaître la vieille astuce à base de dissolvant et d'alcool pour me débarrasser de ces parasites. Je suis songeuse en apprenant qu'entre 10 000 et 28 000 personnes meurent en France chaque année à cause d'une maladie transmise par la tique (encore une fois, uniquement les femelles).

Parmi les causes de décès des personnes allergiques au venin, les abeilles et les guêpes sont sur le podium aux côtés des tiques, des scorpions et des vipères. Que l'on soit allergique ou non, une piqûre de frelon n'est jamais agréable et je remarque que porter du parfum agace les hyménoptères, ces dards ailés, surtout en automne. Malheureusement, il manque divers anti-venins spécifiques dans mon armoire à pharmacie, mais je dispose précisément du kit d'aspiration conseillé dans la brochure. J'ai énervé tous mes compagnons de promenade au cours des cinq dernières années en me plaignant qu'aucun ne se laissait piquer par une créature venimeuse pour me permettre de tester mon kit anti-venin. Certaines âmes sensibles étaient même si fébriles à cette idée que je n'avais pas le droit de l'évoquer.

Ce nécessaire de poche comprend une pompe ainsi que des accessoires de tailles variables (gros pour les vipères, petits pour les guêpes) afin de pouvoir aspirer efficacement le venin. Je me suis renseignée sur le kit et sur son fonctionnement, dans l'intimité de ma maison, mais ce n'est pas du tout la même chose que de l'appliquer pour de vrai, sur le terrain, à un humain infiniment reconnaissant. Grâce à mon prospectus, je sais maintenant qu'une vipère mord sans injecter de venin dans quatre-vingt-dix pour cent des cas. Je ne m'inquiéterai donc pas si, le jour où quelqu'un est mordu, je ne parviens pas à aspirer le poison dans ma seringue. Je suppose qu'il est aussi possible que ce soit moi qui me fasse piquer, mais ce n'est pas un scénario très réjouissant et je préfère éviter d'y penser.

Ma sœur des Pyrénées a connu deux semaines de pluie, contre deux jours en ce qui nous concerne. Je pense qu'elle ne me croit pas. Le Pape lui rend visite, ou du moins vient dans sa région, pour l'Assomption, et je décide de faire honneur à cette fête religieuse dans la pure tradition franco-galloise. Pour chaque journée spéciale en France, il existe un gâteau de circonstance, et il n'est pas nécessaire d'être pratiquant pour déguster religieusement les plats rituels. Il y a la galette des Rois pour l'Épiphanie, avec une couronne dorée en papier, vendue pendant deux mois après le jour où les trois rois mages ont rejoint l'enfant Jésus, incluant même les feuilles sur le chemin des chameaux. À l'image du bon vieux pudding de Noël anglais, la galette contient une fève en rapport avec la crèche.

À l'image des œufs de Pâques traditionnels, il existe des confiseries spéciales pour chaque événement religieux de l'année, célébrant Jésus et sa résistance à la tentation par divers délices de saison – curieux pour un étranger. Mon péché mignon (tiens, cela ferait un joli nom de gâteau) est le jésuite, une pâte à choux remplie de crème pâtissière, suivi de près par la religieuse et le sacristain. Je me demande comment seraient accueillies en France ces campagnes de publicité anglaises qui mettent l'accent sur tel ou tel petit péché à la crème : « C'est mal mais c'est si bon. » (Est-ce vraiment Salman Rushdie qui a inventé ce slogan ?) « D'humeur coquine, essayez une religieuse »... non, ça ne marche pas vraiment.

Avec une température extérieure de 32 °C à l'ombre, je concocte des petits plats réconfortants et fais cuire des gâteaux gallois au four, comme ma tante écossaise préparait ses scones. Les gâteaux ne sont pas les seuls à cuire par cette chaleur, mais cela en vaut la peine quand on voit la vitesse à laquelle ils disparaissent de la grille sans même avoir le temps de refroidir. La journée s'étire paresseusement jusqu'à l'heure du coucher et nous finissons par nous mettre au lit – pour en ressortir une heure plus tard. Manifestement, l'interdiction des feux d'artifice a été levée et Dieulefit fait la fête sans plus de considération pour notre Chienne Sensible, pauvre loque toute tremblante qui, si elle ne détruit plus la porte de sa chambre, n'a toujours pas perdu l'habitude de bondir sur le canapé au moindre bruit. J'avais espéré que nous aurions dépassé l'étape des nuits blanches, mais il faut croire que non. C'est reparti.

19.

Le village où personne n'est étranger

Les tournesols ont colonisé les berges du Jabron où, six semaines plus tôt, des grenouilles amoureuses faisaient ronfler leurs moteurs comme des Harley Davidson. Les retardataires à tête jaune sont les petits cousins pâlichons de ces esclaves cultivés qui emplissent les champs avec leurs énormes visages dorés. Je me méfie de leur obéissance et je ne tolère que leurs versions naturelles qui poussent çà et là dans mon jardin – je ne planterai jamais ces extraterrestres moi-même. Je ne me souviens que trop bien de cette poésie du dix-neuvième siècle, écrite par Dora Greenstreet, qui dépeint la femme comme un tournesol et son amant comme le soleil :

> *« Son œil est une flamme vive*
> *Qui sonde mon cœur.*
> *Sur ma tige je me fane et meurs,*
> *Incapable d'atteindre son éclat.*
> *Jamais jusqu'au sol il ne s'abaissera. »*

Eh bien, je mesure un mètre cinquante-cinq, mais il peut bien se baisser jusqu'à moi, dis-je aux tournesols. Et il n'y aura aucune fleur fanée dans mon jardin, alors autant ne pas y songer. Je ne pense pas que vous puissiez aimer quelqu'un à moins qu'il y ait un « vous » pour exercer cet amour.

Madame Dubois aussi pense à l'amour. Quand son mari et elle ont rendu visite à sa belle-mère dans une maison de retraite, une vieille dame a discuté avec monsieur Dubois en le prenant pour son mari décédé. Elle lui a caressé la joue et l'a regardé dans les yeux en disant : « Que tu es beau... tu étais toujours beau. »

— Nous ne disons plus cela à nos maris aujourd'hui, remarque madame Dubois en riant.

Elle termine sur une note légère, mais sa main est posée sur le bras de son mari et son regard exprime autre chose. « Que tu es beau... tu étais toujours beau. »

Cela fait un an que nous avons observé Mars, plus proche qu'elle ne l'avait jamais été en dix mille ans. Ce sont aussi les deux meilleures nuits de l'année pour contempler les Perséides, une pluie de météores qui semble provenir de la constellation Persée, même si évidemment ce n'est pas le cas malgré leur nom. (Ils ne nous facilitent pas la vie, ces astronomes.)

La nuit est claire. Armés de jumelles et d'un télescope, nous choisissons une fenêtre et attendons. Je suis de plus en plus douée pour attendre et je me perds dans les étoiles. Ma vision se brouille jusqu'à ce qu'elles me semblent toutes danser dans le ciel.

La lumière d'un avion qui passe me trompe : « En voilà une... ah, non », mais au bout de vingt minutes, elles commencent, un pétard blanc fuse dans le ciel. « C'en est une ? » demandons-nous sans oser faire confiance à nos yeux. Nous abandonnons les jumelles et le télescope, inutiles quand il s'agit de suivre un objet en mouvement.

La deuxième vient confirmer ce que nous avons vu, puis une troisième... et une quatrième, certaines plus théâtrales que d'autres, un feu d'artifice silencieux à l'échelle de l'univers. Je fais un vœu sous ces étoiles filantes, au bénéfice de quelqu'un d'autre. Je souhaite qu'il soit protégé des avertissements que nous imposent les dieux sur ces rêves qui ne se réalisent pas toujours. John ne fait aucun vœu. D'où vient-elle, cette crainte que nous partageons à l'idée de laisser l'air de la nuit entendre nos espoirs cachés ? Nous voyons une dizaine des quatre cents météores qui pleuvent au-dessus de nos têtes et sommes amplement satisfaits.

La nuit suivante est nuageuse et celle d'après fait passer le feu d'artifice, les météores et les orages précédents pour de simples répétitions. Le mur orienté vers le couchant n'est pas le seul à se parer de rose quand frappe la foudre, mais c'est tout le paysage qui s'illumine jusqu'aux collines, où le contour inquiétant de l'éclair fourchu brille pendant quelques secondes avant que la nuit retombe, tôt dans la soirée.

L'orage se déchaîne au-dessus de nos têtes et nous le regardons, privés de télévision. L'électricité de la maison a clignoté une ou deux fois par compassion avant de succomber à une coupure de courant. Les éclairs aux silhouettes déchirées frappent dans toute la vallée et l'on n'a pas le temps de compter les secondes avant le coup de tonnerre qui ébranle la maison comme le rouleau compresseur du chantier. La pluie battante se mêle aux percussions et notre Chienne Sensible nous offre ses notes les plus aiguës tandis que nous varions les points de vue. Je n'ai encore jamais vu d'orage électrique envoyer ses éclairs fourchus dans toutes les directions, ouest, est, sud – la maison n'a aucune fenêtre donnant au nord. Ce qui m'impressionne le plus, ce sont les illuminations roses qui les accompagnent.

Avec ce brusque changement météorologique dans la montagne, une brume s'est déposée sur la route, masquant intégralement les collines. À chaque éclair, c'est une extension de rose qui se propage à hauteur du sol dans ces nuages rasants. Tout aussi soudainement, le brouillard se lève et le ciel réapparaît au-dessus du St Maurice, de la Miélandre et du mont Rachas. La fureur se mue en grondements sourds, la maison s'éveille aux cliquetis et aux signaux sonores des appareils électriques qui redémarrent et nous prenons conscience que deux heures se sont écoulées.

Nous sommes en sécurité, au sec et au chaud, mais qu'en est-il des autres ? Les pompiers seront sortis dans la tempête pour s'assurer qu'aucun incendie ne se déclare là où est tombée la foudre, aidés dans cette tâche par les trombes d'eau, mais il s'avère que c'est la pluie qui a causé le plus de dégâts.

Nous apprenons plus tard que la rivière Ardèche a tellement monté en trois heures que plus de mille campeurs ont été évacués et ont passé la nuit dans des salles polyvalentes. Une jeune personne a trouvé la mort. Toutefois, ce ne sont pas les images de l'Ardèche qui envahissent notre écran de télévision, mais de la Cornouailles, puis du Perthshire, avec des alertes dans le sud du

Pays de Galles. Ma sœur qui habite à York évoque de nouvelles inondations, inquiétantes en été et de mauvais augure pour les pluies d'hiver encore à venir. Les éléments nous rappellent le respect que nous leur devons et notre propre fragilité.

Notre maison ne craint ni les inondations ni l'orage. Ce sont les incendies qui me font peur, les feux de forêt du Midi allumés par la sécheresse des broussailles et qui se propagent comme un feu de brousse. Bien sûr, j'ai prévu un plan de repli pour le moment où je sentirai de la fumée et verrai un mur de flammes progresser dans les bois, emportant les chênes à truffes sur le chemin de notre verger et de ma toute nouvelle haie de lavande.

Nous irons dans la cave à vin et nous y cacherons jusqu'à ce que l'incendie se termine. L'idée de base me paraît sensée : la cave est souterraine, les murs de pierre sont solides et le feu passera au-dessus de nos têtes, mais certains détails me chagrinent. Comment saurons-nous quand l'incendie est éteint sans risquer de brûler vifs en sortant la tête pour jeter un œil – impatiente que je suis ? Comment ferons-nous avec deux chiens et deux chats dans un espace confiné pendant une durée indéterminée (je ne veux pas entendre parler d'un bac à litière) ?

Et si le feu descendait dans le sous-sol et atteignait la porte en bois de la cave à vin ? Ce n'est pas comme ça que je veux partir. J'aime autant prendre mes jambes à mon cou et détaler en hurlant : « Au feu, au feu, ne paniquez pas », et en me prenant pour Jeanne d'Arc. Nous ne vivons pas dans la forêt et John décrète qu'envisager la cave comme refuge en cas d'incendie ne l'intéresse pas. Pourtant, ce n'est pas lui qui a été convoqué par deux ouvriers de la mairie qui se sont présentés à notre portail pour m'annoncer qu'il y avait eu un feu sur notre terrain.

Incrédule, je les ai suivis dans un coin du champ, celui de monsieur Dubois en l'occurrence, où la terre carbonisée et l'odeur âcre étaient assez éloquentes. Les employés municipaux passaient sur la route quand ils ont aperçu les flammes. Ils se sont arrêtés, se sont précipités hors de leur fourgon et ont éteint le feu avec le sable entassé là par les ouvriers du chantier.

— Comment a-t-il démarré ? ai-je demandé.

Haussement d'épaules.

— Qui sait ? Une cigarette jetée par la vitre d'une voiture, probablement.

Je réponds bêtement :

— Ce n'est pas mon terrain, c'est celui du voisin.

Nous levons les yeux en direction de ma maison, à une centaine de mètres de là. Les hommes gardent le silence.

— Je sais, dis-je, honteuse. C'est la même chose pour le feu. Que dois-je faire ?

— Je crois que nous l'avons éteint, mais venez vérifier dans une demi-heure, une heure…

— Et si le feu repart ?

Je sens monter la panique. Il n'y a plus de verdure dans le champ, à peine quelques hautes herbes et fleurs séchées qui attendent l'étincelle comme des allumettes.

Nouveau haussement d'épaules.

— Appelez les pompiers. Vous ne pouvez rien faire vous-même.

J'hésite à appeler monsieur Dubois, dans son autre maison de Haute-Savoie, pour lui annoncer que nous sommes passés près de la catastrophe, un incendie sur son terrain, mais j'entends encore les paroles des employés municipaux. Il ne pourra rien y faire, lui non plus. En bon citoyen, il a méticuleusement débroussaillé, a tondu l'herbe autour des chênes à truffes avec son tracteur tondeuse, empilé le bois mort loin des arbres pour les feux de joie de l'automne – il ne peut rien faire pour nous protéger d'un mégot égaré. Encore une éventualité à envisager.

Cela ne me dérange pas d'appeler les pompiers. C'est la pleine saison pour ces héros du feu et j'ai l'impression que tout le monde est pompier volontaire, si ce n'est à plein temps. S'ils étendent la limite d'âge, je pourrais bien me joindre à cette élite en uniformes. Le métier ne se réduit pas aux incendies et aux inondations (comme si cela ne suffisait pas), ni même, comme en Grande-Bretagne, aux chats perchés dans les arbres et aux petits garçons coincés entre des barreaux de balustrade. Les accidents de la route, les chutes de grimpeurs, les spéléologues égarés, les animaux sauvages – quelle que soit l'urgence, on s'attend à ce que les pompiers interviennent et arrangent la situation.

Comme en Grande-Bretagne, on a le sentiment que les risques

encourus ne se reflètent pas dans le montant des salaires et des retraites, ni dans les assurances proposées à la vaste armée de bénévoles sans qui les victimes de l'été seraient encore plus nombreuses. Peut-être pourraient-ils m'embaucher pour des broutilles… qui ne demandent pas d'escalader ni de transporter des blessés.

Curieusement, ma petite taille a davantage affecté mon choix de carrière à seize ans qu'elle ne le ferait aujourd'hui. À l'époque, tous les métiers en uniformes m'étaient interdits, y compris celui d'hôtesse de l'air. Je n'ai jamais vraiment compris pourquoi une hôtesse de l'air devait être grande ; j'aurais cru au contraire qu'être petit serait un avantage dans un avion. Il faut dire que dans ce temps-là, les hôtesses de l'air étaient choisies selon les mêmes critères que Miss Monde. À bien réfléchir, peut-être la taille n'était-elle pas le seul facteur m'empêchant de décrocher un tel poste, qui ne m'attirait que parce qu'il m'était inaccessible.

Non, soldat du feu me paraît une perspective bien plus intéressante, surtout depuis notre visite dans les Gorges du Verdon où un hors-bord a laissé notre petit pédalo tourbillonnant dans son sillage. À pleins gaz, sa longue chevelure blonde flottant au vent, mademoiselle Pompier employait toute son autorité pour disperser les touristes tandis qu'elle fonçait vers une urgence – ou un pique-nique avec son partenaire pompier dans une crique éloignée. Voilà qui donne un tout nouveau sens au mot « sirène ». Je l'imagine appuyée contre sa moto, dans ses bottes cavalières, et je regrette de ne pas être plus jeune. Peut-on avoir un hors-bord de pompier, une moto *et* un beau camion rouge ou faut-il faire un choix ?

La pluie apaise mes inquiétudes au sujet des incendies. Je sais que cette année ne sera pas comme l'an passé dans la région. En dépit de la sécheresse, il fait plus frais. Nous avons réussi à faire tenir nos jardins, et les agriculteurs leurs cultures. Déjà, je peux joindre ma voix à certains souvenirs communs : « vous vous souvenez quand… ? » et « c'est l'année où… »

Ma voisine et sa chienne Mimi s'arrêtent pour discuter. D'habitude, je suis accompagnée de mes chiens des Pyrénées et Mimi, traumatisée par une expérience précédente avec un berger allemand, doit être maintenue à distance, trop loin pour nous permettre de bavarder. Madame saisit l'occasion pour me demander si nous sommes bien installés et je lui réponds, en toute sincérité, que j'ai l'impression que nous vivons ici depuis des années, que tout le monde nous accueille chaleureusement et nous aide quand nous butons sur les mots.

— Mais c'est normal, me dit-elle, se demandant visiblement s'il existe un endroit sur terre où les locaux ne font pas de leur mieux pour accueillir les étrangers.

De tels endroits existent.

Ce sont les petits changements que nous remarquons. Les familles dont les maisons longent le Jabron ont sorti leurs échelles d'été pour permettre aux enfants de barboter dans la rivière. Des labyrinthes de galets ont été construits en travers du courant, mais cette année les monstres de pierre sont différents. Un garçon a reçu un bateau télécommandé pour son anniversaire et le navire fuse dans le petit bassin formé par les galets tandis que sa mère le surveille d'un œil, à moitié assoupie, assise sur la grève.

Nous nous promenons en voiture dans Montélimar et remarquons sans leur prêter attention les statues habituelles à chaque rond-point – l'énorme taureau a disparu, remplacé par un cheval qui se cabre. Apparemment, quelqu'un a fait à la mairie une offre qu'elle ne pouvait pas refuser, et cette dernière a vendu le taureau, acheté le cheval et empoché les profits – désolée, je voulais dire qu'elle avait utilisé les profits au bénéfice des habitants de Montélimar.

Le taureau ne me manque pas, mais je n'aimerais pas perdre ma statue préférée. Elle se dresse au centre d'un rond-point particulièrement ardu, que l'on reconnaît souvent à ses klaxons et ses queues de poisson intempestives. Au beau milieu de ce chaos, il y a un kiwi en pierre avec des patins à glace aux pieds. La tête basse, concentré sur la glace imaginaire, avec son long bec de profil qui se détache sur l'herbe, il me fait toujours sourire. Est-ce la raison de sa présence ici ?

Un nouveau rond-point est apparu parmi tous les chantiers entrepris sur la route près de notre maison et je me demande quelle en sera l'œuvre centrale. Un ornement floral ? Une sculpture ? Le vieux platane de plus d'un siècle a été préservé et tout le rond-point planifié pour le laisser faire de l'ombre au bord d'une route secondaire qui était autrefois l'accès principal à Dieulefit. À côté du platane, un mur d'entrepôt demande toujours la liberté pour José Bové, même si je suis certaine qu'il est aujourd'hui aussi libre que nous tous. Je l'ai vu à la télévision, aux actualités, en train d'attaquer un champ de maïs pour lutter contre les cultures génétiquement modifiées (qui en règle générale ne ripostent pas).

Il me reste encore tant de choses à faire, pas seulement le projet Picodon, mais toutes ces histoires que je n'ai pas encore découvertes. Par exemple, les artistes de Dieulefit dans les années 1920 : Edmée Delebeque, connue comme « le corbeau » car elle portait toujours une cape noire, et qui ajoutait systématiquement des cyprès dans ses paysages, qu'ils reflètent ou non la réalité ; ou encore Willy Eisenchitz, qui disait que la découverte de la Provence avait été le moment le plus important et libérateur de toute sa vie.

Il y a également les enseignants. Non seulement ceux qui ont fait passer clandestinement des enfants juifs en lieu sûr, mais aussi ceux qui ont assuré « l'école de plein air » pour les jeunes à problèmes entre 3 et 13 ans – qu'ils aient des soucis d'ordre pulmonaire ou comportemental.

Je me sens des affinités avec ce vicaire du seizième siècle, Jean Morel, qui n'avait « aucun frein dans la bouche ». Qui étaient les personnages clés de l'ancien commerce de la soie qui dirigeaient l'usine de Dieulefit (aujourd'hui un hôpital) ? Sans doute étaient-ils protestants, comme dans les Cévennes. Pourquoi la soie est-elle associée aux protestants, comme le chocolat aux Quakers (les Rowntree et les Cadbury) ?

Qui était Yet Rhoosenthal, dont la tombe dans le cimetière du village voisin de Poët-Laval est ornée d'un aigle en fer forgé et d'un hommage de l'association caritative de l'armée de l'air britannique ? Quel rôle a joué dans la Seconde Guerre mondiale cet homme au nom juif, qui a vécu jusqu'en 1972 ? Comme c'est merveilleux qu'à sa mort, les représentants de sa société se soient souvenus de lui ! Qui est « l'Anglais » qui a fait don du vieux panneau de l'autel de la cathédrale de Die et quelle en était la raison ?

Je ne pense pas uniquement à ce que *je* n'ai pas fait. Le ramoneur reviendra-t-il un jour ? Je soupçonne le retour prochain des électriciens, mais quand exactement ? Et le réservoir de filtration qui doit venir compléter ma fosse septique sera-t-il coordonné avec le redressement de l'allée promis par les ouvriers municipaux du chantier ? Quelqu'un achètera-t-il le Club Med et ce dernier deviendra-t-il plus bruyant ?

C'est un bel endroit où vivre et où vieillir. Nous voyons des personnes âgées assises devant leurs maisons, sur les bancs de la place du village ou devant les églises, et elles semblent nombreuses. C'est de bon augure pour la longévité – à moins, bien sûr, que ces « personnes âgées » n'aient que trente ans, prématurément vieillies par le soleil et les rénovations de leurs maisons. Nous avons des projets avant de nous arrêter pour nous contenter de rester assis. Nous avons la Miélandre et le mont Rachas à gravir et nous partons à Strasbourg en décembre, pour voir Cabrel en concert et redécouvrir Noël avec le marché de saison le plus célèbre de France.

L'histoire ne finit jamais. L'écrivain choisit simplement à quel moment cesser de la raconter. S'il s'agit de littérature, il faut vous arrêter dans un moment triste, atroce ou violent, de préférence les trois en même temps avec un bonus pour l'ironie, qui rend alors votre texte éligible pour la mention « comédie noire ». Je choisis de m'arrêter ici, maintenant, alors qu'une araignée descend en rappel le long des jolis fils argentés de rosée ou de sève qui coulent sur moi de temps à autre depuis les acacias, avec le bruit de la tondeuse que passe mon mari et qui assourdit le chant des cigales. Un lézard détale sur le chemin dallé et disparaît derrière un géranium en pot. Je ne suis personne, et je dérive dans le soleil vers les montagnes. Est-ce vraiment la Provence ? Quelle importance... Dieu le fit... le village où « nul n'est étranger ».

Aquéu païs Diòu faguèt e l'amarés coumo lou paradis

C'est une terre créée par Dieu et vous l'aimerez comme le paradis.

Remerciements

Extraits de *Qu'elle est bleue ma vallée* publiés pour la première fois dans *France Magazine*

Paroles de Michael Jones avec l'aimable autorisation de Sony Music, France

Le poème d'Omar Khayyam est une traduction de Charles Grolleau, extraite de *Les Rubaiyat d'Omar Khayyam*, Londres, 1917.

Si vous avez apprécié ce livre, n'hésitez pas à aider d'autres lecteurs à le découvrir en postant une critique, même courte.
Merci !

Pour un exemplaire ebook gratuit de
One Sixth of a Gill
un recueil de nouvelles en anglais
(finaliste aux concours The Wishing Shelf et SpaSpa) et pour en savoir plus sur les livres de Jean, inscrivez-vous à sa newsletter
www.jeangill.com

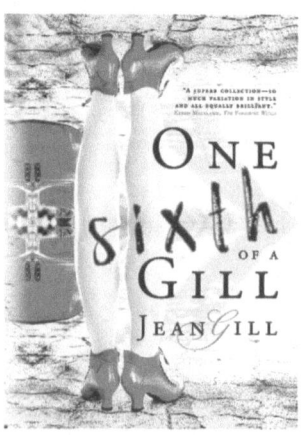

À propos de l'auteur

Je suis une écrivaine et une photographe galloise. Je vis dans le sud de la France avec un gros chien blanc, un chien noir hirsute, un Nikon D700 et un homme. J'ai enseigné l'anglais au Pays de Galles pendant de nombreuses années et ma grande gloire, c'est d'avoir été la première femme proviseur d'école secondaire du comté de Carmarthenshire. Je suis la mère et la belle-mère de cinq enfants… ma vie ne manque pas d'animation !

J'ai publié toutes sortes de livres, à la fois par des maisons d'édition traditionnelles ainsi qu'en auto-édition. Vous trouverez toutes mes publications sous mon nom : poésie et romans primés, histoire militaire, traduction d'ouvrages sur l'éducation canine, et même un livre de recettes sur le fromage de chèvre. Mon travail avec l'éducateur canin de renom Michel Hasbrouck m'a immergée dans le monde des chiens à problèmes et m'a inspiré l'un de mes romans. Née en Angleterre de parents écossais et résidant en France, j'ai la chance d'avoir une équipe gagnante à encourager dans la majeure partie des rencontres sportives.

Si vous aimez la cuisine et la France, découvrez *A Small Cheese in Provence*.

La nourriture provençale, pour l'esprit et pour la table. Des informations sur les fromages, des recettes, des histoires et des citations en français, occitan et anglais, avec de belles photographies couleur. Un incontournable pour tous les francophiles amateurs de fromage, qui découvriront ainsi le picodon, « un petit fromage de Provence » qui voyagea jusque dans l'espace à bord d'une mission Apollo.

Si vous aimez les chiens, découvrez
Toujours à tes côtés

« *Jean Gill a su saisir les pensées les plus intimes de ce magnifique animal.* » Les Ingham, Pyr International

La vie d'un chien, dans le sud de la France. Depuis qu'il est chiot, Sirius le chien de montagne des Pyrénées essaie de comprendre ses humains et de les dresser avec tendresse. Comment cela a-t-il pu conduire au divorce, il n'en a aucune idée.

Un autre malentendu entraîne Sirius dans le couloir de la mort d'un refuge pour animaux, où il est considéré comme un chien dangereux. Là-bas, il apprend la survie auprès de ses codétenus. Lors des aboiements du crépuscule, il est stupéfait d'entendre la voix de son frère, mais ces retrouvailles douces-amères sont de courte durée.

En chien fidèle, Sirius garde espoir. Un jour, son humain viendra.

Toujours à tes côtés

Chapitre premier

Je vais vous montrer là où je suis né. Fermez les yeux et imaginez un ciel si bleu qu'il vous éblouit, une neige si blanche que son éclat étincelle derrière vos paupières closes, des montagnes qui valsent sous le soleil d'hiver et dansent la farandole toute l'année. En été, les hauts sommets font tournoyer leurs voiles de brume et, taquins, vous accordent pour vous émerveiller un aperçu fugace de leur nudité. La chaîne montagneuse, qui s'étend au-delà de l'horizon, murmure ses noms méridionaux ancestraux, pic de Viscos, pic de Néouvielle, pic du Midi de Bigorre, pic de Macaupera. L'ombre d'un nuage flotte dans le vent, avec la paresse d'un rapace survolant son vaste domaine, et assombrit toute la vallée, le val du Lavadon. Je suis né dans les Pyrénées, avec mes deux sœurs et mes quatre frères, sept petites saucisses blanches cherchant à l'aveuglette les tétines de leur mère. J'ai vu naître plusieurs chiots au cours de ma longue vie, et ce dont je ne me souviens pas, je me l'imagine aisément. La chaleur et l'odeur de ma mère, les plaisirs somnolents d'un ventre rempli de lait et, sur ce corps, la découverte d'un tout nouveau monde après avoir grandi pendant neuf semaines, petite boule recroquevillée dans le nid douillet de ma mère.

Tant de choses à apprendre… m'étirer, tituber sur quatre pattes, japper pour obtenir à manger, pousser Stratos pour l'éloigner de ma tétine (si vous connaissiez Stratos, vous l'auriez poussé vous aussi), me blottir contre Snow, Sancho et Septimus et m'endormir sur un tas de chiots duveteux. Mon premier souvenir véritable remonte à mes six semaines environ. Vous savez, quand on ne cesse de vous titiller par une bousculade ou un petit coup de dents, avec un regard en coin destiné à vous faire comprendre que ce manège est parfaitement délibéré… C'est un coup d'œil de trop, grand frère ! Je sens encore cette bouffée de puissance dans mon cerveau, mes pattes, et surtout mes dents, lorsqu'elles s'enfoncèrent dans le coussin rebondi de sa chair comme une griffe dans de la boue. J'ai bien souvent essayé de décrire le plaisir que procure une morsure, mais les mots ne suffisent pas. La première fois, il y a cette légère hésitation lorsque la pointe de vos petites dents perce la surface de la peau, et ensuite vous y êtes ! Mais votre adversaire se tortille, glapit... et tout s'envenime. Il gâche votre moment parfait en appelant au secours, et comme c'est votre frère, vous répugnez à lui faire mal et vous devez vous arrêter – mais vous lui en voulez de vous avoir interrompu. Voilà, vous avez compris à quel point la vie d'un chien est compliquée. On ne peut pas faire ce que l'on veut, car cette envie même se divise en deux facettes contradictoires qui vous perturbent au plus haut point.

Quand Stratos et moi nous sommes retrouvés, des années plus tard, et que nous avons échangé nos souvenirs au clair de lune, nous avons évoqué ce moment. La première morsure. Le seul point positif au refuge pour animaux, c'est qu'on y voyait la lune. Si d'aventure je trouvais une autre qualité au chenil de la fourrière, je ne manquerais pas de vous en faire part en temps voulu. Mais chaque partie de cette histoire a une place, un moment et une odeur attitrés, et l'heure n'est pas encore venue d'évoquer le désinfectant extrafort, le pus dans les oreilles et l'haleine aux vers de terre. Stratos et moi étions d'accord sur le fait que la deuxième morsure est toujours plus dangereuse, mais aussi plus douce. On a alors conscience d'enfreindre un tabou, sachant qu'il faut être assez fort pour aller jusqu'au bout. Bien sûr, nous parlons ici d'infliger une morsure à un autre chien, et non – chut, ils pourraient nous entendre ! – de mordre un Humain, bien que Stratos et moi ayons également abordé ce sujet, étant donné sa situation. C'est mon héros, vous savez ? Mais comme je l'ai dit, chaque chose en son temps.

Nous voilà donc en plein combat de chiots. Bien sûr, Stratos riposta dès que je lui en laissai l'occasion et me mordit à son tour. Si l'on n'oublie pas le premier coup de crocs que l'on donne, le souvenir de la première morsure subie, en général en réaction immédiate à sa propre tentative, est encore plus vivace ! Pris de panique, je poussai un hurlement avant même d'avoir mal, puis la douleur me remplit de rage et je me jetai de nouveau sur lui. Surpris à son tour, il desserra les dents, non sans une dernière petite secousse comme il en avait l'habitude. À partir de ce moment-là, nous décidâmes qu'il était plus sûr de nous en tenir aux jappements, mais l'envie de pouvoir commençait déjà à démanger Stratos, bien qu'il ne fût encore qu'un jeune chiot.

Un dominant ? Stratos ? Peut-être quand il était petit. Adulte, il n'avait plus besoin de rien faire. Il se contentait de marcher. Et lorsque Stratos marchait, on éprouvait le besoin impérieux de se coucher sur le dos, de remuer la queue et de fixer une montagne imaginaire dans le lointain pour éviter de croiser son regard. On avait envie de lui dire : « Eh, Stratos, tu as oublié de prendre ton petit déjeuner ce matin ? Tiens, voici ma gorge. Je n'en ai pas vraiment besoin. » Mais vous saviez qu'une fois clarifiées les subtilités du rang, vous pouviez le suivre au bout du monde, car ce grand frère vous protègerait au prix de sa vie. Nous formions une meute.

Nos talents étaient très différents et à certains égards, je tirais bien mon épingle du jeu. Ce n'était pas toujours le plus brillant de la meute, mon frère, et il n'avait pas eu l'occasion d'apprendre comme certains d'entre nous. « L'université de la vie, me dit-il plus tard. Certains ont appris par la manière forte, Sirius, et certains d'entre nous sont forts. » Mais même à ce moment-là, j'avais quelques réserves. Et si les choses s'étaient déroulées autrement pour Stratos ?

www.ingramcontent.com/pod-product-compliance
Lightning Source LLC
LaVergne TN
LVHW041802060526
838201LV00046B/1092